다시 보는 한국인의 지혜
Wisdom of Old Korea

다시 보는 한국인의 지혜
Wisdom of Old Korea

엮고옮긴이 | 민병수 閔丙秀 Min Byong-su
서울대 문리과대학 국어국문학과 졸업, 서울대 대학원 박사과정 수료(문학박사), 서울대
국어국문학과 교수, 한국한문교육학회 회장, 서울대학교 학생처장, 한국한시학회 회장
국문학회 회장, 서울대학교 명예교수(현재)
『한국한문학개론』, 『한국한시사』, 『한국한시대표작평설』, 『한국한문대표작평설』, 『한
국한문학상고』, 『Korean Poetry in Classical Chinese』, 『역주 매국당집』, 『국역 장옥난고』

다시 보는 한국인의 지혜

1판 1쇄 인쇄 2007년 10월 20일
1판 1쇄 발행 2007년 10월 30일

엮고옮긴이 / 민병수
펴낸이 / 박성모
펴낸곳 / 소명출판
출판고문 / 김호영
등록 / 제13-522호
주소 / 137-878 서울시 서초구 서초동 1621-18 (란빌딩 1층)
대표전화 / (02) 585-7840
팩시밀리 / (02) 585-7848
somyong@korea.com / www.somyong.co.kr

값 15,000원

ISBN 978-89-5626-282-6 03810

다시 보는 한국인의 지혜

민병수 편역

한국 한문漢文의 진수
지혜로운 우리 조상들의 삶

소명출판

요즘 정치판에서는 우리 역사를 가리켜 '정의가 패배하고 기회주의機會主義가 승리한 것'이라 떠들어 댄다. 그러나 거꾸로 '정의가 승리하고 기회주의가 패배한 것'이 우리 역사다.

대륙민족의 주변국가로 살아오면서 그렇게 많은 어려움을 겪었지만, 제것을 잃지 않고 가꾸어 민족 자존自尊의 긍지를 그대로 뒷 세상의 우리들에게 끼쳐 준 것이 우리 역사의 참모습이다. 그런가 하면 한 마디의 말, 한 점의 염치廉恥도 행동하는 지도층의 언저리에서는 찾아볼 수 없는 것이 오늘의 현실이 아닌가. 저질低質 또 저질, 그 가속화加速化 현상이 날로 심각한데도 스스로 그 속에 함몰陷沒되어 헤어날 줄 모르는 것이 현실이다.

예로부터 풍속風俗이라는 것도 처음에는 사회 지도층이 앞장서서 만들어 낸다. 지도자 개개인의 말과 행동 하나 하나가 민중에게 표준標準이 되고 준봉遵奉의 대상이 될 때 그것은 세월을 거치면서 미풍美風과 양속良俗으로 자리 굳힘을 하게 된다.

그래서 나는 30여 년 전, 방은放隱 성낙훈成樂熏 선생님을 모시고 숙식을 함께하면서 80여 종의 서책을 앞에 놓고 몇 달에 걸쳐 선인들이 남기고 간 명언 가행佳行들을 수집하기 시작했다. 극단적인 개인주의個人主義 흐름에 매몰되어 '나'만을 위하여 살아가는 현대인의 소아적小我的 삶의 껍데기를 보고 있을 때, '나'보다는 '우리'를 위해서 사는 데 익숙한 전통시대 '대인大人의 풍도風度'가 안타까울 만큼 그리웠기 때문이다.

그러나 이 책에서는 우리 풍토에서 성장한 한국 한문漢文을 후학들에게 가르치고 싶은 욕심도 어찌할 수 없어 두 마리 토끼를 함께 쫓는 엉거주춤을 무릅쓰고 번역문과 한문 원문原文을 함께 보이었다. 그래서 이번에 다시 어려운 원문의 구절에는 약주略註를 달고 내용의 파악이 쉽지 않을 것으로 여겨지는 곳에는 도움말도 붙이었다. 이 책을 처음 세상에 내놓을 때만 해도 활판活版으로 책을 만들던 시절이어서, 눈에 띄는 오탈자誤脫字도 적지 않았으나 그동안 찾아내고 고치어 이제는 그런대로 모양새는 갖춘 것으로 여겨진다.

아무쪼록 우리 선인들이 '최고最高의 선善'으로 표방標榜한 의리義理 덕목德目을 배우고, 이 땅에서 가꾸어 온 우리 한문漢文의 진수眞髓를 배우는 데 이 책이 조금이라도 도움이 될 수 있다면 이상의 다행이 없겠다.

처음부터 끝까지 타자打字의 수고를 도맡아 준 안순태安淳台 군에게 마음 깊이 고맙게 생각하며, 옆에서 거들어 준 백승호白丞鎬 군에게도 감사의 정을 보낸다. 예쁜 책을 만드느라 수고한 소명출판에도 감사의 말씀 드린다.

2007년 10월

編譯者

제6부　소 타고 가는 맹孟 정승　259

제1부

세자빈世子嬪을 거부한 처녀의 선택

세자빈世子嬪을 거부한 처녀의 선택

인조가 소현세자를 위하여 빈嬪을 간택할 때에 한 처녀는 용모가 참으로 우아하여 한 번 본 사람일지라도 매력과 부덕을 겸비한 여성임을 첫눈에 알 수 있었다. 그러나 처녀가 앉고 일어서는 것이 법도가 없고 말씨나 웃음을 함부로 경박하게 할 뿐만 아니라, 음식을 먹을 때도 밥·국·고기 할 것 없이 모두 손가락으로 집어 먹었다.

궁중 사람들은 그녀를 가리켜 미쳤다고 하였고, 임금 또한 이런 얘기를 듣고 그녀가 정신병이 있는가 하여 빈으로 간택할 것을 취소하여 귀가시켰다.

그러나 뒤에 평범한 사람에게 시집을 가서 매우 훌륭한 아내로서 시집살이를 잘하고 있다는 것이 소문이 나게 되고, 결국은 임금의 귀에까지 들어가게 되었다. 이를 듣게 된 인조는 탄식하기를 "내가 처녀의 높은 술책에 떨어졌구나!"라고 하면서 몹시 섭섭하게 생각하였다.

仁祖爲昭顯世子 擇嬪也 有一處子 容貌豊盈 一見可知其爲有德之人 而但其坐立無儀 哂笑不節 賜之飲食 則無論飯羹湯胾 皆以手指啖 宮人指以爲狂 上亦疑其爲病風 不之察也 後有所歸 甚有婦德 仁祖聞而咄嗟曰 我墮其術中矣

— 『公私見聞錄』*

① 哂 : 빙그레웃을 (신) ; ② 胾 : 큰 고기 (자) ; ③ 歸 : 시집갈 (귀) (止部 14획).

* 公私見聞錄 : 조선 숙종 때의 학자 정재륜(鄭載崙)이 궁궐을 드나들면서 공사간(公私間)에 보고 들은 것을 기록한 책. 4책 필사본.

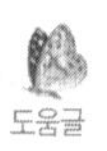
도움글

세자는 부왕父王의 뒤를 이어 왕위에 오를 왕자王子다. 그러므로 세자가 왕위에 오르면, 세자빈은 당연히 왕비가 된다. 그러나 이 처녀는 스스로 세자빈이 되는 것을 싫어하여 간택(왕이나 왕자의 배우자를 고름)을 하는 자리에서 일부러 기거동작을 경박하게 했다. 처녀의 부모는 딸이 궁중에 들어가게 되면, 권좌에 오를 거점을 왕궁 속에 마련하는 것이므로 처녀(딸)가 세자빈이 되기를 바랐을지 모른다. 그러나 딸은 구중궁궐九重宮闕 높은 담장 속에 일단 들어가면, 외부와 차단된 닫힌 공간에서 일생을 보내는 것이 싫어 스스로 세자빈이 되지 않으려고 이상한 몸짓을 하여 세자빈이 되지 않는다. 나중에 이 사실을 알게 된 인조 임금은 자신이 처녀의 술수에 넘어간 것을 안타까워한다.

박서朴遾는 짝지워진 운명을 바꾸지 않았다

판서인 박서가 어릴 때 약혼을 하였는데 혼례를 하기도 전에 그의 약혼녀가 흉한 병을 얻어서 두 눈이 멀었다는 말을 전해 들었다. 그래서 그의 큰 형님은 다른 혼인 자리를 구하고자 하였다. 그러나 그 말을 듣지 않았다.

박서는 "눈이 병신이 된 것은 운명이지 그것이 죄가 될 수는 없습니다. 앞을 못 보는 부인과는 같이 살 수 있지만 신의信義를 저버리면 사람의 구실을 못하는 것이니, 그 혼약을 이제 와서 변경할 수가 없습니다"라고 하였다.

정한 날에 결혼을 하고 보니 사실은 눈이 먼 것이 아니라 이들의 결혼을 시기하는 자가 이간질을 하였던 것이다.

朴判書遾 兒時婚約 未聘而女得凶病 兩目失明 其伯氏欲求他婚 公曰 病目 天也 非其罪也 盲妻猶可 同居 人無信不立 不可改也 及合巹日 實不盲爲讎家反間也 　　　『惆岩輯語』

① **聘** : 장가들 (빙), 부를 (빙) ; ② **合巹**(합근) : 혼례식을 지냄. '巹'은 초례잔 (근).

김안국金安國은 회초리로 처녀를 벌 준 군자君子

모재 선생이 경기도 고양에서 살 때의 일이다. 젊었을 때에 얼굴이 옥과 같이 준수하였으므로 이웃에 사는 어떤 처녀가 달밤에 찾아와 사랑을 고백하였다.

청년 모재가 꾸짖기를, "낭자는 양반집 규수로서 밤에 몰래 남자를 찾아왔으니 이것은 윤리에 어긋나는 일입니다" 하고 회초리로 매를 때려서 돌려보냈다.

훗날 처녀는 재상의 아내가 되었다. 중종 기묘년에 사화士禍가 일어나 모재도 그 화를 면하기가 어렵게 됐는데 그 여인의 아들이 극력으로 옹호하였다. 왜냐하면 그 어머니가 처녀 때 일을 아들에게 말하면서 "모재는 실로 군자다"라고 말했던 까닭이다.

慕齋先生 在高陽村舍 公貌如玉 隣有處女 乘月而來 公責曰 爾以士族女 夜投於人 得罪倫紀 折葦笞而送之 其後 女嫁爲宰相妻 己卯禍作 慕齋不免 宰相之子極諫 蓋其母稱其兒時事曰 慕齋君子人

『東言當法』*

① 葦: 싸리 (수).
*東言當法: 再引用 書目.

하늘만이 아는 여자의 정절貞節

재상 윤모尹某에게 딸이 몇 있었다. 한번은 백관들이 호위병을 갖추어 칙사를 맞이하는데 여자들이 분주하게 몰려나가 구경을 하였다. 윤 씨의 딸들도 곱게 단장하고 구경 가려 하였다.

재상이 딸들을 불러놓고 말하였다.

너희들이 구경하는 것은 매우 좋다. 그러나 내가 한마디 할 것이니 너희들은 시험 삼아 들어봐라.

옛적에 어느 국왕이 여덟 자 되는 나무를 뜰에다 박아 두고 그것을 빼내는 자에게는 천금을 주겠다 하였는데 조정에 벼슬하는 사람들 중에 힘이 센 자도 모두 빼지를 못하였다. 술사術士가 말하기를 정절녀라야 뺄 수 있다고 하였다. 성중의 부녀들을 뜰에다 불러 모았더니 어떤 이는 바라보기만 하고 달아나고 혹은 어루만지기만 하고 물러나는데, 한 여자가 정절이 있다고 자신하여 그 나무를 힘껏 빼 보았으나 움직이기만 하고 넘어뜨리지는 못하였다.

여자가 하늘을 우러러 맹세하기를 평생의 절조는 하늘이 아는 바인데 이제 이와 같으니 죽는 것이 낫다 하고 울면서 어쩔 줄 몰라 했다.

술사가 말하기를 비록 부정한 행실은 없었더라도 반드시 다른 남자의 얼굴을 생각하여 잊지 않은 것이 있었을 것이라고 하니 여자가 문득 깨달아 말하기를 "참 그렇습니다. 어느 날 대문에 기대어 섰는데 한 사람이 허리에 활통을 차고 말을 달려 지나갔습니다. 눈이 가늘고 눈썹이 길고 풍채가 준수한 것을 보고 저 남자의 배필은 참으로 복이 있는

사람이라고 한 적이 있었습니다. 그 외에는 털끝만한 부정도 없습니다" 하였다. 술사가
"그것이 바로 해당되는 것입니다"라고 하였다. 여자가 다시 지성으로 맹세를 하고 나아가
서는 드디어 그 나무를 빼내었다.

　이런 이야기가 있는데 너희들이 오늘 나갔다가 만약 풍채 좋은 남자를 보게 될 때 연
모의 감정이 일어나지 않겠느냐?

그러자 딸들이 마침내 가지 못하였다.

尹宰臣有女數人 百僚備儀衛迎詔 士女奔波觀光 尹女亦靚粧欲往 公呼前而諭之曰 汝之觀光 甚善 然
有一言 汝試聽之 昔有國王 樹八尺之木於庭 募能拔之者 與千金 凡朝中士人有勇力者 咸不能拔 術士
云 貞女則能拔之 於是 聚城中婦女于庭 或望見而走 或捫撫而退 有一女自信有貞節 力拔其木 能動而
不能伏 女仰天而誓曰 平生節操 天所知也 今旣如此 不如死 因泣不自勝 術士云 雖無慝行 必有慕人
之外貌 而不忘者 女忽悟曰 信哉 一日 倚門而立 有一士 腰弓箭馳馬而過 細眼長眉 丰姿俊逸 因念曰
彼士之配 眞有福履者也 此外無一毫之私 術士曰 此足以當之 女更虔心發誓 進而邃拔之 今汝若見俊
逸之士 得無有寢席之念乎 女竟不得行　　　　　　　　　　　　　　　　　　　　　　　『慵齋叢話』*

　　①慝 : 간특할 (특). 더러울 (특) ; ②丰 : 예쁠 (봉).
　　* 慵齋叢話 : 조선 성종 때의 문신 成俔의 수필집. 『大東野乘』에 들어 있음. 3卷 3冊.

정인지鄭麟趾와 김안국金安國의 차이

문성공 정인지가 어렸을 때에 아버지를 잃어 과부 어머니를 모시고 가난하게 살았는데 글재주가 조숙하고 용모가 옥과 같았다. 일찍이 바깥채에서 밤이 늦도록 글을 읽었다. 담을 이웃한 집에는 한 처녀가 살고 있었는데 얼굴이 뛰어나게 곱고 지체가 높은 양반이었다.

문틈으로 눈을 대어보고는 그가 미소년이며 글 읽는 소리가 맑은 것을 보고 마음으로 사모하여 밤에 담을 넘어와서 가까이 하려 하였다. 정인지가 정색하여 거절하니 소녀가 소리 지르겠다고 위협하였다. 그가 거절하기 어려운 것을 알고 달래기를 "내일 모친에게 말씀드려 백년의 인연을 맺겠소. 지금 한 번 정을 이기지 못하면 정조를 잃은 여자가 되어 내 마음에 불쾌할 것이오. 우선 참았다가 두 집에서 정식으로 혼례를 하는 것이 좋겠소" 하니 처녀가 매우 기뻐하며 약속을 하고 갔다.

정인지가 다음날 모친에게 이 일을 얘기하여 다른 집으로 옮기고는 그 농장을 팔아서 종적을 끊어 버렸다.

鄭麟趾 幼年喪父 侍寡母貧居 文才早就 容貌如玉也 常居外舍讀書至夜艾 隔垣家有處子 容貌絶豊盡
蟬聯茂族也 鎖隙偸眼 公美年少 讀誦琅琅 心慕之 夜踰墻而來 欲逼之 公正色拒之 處子欲發聲以彰之
公知其難拒 因說之曰 明日當告于母親 以圖百年之歡 今若一不勝情 於子爲失身 婦於吾心不快 莫如
姑濡忍 兩家成禮 處子喜甚 成約而去 公翌日告母遷就他屋 終賣其庄而絶之　　　　　『於于野談』*

 ① 夜艾 : 야애. 밤이 다함. '艾'는 '쑥'의 뜻으로 널리 쓰이고 있지만, 여기서는 '盡'의 뜻.
 * 於于野談 : 조선 광해군 때의 문신 柳夢寅이 민간의 야담과 설화를 모은 책.

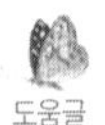

정인지와 김안국 둘 다 총각 시절, 밤중에 찾아온 이웃 처녀의 사랑 고백을 받은 경험이 있다. 그러나 이 사건을 처리하는 과정에서 두 사람은 현저한 차이를 보였다. 정인지는 처녀를 좋은 말로 달래어 돌려보내고, 다음날 어머니에게 이 사실을 고한 뒤 전답을 팔고 이사를 하여 스스로 몸을 숨겼다. 그런데 김안국은 찾아온 처녀에게 회초리로 매를 때려 돌려보냈다. 뒷날 정인지는 계유정난癸酉靖難에 수양대군(세조)을 도와 정난공신이 되었으며 세조가 즉위하자 영의정에 올랐다. 그러나 김안국은 기묘사화己卯士禍에 연루되어 죄를 면하기 어렵게 되었는데 그 여자(처녀)의 아들이 간곡하게 옹호하였다고 한다. 유연함과 강직이 보여준 결과라 할 것이다. 세상 사는 방법도 처녀를 다루는 과정에서 이미 결정 나 있었는지 모른다.

지금의 은사隱士들은 뻐꾸기 은사다

탄옹炭翁 : 權諰이 농담을 좋아하여 일찍이 말하기를, "지금의 은사隱士들은 모두 '뻐꾸기 은사'이다"라고 하였다.

어떤 사람이 그 뜻을 물으니 탄옹이 말하기를 "봄에 아이들이 숨바꼭질을 할 때 제 몸을 숨기고서 친구로 하여금 찾아내라 하였다가 오랫동안 찾지 못하면 자기가 스스로 '뻐꾹'하며 소리를 낸다. 그것은 저를 찾는 사람이 빨리 오도록 부르는 것이다. 지금 은사들은 숨어사는 선비라는 아름다운 이름을 얻고 나면 곧 세상에서 자기를 찾지 못할까 겁을 내어 반드시 알리는 방법을 쓰니 이것이야말로 제 몸을 숨기고 있으면서 스스로 뻐꾹 하며 부르는 것이 아닌가. 그러므로 내가 이렇게 말하는 것이다"라고 하였다.

炭翁 好戲言 嘗曰 今之隱士 乃法局隱士也 或請問其說 翁曰 嘗見小兒 隱其身 使儕流輩 搜得 搜得者 久不至 隱身良久 則輒自呼法局 欲搜其身者速來也 今之隱士 纔得隱逸之美名 而旅恐當世之不我知 必求見知之術 此非隱其身 而自呼法局者乎 吾故云云　　　　　　　　　　『白野記聞』*

① 法局 : 의성어 '뻐꾹'.
* 白野記聞 : 조선 숙종 때의 문신 趙錫周가 보고 들은 것을 기록한 수필집.

토정土亭의 사랑을 받아 보라

토정 이지함이 아들과 조카를 데리고 교훈할 적에 여색을 가장 경계하였다. 그리고 항상 말하기를 "여기에 엄하지 못하면 그 나머지는 족히 볼 것도 없느니라"고 하였다.

일찍이 제주에 들어갔을 때에 목사가 그 이름을 듣고 영접하여 객관에 머물게 하였다. 그리고 아름다운 기생을 택하여 그에게 보내면서, 창고의 곡식을 가리키며 말하기를 "네가 만약 토정의 사랑을 받기만 하면 이 창고 하나를 상으로 주겠다"고 하였다.

기생이 토정의 사람됨을 이상히 여겨 반드시 지조를 깨뜨리려 하였으나 토정이 더럽혀지지 않으니 목사가 더욱 공경하고 중히 여겼다.

李土亭之菡 誨子姪 最戒女色 常曰 此而不嚴 餘無足觀也 嘗入濟州 州官聞其名 迎致客館 擇美妓薦枕 指倉穀曰 爾若得幸於李君 當賞一庫 妓異其爲人 必欲亂之 公竟不被汚 州官益敬重焉

『海東名臣錄』*

① 薦枕 : 薦枕席. 侍寢. 잠자리에 모심. '薦'은 '進'(進獻)의 뜻.

* 海東名臣錄 : 조선 인조 때의 문신 金堉이 저술한 역대 名臣들의 傳記集.

충선왕忠宣王의 사랑

고려 충선왕이 원나라에 오래 머물 때에 깊이 사랑하는 여자가 있었다. 임금이 돌아올 때 연꽃 한 송이를 꺾어서 그 여자에게 주며 작별하였는데, 오다가 왕이 잊을 수 없어 익재에게 다시 가서 보게 하였다.

익재가 가 보니 여자가 누樓 가운데 누워서 아무 것도 먹지 않은 지 이미 수 일이 되어 말도 분명히 하지 못하고 억지로 붓을 잡아 시 한 수를 썼다.

연꽃 송이 주면서 작별하니

처음 줄 때엔 그렇게도 붉었는데,

줄기에서 떨어진 지 이제 몇 날이던고

시들어진 것이 나와도 같구나.

익재가 돌아와서 아뢰기를 "가 보니 그 여인이 술집에 들어가서 젊은 사람들과 술을 마시므로 찾아보았지만 만나지 못하였습니다"라고 하였다. 왕이 매우 분하게 여겨 땅에다 침을 뱉었다.

이듬해 왕의 생일날에 익재가 잔을 올리고는 물러나 뜰아래 엎드려 말하기를 "죽을 죄가 있습니다" 하니 왕이 물었다. 익재가 그 시를 바치며 사실대로 말하였다. 왕이 눈물을 흘리며 말하기를 "그날 만약 내가 그 시를 보았더라면 죽을 힘을 다하여 도로 갔을 것이다. 그대가 나를 사랑하여 사실을 달리 말하였으니 참으로 간절한 충신이오"라고 하였다.

高麗忠宣王 久留元 有所鍾情者 及東還 王折蓮花一朶贈之 以爲別 日夕 王不勝眷戀 使益齋 更往見之 益齋往 則女在樓中 不食已數日 言語不能辨 强操筆書一絶云 贈送蓮花片 初來的的紅 辭枝今幾日 憔悴與人同 益齋回啓云 女入酒家 與年少飮之 尋之不得耳 王大懊唾地 翌年慶壽節 益齋進爵 退伏庭下 言死罪 王問之 益齋呈其詩 道其事 王垂淚曰 當日若見詩 竭死力還往矣 卿愛我 故變言之 眞忠懇矣

『慵齋叢話』*

① 鍾情 : 정을 쏟다(주다). 鍾 : 모을 (종) ; ② 懊 : 한(恨)할 (오) ; ③ 경수절(慶壽節) : 국왕(천자)의 생일. '慶壽'는 '祝壽'.
* 慵齋叢話 : 前出.

도움글

충선왕은 고려 26대 왕이다. 원나라에 볼모로 잡혀갔다가 돌아와 왕위에 올랐으나 재위 5년 만에 아들(忠肅王)에게 전위傳位하고 다시 원나라에 가서 생의 대부분을 거기서 보냈다. 충선왕은 그곳 연경燕京에 만권당萬卷堂을 짓고 이제현李齊賢을 불러들여 원나라의 저명 학사들과 교유할 계기를 마련해 주었다. 이제현은 뒤에 다시 상왕上王(충선왕)의 생일을 축하하기 위하여 원나라에 갔을 때 '충선왕이 정인情人에게 연꽃을 준 사건'의 전말顚末을 충선왕에게 말한 것으로 보인다. 이제현은 뒷날 세 번째 원나라에 들어가 충선왕과 함께 남쪽 지방을 두루 여행하여, 우리나라 사람으로서는 중국 땅을 가장 넓게 밟은 문사文士가 되기도 했다. 충선왕이 그곳에서 참소릴 입어 토번土蕃에 귀양 갔을 때 그의 석방을 탄원한 글이 바로 이제현의 유명한 『상백주승상서上伯住丞相書』다. 그러나 이 이야기에서 독자의 가슴을 감동케 하는 것은 정인이 준 애절한 시귀詩句다. 전구轉句와 결구結句가 그 부분이다. 연꽃 가지를 '충선왕'에, 가지에서 떨어져 나온 '연꽃'을 자신의 처지에 비긴 기법이 돋보이기 때문이다.

기생妓生도 사람 알아보는 눈이

판서 박신규가 과거에 오르기 전의 일이다. 지나다가 전주에 들렀더니 감사가 마침 큰 연회를 베풀었으므로 박신규도 지나가는 유생儒生으로서 말석末席에 참여하였다. 도내의 병사·수사·수령들이 다 모여 있었다. 잔치를 파할 적에 여러 기생들이 분주하게 잔치에 참여한 여러 손님들 앞에 가서 화대를 청하였다. 여러 손님들이 다투어서 서로 쌀 얼마, 벼 얼마라고 써 주었다.

어떤 한 기생만이 홀로 수령들에게 청하지 않고 박신규 앞에 와서 꿇어앉았다. 그가 웃으면서 말하기를 "나는 포의布衣의 가난한 선비로서 지나다가 성대한 잔치에 참여하였을 뿐인데 어찌 너에게 줄 물건이 있겠는가" 하니 기생이 말하기를 "소녀가 모르는 바가 아니오나 선비님은 귀인이라 장래가 매우 현달할 것이오니 미리 넉넉하게 써 주시기를 청합니다" 하였다. 박신규가 웃으며 넉넉하게 써 주었다. 뒤에 그가 전주판관이 되어 가니 기생이 그 첩帖을 바쳤다. 그가 웃으며 "지금은 하급 관리라 다 줄 수 없다" 하고 그 반만 주었다.

뒤에 전라감사가 되어 첩대로 주면서 "네가 그때에 어떻게 알았느냐?" 하니 기생이 말하기를 "그때에 옥관자玉貫子가 자리에 가득 찼는데 영감께서 포의로 참여하였으나 풍채가 현출하여 좌중에 특히 뛰어났고 여러 기생들이 화대를 청할 때에 수령들이 다투어 쓰는데 초연하게 곁눈도 떠보지 않았습니다. 이를 보고 장래에 크게 현달하실 줄 알았습니다"라고 말하였다.

朴判書信圭 未第時 行過完山 方伯適設大宴 朴公以過去儒生 參於末席 道內閫帥守宰畢會 宴罷 諸妓
紛然受點於參宴諸客 富宰雄牧 競相題給米布 有一妓獨不請守令 來跪朴公之前 朴公笑曰 我以布衣
寒士 適會過去 得參盛宴 而豈有給汝之物 妓曰 小人非不知也 相公 貴人 前途甚亨通 願豫許優給
朴公笑而優題 其後爲完判 妓納其帖 公笑曰 小官不可盡給 給其半 後爲方伯 盡帖給之 問曰 汝其時
何以知之 妓曰 其時簪纓滿座 公以布衣與焉 儀度頎然秀發 特出於座中 衆妓請帖 守宰競題 而公脫然
無所見 是以知其遠到云 　　　　　　　　　　　　　　　　　　　　　　　　　　『梅翁聞錄』*

① 過去(儒生) : 지나가는 (유생) ; ② 完判 : 전주(全州) 판관(判官) ; ③ 頎然 : 키가 크고 인품이 있음. 頎 : 헌걸찰 (기).
* 梅翁聞錄 : 조선 영조 때의 학자 朴亮漢이 저술한 인조·효종·현종·숙종 4祖에 걸친 野史.『稗林』에 들어 있음.

매국노를 거절한 진주기생 산홍이

진주기생 산홍이 얼굴과 재주가 함께 뛰어났다. 이지용이 천금을 내고 산홍을 불러와 첩으로 삼으려 하였다. 산홍이 거절하기를 "세상에서 대감을 오적五賊의 괴수魁首라 하는데 제가 비록 천한 기생이나 자유로운 몸으로 어찌 역적의 첩이 되겠습니까?" 하였다. 이 말을 들은 지용이 크게 화를 내어 때려 주었다. 어떤 사람이 다음과 같은 시를 지었다.

> 온 세상이 매국노에게 다투어 붙어
> 종의 얼굴과 종의 무릎이 날로 분분하네.
> 그대의 집에 금과 옥이 지붕보다 높아도
> 산홍의 한점 봄은 사기 어려우리.

晉州妓山紅 色藝俱絶 李址鎔 以千金致之 欲逐爲妾 山紅辭曰 世以大監爲五賊之魁 妾雖賤娼 自在人也 何故爲逆賊之妾乎 址鎔大怒 撲之 客有贈詩者曰 擧世爭趨賣國人 奴顔婢膝日紛紛 君家金玉高於屋 難買山紅一點春　　　　　　　　　　　　『梅泉野錄』*

① 妾 : 첩 (첩). 나 (첩). '妾雖賤娼'의 '妾'은 여자가 자기를 낮추어 한 말.

* 梅泉野錄 : 구한말의 시인 黃玹이 고종 1년부터 庚戌國恥까지의 약 50년 간의 역사를 編年體로 서술한 책. 6卷 7冊.

정승을 가르친 허종_{許琮}의 누나

성종이 왕비 윤 씨를 폐위시킬 때 정승 허종이 새벽에 대궐로 들어가다가 그 누님의 집에 들렀다. 누님이 묻기를 "어찌 이렇게 일찍 들어가는가?" 하였다.

정승이 대답하기를 "장차 폐비_{廢妃}에게 사약을 내리기 위하여 회의를 연다는 명령이 있어 갑니다" 하니 "네 의견은 어떠한가?"라고 물었다. 정승이 말하기를 "임금의 뜻인데 누가 감히 어기겠습니까?" 하였다.

누님이 말하기를 "나는 여자라 견식이 없어 알기 쉬운 일을 가지고 말하겠소. 가령 종들이 그 집 바깥주인의 뜻을 어기지 못하여 안주인을 죽였다가 후일에 가서 그 안주인이 낳은 아들을 섬기게 될 때 과연 마음이 편안하며, 또 화가 없을 것을 보증하겠는가?" 하였다.

그제야 정승은 크게 깨달아 종침교_{琮沈橋}에 이르러 스스로 다리 밑에 떨어졌다. 하인들이 메고 집으로 돌아가서 그가 떨어져서 거의 죽게 되었다고 핑계대고 회의에 참석하지 않았다. 그 뒤 연산군 때 홀로 참혹한 화를 면하였다. 종침교란 이름이 이 때문에 생겼다 한다.

成宗廢尹妃時 許琮相公晨赴闕 歷謁其姉 曰何早也 曰將賜廢妃死 有命會議 曰相公議如何 曰上意也 誰敢違之 曰吾女子也 無見識 以淺近易知者言之 設令人家僕隷 不敢違家主父之意 其殺其家主母 他日服事主母之子 果安於心 而且保其無禍患乎否 於是 公大悟 到琮沈橋 自墜橋下 仍擔舁歸家 托以落傷殊死 不參其議 其後獨免慘禍 琮沈橋之得名 以是云

『竹溪小說』*

① 舁 : 들것 (여).

* 竹溪小說 : 未詳.

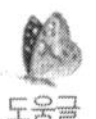

도움글

연산군의 생모이자 성종의 비妃인 윤 씨(윤비)를 폐위시키려 할 때에 있었던 일이다. 허종이 윤비의 폐위를 의논할 회의에 참석하기 위하여 가는 길에 잠깐 누님 댁에 들렀다가 누님의 충고를 듣고 깨달은 바 있어 가다가 일부러 다리에서 떨어져 그 회의에 참석하지 않았다. 때문에 뒷날 연산군이 왕위에 올라, 당시 폐위에 동의한 신하들을 처단할 때(갑자사화) 허종은 참화를 면할 수 있었다.

임진왜란 때 세운 정려旌閭에는 거짓도

[illegible]

임진왜란에 도성이 함몰되어 포로로 잡혀 간 부녀들이 수 없이 많았다. 그 중에도 정절로 죽은 사람은 난이 평정된 후에 조정에 아뢰어 정려旌閭로 표창하였다.

그러나 당시 포로가 된 사람들 중에는 다른 사람들이 참인지 거짓인지를 모르므로 목숨으로 절개를 지켰다고 표창을 받은 사람도 있었으니 참람하게(거짓으로) 은자隱者인 척 행세한 것이 너무 심하다. 그런 것을 어떻게 알았느냐 하면 갑진년에 사명당이 일본에 사신으로 갔을 때 소위 절개를 지켰다고 한 여인들이 일본에 살아 있어 그의 본가에 편지를 부쳤으나 사명당이 그 편지를 감히 전하지 못하였다. 그것은 본가의 사람들이 포로가 되었다는 추한 이름을 싫어하고 절개를 지켰다는 아름다운 이름을 둘러쓰려 하여 그 편지를 보지 않을 것이기 때문이었다.

그리고 보면 방방곡곡에 높은 문을 세우고 붉은 칠을 한 정려 가운데에도 혹시 허위가 있어 참 열녀와 혼동되고 있을지도 모르니 참으로 벼의 피처럼 밉살스럽다.

壬辰之變 都城陷沒 婦女被虜者不可紀極 時或有死節者 事定之後 啓聞旌閭 而當年被虜者 人不知眞僞 故托以死節 亦至旌表 竊吹濫巾甚矣 何以明其然也 甲辰 松雲 使日本 所謂死節者 生在日本 寄書本家者亦多 而松雲不敢傳 爲本家至親 忌被虜之名 冒死節之美 而不欲觀其書也 則坊坊曲曲 大其門丹其漆者 亦或有虛僞亂眞者 誠所謂害苗之莠 可惡也哉

『效顰雜記』*

① 竊吹濫巾 : 은자(隱者)가 아니면서 참람하게(거짓으로) 은자인 척 행세하는 것. 공치규(孔稚圭, 남북조시대 제나라)의 『북산이문(北山移文)』에 "竊吹草堂 濫巾北岳"이란 말이 있다. '절취(竊吹)'는 원래 『韓非子』에 나오는 것으로, 피리(竽)를 불 줄 모르면서 부는 척 행세한 것을 말하며, '남건(濫巾)'은, 은자도 아니면서 은자들이 쓰는 두건을 함부로 쓰고 다닌 것을 말한다. 여기선, 임진왜란 당시 일본에 잡혀간 부녀자까지도 사절(死節)한 것으로 위장하여 정려(旌閭)로 표창한 것을 말한다. 정려란, 효자·열녀 등의 선행을 기리기 위하여 마을 입구에 붉은 칠을 한 문(門)을 세우는 것이다.

* 效顰雜記 : 조선 선조 때의 문인 고상안(高尙顔)이 저술한 일화(逸話)·한담집(閑談集). 『패림(稗林)』에 들어 있음.

10년 만에 귀향한 남편을 거절한 아내

야은 길재의 이웃에 한 병졸이 살았는데 그의 이름은 조을생이었다. 병역으로 멀리 나간 뒤에 그 아내 약藥씨가 불량배에게 겁탈당할까 겁을 내어 가시나무로 울타리를 하고 수절한 지가 거의 10년이나 되었다.

하루는 밤에 그 남편이 돌아와서 문을 열라 하니 아내가 응하지 않았다. 남편이 말하기를 "오래 병역에 있다가 비로소 돌아왔는데 어찌 기쁘게 영접하지 않고 문을 닫으오?" 하니 아내가 말하기를 "내가 비록 우리 남편인 줄 믿지마는 어두운 밤에 가만히 맞아들인다면 어찌 내가 반평생을 수절한 뜻에 합당하겠습니까? 길 선생이 이 얘기를 들으면 무어라 하겠습니까?"라고 하였다.

을생이 울타리 밑에서 자고 이튿날 아침에 이웃 사람을 모아 놓고 맞아들였다.

冶隱居隣 有一卒 姓趙名乙生 遠戍 其妻藥哥恐爲强暴所汚 以棘圍籬 自守幾十年 一日夜 其夫自戍還 呼使開門 妻不應 夫曰 久役始還 何不欣迎 而閉門耶 妻曰 吾雖信吾良人 暮夜潛入 則豈半生守燈之 義乎 使吉爺聞之 以爲如何 卒止宿籬下 翌朝會隣里迎入　　　　　　　　　　『冶隱集』*

① 良人 : 양민. 부부가 서로 일컫는 말. 여기는 후자.
* 冶隱集 : 고려 말 조선 초의 학자 吉再의 시문집. 3卷 1冊.

창기娼妓는 없앨 수 없다

문경공 허조가 수상이 되었을 때의 일이다. 조정에서 각 지방의 창기娼妓를 없애자는 의견이 있었는데 임금이 의정부에 물으라 하니 대신들이 모두 "없애는 것이 옳습니다"라고 하였다. 마지막으로 허조의 의견을 기다렸다.

사람들은 모두 그가 준峻한 이론을 할 것이라고 생각하였다. 허조가 그 의견을 듣고 웃으며 말하기를 "누가 이런 정책을 내었는고. 남녀관계는 사람의 큰 본능이라 금할 수 없는 것인데 만약 여기에 대한 금령을 엄하게 한다면 나이 젊은 조관朝官들이 불법으로 일반 개인집 여자를 탈취하는 일이 많아서 영웅호걸들이 죄의 그물에 빠지는 자가 많을 터이니 없애서는 안 된다"고 하였다. 마침내 그의 이론을 따라서 그대로 두고 없애지 않았다.

許文敬公稱爲首相 有欲革列邑娼妓之議 命問於議政大臣 皆曰革之可 惟未及於公 人皆意其猛論 公聞之笑曰 誰爲此策 男女 人之大欲 而不可禁者也 若嚴此禁 則年少朝官 多以非義 奪取私家之女 英雄豪傑多陷於辜 不宜革也 竟從公議 仍舊不革　　　　　　　　『慵齋叢話』*

① 革 : 가죽 (혁), 고칠 (혁). 여기서는 후자의 뜻 ; ② 辜 : 죄 (고) (辛部 5획).
＊慵齋叢話 : 前出.

아내도 예_禮로써 접_接해야

인조가 경연에서 묻기를 "공자의 말에 색을 조심하고 다투기를 조심하고 탐하는 것을 조심하라고 하였는데 세 가지 중에서 어느 것이 제일 어려울고?" 하니 오윤겸이 대답하기를 "색을 조심하기가 가장 어렵습니다"라고 하였다.

임금이 말하기를 "나는 탐하는 것을 조심하기가 가장 어렵다"고 하였다. 오윤겸이 말하기를 "색을 조심하기가 어렵다는 것은 반드시 요물에 마음을 빠뜨리는 것만이 아니라 부부 사이에 혹 예_禮로써 서로 접하지 못하면 이것 또한 색을 조심하지 못하는 것입니다" 하였다. 이금이 말하기를 "그대의 말이 과연 옳다"고 하였다.

仁祖臨筵問 孔子曰 戒之在色 戒之在鬪 戒之在得 三者孰是難 公對曰 色最難 上曰 予則以爲戒得最難 公曰 戒色者 非必蠱心於妖物 夫婦之間 或不能相接以禮 是亦不善於戒色 上曰 卿言果是矣

『東言當法』*

① 蠱 : 회충 (고), 혹할 (고). 여기서는 후자의 뜻.
＊東言當法 : 前出.

기술을 사랑한 세종

정선공 김하가 중국말 통역을 잘하므로 세종이 특별히 총애하였다. 그가 판서가 되었을 때에 녹명아라는 기생을 가까이하였는데 한 종실宗室 재상과 도승지 안모安某라는 자도 모두 그 기생을 가까이하여 서로 다투었다. 종실 재상이 말하기를 "내가 먼저 녹명아를 가까이한 것이다"라고 하였다.

임금이 그들에게 말하기를 "너 같은 사람은 나라에 있으나 없으나 관계가 없지마는 김하는 남이 하지 못하는 재주를 지녀서 대국을 섬기는 데에 이 사람이 없어서는 안된다. 김하는 아들이 없으므로 이 기생을 주어서 첩을 삼게 할 것이다. 네가 만약 다투면 너를 벌하겠다" 하고는 도승지를 시켜서 김하에게 이르기를 "너는 이 기생을 첩으로 삼겠는가?" 하니 김하가 황송하고 부끄러워 겨우 대답하였다.

뒤에 김하가 복중服中에 그 기생의 집에 갔다가 사헌부에 적발되었다. 임금이 용서하면서 말하기를 "그 여자는 전에 내가 준 것이니 논하지 말라"고 하였다.

비록 조그마한 기술과 재주라도 세종이 사랑하고 아끼고 장려함이 이와 같았다.

金靖宣公何 善譯語 英廟特寵異之 其爲判書時 狎一娼鹿鳴兒者 有一宗室宰相及都承旨姓安者 皆昵之 至有相詰 宗宰曰 吾先所眄也 上使諭之曰 如汝於國不足爲有無 若金何爲人所不能爲之事 承事上國 不可無此人 且金何無子 宜給此娼爲妾 汝或爭之 當罪汝 令都承旨宣旨曰 爾可以此娼爲妾否 金囁嚅以對 後金有服往娼家 憲司摘之 上宥之曰 吾前所賜也 其勿論 雖薄技曲藝 英廟之愛惜獎勵如是焉

『謏聞瑣錄』*

① 英廟 : 세종. 그의 능도 영릉(英陵)이다.

* 謏聞瑣錄 : 조선 성종 때의 譯官 曹伸이 저술한 逸話·閑談集. 『大東野乘』에 있음.

겁탈 당한 부녀와도 혼인을 하라

임진왜란에 왜적이 나라 안에 가득찬 지가 7, 8년이나 되어 사대부 집 부녀 중에서 겁탈을 당한 자가 많이 있었다. 적이 물러간 뒤에 화를 면한 집들이 변을 당한 집들과 혼인을 하지 않으려고 하였다.

선조가 걱정하여 말하기를 "이것이 만약 풍습이 되면 온 나라에 완전한 대가大家들이 하나도 없겠다" 하고 임금의 친족들에게 힘껏 권하여 변을 만난 집들과 혼인을 하도록 하니 그 뒤로부터는 감히 흠을 잡는 사람이 없었다.

광해군 때에 대비를 폐하자고 정청庭請하는 일에 종실과 백관들이 화를 두려워하여 감히 반대하지 못하는 자가 많이 있었다. 그 뒤 인조가 반정反正한 후에 정청에 참여했던 자를 죄로 다스리자는 의론이 있었다. 인조가 말하기를 "정청한 죄는 나도 면하기 어렵다"고 하니 죄를 의론하는 자가 감히 다시 나오지 못하였다.

壬辰之亂 倭賊遍滿國中 至於七八年之久 士大夫家婦女 多有被掠者 及至賊退 免禍之家 不欲與遭變者連姻 宣廟憂之曰 此風若長 擧國大家殆完全者矣 力勸宗室貴戚 結姻於遭變之家 自後 無敢區別疵累者 當光海 庭請廢母之擧 宗室百官 多有畏禍不敢異者 逮仁祖改玉 有追罪之義 仁祖下敎曰 庭請之罪 予亦難免 議者不敢復言　　　　　　　　　　　　　　　　　　　　　　　　　　　『公私見聞錄』*

① 庭請 : 세자나 의정(議政)이 백관을 거느리고 궁정에 나아가 큰 일을 계품(啓稟)하여 하교를 기다리는 일.

* 公私見聞錄 : 前出.

이준경李浚慶의 사람 시험하는 법

이동고가 나라의 일을 맡게 되었을 때에 여러 재상을 등용하면서 이양원과 이수광 두 사람의 우열을 시험하고자 하였다.

연회에 가면서 미리 기생과 약속하고 술이 얼근하게 취했을 때에 기생의 손을 잡으며 말하기를 "네가 나와 동침하겠느냐?" 하니 기생이 시킨 대로 좌중에 있던 이양원·이수광 두 사람을 가리키며 말하기를 "제가 만일 대감을 잠자리에 모신다면 자식을 낳았을 때 이 두 영감과 같을 것이니 어찌 지극한 영광이 아니겠습니까" 하였다. 그것은 두 분이 모두 종실의 천첩賤妾 자식이었기 때문이다.

양원은 안색이 태연하여 못 들은 척하고, 수광은 발끈하여 안색이 변하였다. 동고가 이로써 두 사람의 도량의 크고 작은 것을 정하였다. 그 뒤에 노저 이양원이 정승이 되었다.

東皐當國 進用諸宰 欲試李公陽元李公晬光兩人優劣 嘗赴慶筵 先與娼女約 酒闌 執一娼手曰 汝可爲我薦枕乎 娼以公所敎 指座上兩公曰 賤妾若蒙老爺眷顧 則生子當如此兩老爺 豈不榮甚 盖兩公 皆宗室賤子孫也 鷺渚 顔色泰然若不聞 芝峯不覺勃然變色 東皐以此定其量之大小 其後鷺渚終入相云

『梅翁聞錄』*

① 東皐 : 이준경(李浚慶)의 호.
* 梅翁聞錄 : 前出.

정태화(鄭太和)의 도량

정양파가 충청감사로 있을 때다. 한번은 자리에서 일어나 변소에 갔더니 그 사이에 통인이 수청 드는 기생을 데리고 양파의 방에서 간음을 하였다.

아전이 엿보고 슬며시 알리니 양파가 듣고 크게 웃으며 말하기를 "그것이 어찌 나한테 알릴 일인가? 내가 실로 그 놈이 좋아하는 계집과 관계하고 있는 것이지 그 놈이 어찌 나의 좋아하는 계집을 관계한 것이냐?" 하고는 추궁하지 않았으니 그의 도량을 가히 짐작할 수 있다.

근세에는 감사와 병사·수사가 자기의 사랑하는 계집과 관계했다 하여 곤장을 때려 죽이기도 했으니 정양파에게 비하면 어떠한고.

鄭陽坡 爲湖西伯 嘗起如厠 知印者 與公之所眄房妓 淫於公寢 褊裨覰之 屏左右告之 陽坡聞而大笑曰 此豈來告者耶 我寔眄其所狎 渠何嘗淫吾所眄 竟不問 公之器量可見 近世方伯帥臣 以傔人之窃其寵 姬 至於杖殺者有之 其視公何如哉　　　　　　　　　　　『梅翁聞錄』*

① 陽坡 : 정태화(鄭太和)의 호.
* 梅翁聞錄 : 前出.

최치운_{崔致雲}은 전공포상도 사양했다

조은 최치운이 정승 최윤덕과 함께 파저강 오랑캐를 토벌한 공이 있어서 세종이 토지 50결과 노비 30구를 주었다. 그러나 치운이 굳이 사양하여 글을 일곱 번이나 올렸다. 임금이 이를 대신에게 의론하도록 하니 모두 말하기를 "30구의 노비를 가지고도 그 공로를 다 보상하지 못하니 억지로라도 주어야 합니다"고 하였다.

문경공 허조가 말하기를 "그 사람은 일부러 꾸미는 것이 아니라 참으로 마음에서 원하지 않는 것입니다. 그의 사양함을 들어 주어 아름다운 이름을 이루어 주는 것이 좋을 것입니다" 하였다. 임금이 이 말을 좇았다.

치운이 기뻐하며 집에 돌아가 부인에게 말하기를 "오늘에야 청한 대로 되었다" 하니 부인이 말하기를 "임금이 주시는 것도 사양하였으니 당신은 복도 없습니다"고 하였다.

崔釣隱致雲 從崔政丞潤德 討婆豬江野人 有功 世宗賜田五十結 奴婢三十口 致雲固辭 箋七上 上令大臣議 皆曰 三十口奴婢 不足償其勞 宜强與之 許文敬稠曰 此人非矯情 乃其中心不顧 宜從其辭 以成美名 上從之 致雲欣然到家 謂其夫人曰 今日得請矣 夫人曰 辭上之賜 無福哉　　　　『日月錄』*

① 矯 : 바로잡을 (교), 거짓 (교). 여기서는 후자의 뜻.
* 日月錄 :『燃藜室記述』에서 인용한 것을 그대로 옮긴 것임.

판서 신흠申欽의 아내는 길쌈만 했다

문정공 신흠의 처 이씨는 청강 이제신의 딸이었는데 스스로 몸가짐을 근검하게 하였다. 양 집안에 모임이 있을 때마다 모이는 친족의 여자들이 많았는데 사치와 화려한 것으로써 서로 자랑하기를 힘썼다. 그러나 이씨는 홀로 검소한 옷을 입고 자리에 참석하여 꾸민 것이 조금도 없었으므로 학식 있는 사람들은 모두 존경하였다.

신흠이 이조판서로 있을 때 안으로 이씨에게 부탁하는 자가 있어 이씨가 이를 물리치기를 "내가 어려서 친정 아버지를 섬길 때에 털끝만큼도 누가 없었고, 시집와서 남편 섬기기를 엄군嚴君같이 하는데 어찌 이익을 탐하여 우리 가풍을 더럽히겠는가" 하였다.

아들 익성이 공주에게 장가 들어 이씨는 더욱 지나칠 것을 염려한 나머지 항상 겸손하고 오직 날마다 길쌈을 할 뿐이었다.

申文貞公欽妻李氏 淸江濟臣之女也 勤儉自守 每門會 中表娣姒 甚盛 務以侈麗相高 李氏獨攝弊預坐 略無容飾 識者敬之 公秉銓時 有媚竈求款 李氏斥之曰 吾少而事嚴君 無絲毫累 長而奉君子如嚴君焉 何可以利 故垢吾家範 子翊聖尙公主 李氏益懼盛滿 恒存謙悒 惟日枲麻織紝而已   『芝峯集』*

① 中表娣姒 : 중표는 내외종형제, 제사는 동서(형제의 처).
* 芝峯集 : 조선 선조 때의 문신 李晬光의 문집. 34卷 10冊.

청백리清白吏는 아내의 청請도 듣지 않는다

청음 김상헌은 벼슬에 있으면서 청백하였다. 어떤 관리가 걱정하기를 그 아내가 뇌물을 받았으로 비방을 듣는다고 하였다. 상헌이 말하기를 "아내의 청을 한 가지도 들어주지 않으면 비방이 절로 없어질 것이다"라고 하니 관리가 크게 깨닫고 상헌의 말대로 하였다.

그랬더니 그 아내가 항상 남편 욕하기를 "그 늙은 놈이 자기만 청백리清白吏가 되면 족하지 어찌하여 남까지 본받게 만들어서 나를 이렇게 고생시킨담" 하고 말하였다.

金淸陰尙憲 居官淸白 有一官人 憂其妻受賂有謗 公曰 婦人所請 一不施行 則謗息矣 官人大悟 一如 其言 婦人 常罵金公曰 彼老漢自爲淸白吏足矣 何令人効之 使我喫苦如此　　　　『因繼錄』*

＊因繼錄：『燃藜室記述』에서 인용한 것을 그대로 옮긴 것임.

싸게 산 집이니 본전만 받겠다

고려 때에 산원동정散員同正 노극청이 집이 가난하여 집을 내놓았으나 집은 팔리지 않고 일이 있어 지방에 갔다. 그 동안에 처가 낭중郞中 현덕수에게 백금 열 두 근을 받고 팔았다.

극청이 돌아와서 덕수를 찾아가 말하기를 "내가 일찍이 이 집을 살 때에 다만 백금 아홉 근만 주었는데 수 년 동안 거처하면서 서까래 하나 보탠 것 없이 백금 서 근을 더 받는 것은 도리가 아니오" 하고 서 근을 돌려 받으라 하였다. 덕수가 말하기를 "자네는 의를 지키는데 나는 그러지 말란 말인가?" 하고는 받지 않았다.

극청이 말하기를 "내가 평생에 의에 어긋나는 일은 하지 않았는데 어찌 헐하게 사 가지고 비싸게 팔아서 재물을 탐하겠는가. 자네가 만약 남은 서 근을 받지 않는다면 전부를 다 돌려 보내고 내 집을 도로 찾겠네" 하여 서로 사양하기를 마지 않았다.

듣는 사람들이 모두 탄식하기를 "말세에 서로 이익을 다투는 세상인데 이같은 사람들을 어찌 다시 볼 수 있겠는가"라고 하였다.

散員東正 盧克淸 家貧 將賣宅 未售 因事之外郡 其妻 受郎中玄德秀白金十二斤 賣之 克淸還詣德秀
曰 予嘗買此舍 只給九斤 居數年 無數椽加飾 而贏得三斤豈理也 請還之 德秀曰 爾能守義 予獨未耶
遂不受 克淸曰 予平生不爲非義 豈可賤買貴賣 以黷于貨 子若不從 卽當悉還 其直復吾家也 相讓不已
聞者皆嘆曰 末俗競利之世 得見如斯人也   『海東續小學』*

① 賤買貴賣 : 싸게 사서 비싸게 파는 것 ; ② 黷于貨 : 黷(독)은 더럽다는 뜻. 재화(財貨)에 더럽혀지다. 재물을 탐한다는 말.
* 海東續小學 : 신라 이후 名儒·碩學·遺逸·義士·淑婉 등의 嘉言·言行을 모아 엮은 책. 구한말의 학자 朴在馨이 편찬한
것임.

정철鄭澈의 기개氣槪

[illegible]

정철이 삼도체찰사가 되었는데 철은 신묘년에 강계로 귀양갔다가 풀려오는 길에 부름을 받고 행재소行在所로 달려와 평양에서 임금을 뵈옵고 의주까지 모시고 따라갔다.

하루는 빈청에 여러 재상이 모여 앉았는데 귀빈 김씨가 안에서 진지상을 내보내므로 별감別監이 상을 들어 대신의 앞에 놓았다. 철이 웃자리에 앉았다가 "어디서 온 음식이냐?" 하고 물으니 별감이 대답하기를 "김숙의의 처소에서 왔습니다"라고 하였다.

철이 소리를 지르기를 "정철이 비록 못났으나 어찌 김숙의의 먹다 남은 음식을 먹겠는가. 구지사에게나 보내어라" 하였다. 왕자 정원군이 김씨의 소생인데 지사 구사맹의 딸이 정원군의 부인이 되었다. 사맹이 자리에 있다가 상이 앞에 오자 부끄러워서 엎드려 일어나지 못하였다. 좌우의 사람들도 서로 돌아보며 말이 없었다.

전례에 조정에서 진지상을 내보내는 것은 오직 상전과 중전만이 하는 것이요, 후궁은 감히 하지 못하는 것이었다.

鄭澈爲三道體察使 澈辛卯竄江界 至是赦之道 召赴行在 謁見於平壤 扈從義州 一日 在賓廳 諸宰會坐 貴嬪金氏 自內出退膳 別監奉盤置大臣之前 澈首坐 問何來 別監對曰 從金淑儀所來 厲勵聲曰 鄭澈雖 駑 豈食金淑儀退膳 可送具知事 蓋王子定遠君金出 而知事具思孟女 爲定遠夫人 思孟在座盤至 慙伏 不能起 左右相顧無言 故事退膳於朝廷 惟上殿中殿爲之 後宮不敢爲　　　　　　『雲岩雜錄』*

① 行在 : 行在所. 임금이 멀리 거동할 때 잠시 머무는 곳 ; ② 貴嬪 : 궁중의 여관(女官). 즉 후궁을 일컫는 말로 쓰이었다. 내명부의 구체적인 품계가 부여된 빈(嬪), 귀인(貴人), 숙의(淑儀) 등과 같은 이름으로 쓰인 것은 아니다 ; ③ 退膳 : '膳'은 반천선. 임금의 어상(御床)에서 물려 낸 음식 ; ④ 定遠君 : 선조(宣祖)의 제5남. 인조(仁祖)의 아버지. 원종(元宗)으로 추존(追尊).

* 雲岩雜錄 : 조선 선조 때의 문신 柳成龍이 저술한 당시의 記事集.『大東野乘』『稗林』에 들어 있음.

도움글

우리나라의 궁중풍습에, 임금과 중전中殿이 먹고 남은 밥상을 아래에 물려주는 것을 퇴선이라 한다. 그러나 후궁인 김숙의金淑儀(숙의 김씨. 숙의는 조선왕조 때 궁중의 종2품 女官으로 내명부의 품계)의 먹다 남은 밥상이 궁중 법도를 어기고 빈청에 있는 여러 재상들 앞에 내려졌으므로 정철이 소리를 질러 그 잘못을 꾸짖은 것이다. 김숙의는 당시 후궁 중에서도 특히 선조의 총애를 받고 있었으므로 정철의 기분을 상하게 한 것은 물론이다.

이것이 어머니의 사랑이다

최술은 귀계 김좌명의 집에서 심부름하는 사람이다. 그 어머니가 일찍이 과부가 되었는데 현철하여 자식을 올바르게 가르쳤다. 좌명이 호조판서로 있을 때에 최술을 서리로 임명하여 중요한 직책을 맡겼더니 그 어머니가 찾아와서 말하기를 "술이를 그런 직책에 맡길 수 없으니 다른 자리로 옮겨 주십시오"라고 하였다.

좌명이 묻기를 "왜 그러십니까?" 하니 술의 어머니가 말하기를 "제가 혼자 되고 나서 가난한 중에도, 아들만 믿고 살아왔는데 보리밥도 제대로 끼니를 잇지 못하였습니다. 그러나 술이 다행히 글씨를 잘 써서 대감에게 잘 보여 월급을 받게 되니 그럭저럭 생활을 해왔습니다. 아들이 대감 밑에서 일하는 것을 어느 부자富者가 보고 사위로 삼았습니다. 술이 제 처가에 있으면서 남에게 말하기를 뱅어국으로 식사를 하니 맛이 없어 못먹겠다고 한다 합니다. 며칠 동안에 사치한 마음이 이와 같으니 재물을 맡은 직무에 오래 있으면 그 마음이 날로 더해져서 마침내 죄를 범하고야 말 것이니 외동자식이 형벌받는 것을 어찌 볼 수만 있겠습니까? 대감께서 만약 술이를 글씨 재주가 있다고 하여 버리지 않으신다면 몇 말의 쌀만 내려주어 굶어 죽지 않게만 하면 다행이겠습니다"고 하였다.

좌명이 갸륵하게 여겨 그 말대로 다 해 주고 다달이 쌀과 베를 넉넉히 주며 말하기를 "옛날 조괄의 어머니도 이보다는 더하지 않았을 것이다" 하고 탄복하며 칭찬하기를 마지 않았다.

崔戌者 金歸溪佐明家人也 母早寡而賢 敎子以義 方佐明判戶曹 以戌差書吏 掌務要 戌母詣門告曰 戌不可使請遞 曰何謂也 戌母曰 賤物孀而貧 與戌爲命 而糟糠亦不繼 今戌幸以善書 見賞於相公 得月料 自是 母子喫飯 有富人見戌供役於宰相門下 以女妻之 戌在其妻家 語人曰 佐飯以白魚羹 味淡不食 旬日之間 侈心如此 久服役於財貨之庫 則其心日月加長 終必犯罪乃已 不忍見孤子刑戮也 相公如以戌有筆才 不欲終棄 則給斗米不至餓死幸矣 佐明大異之 皆如其言 月給米布優恤曰 趙括之母 何以加此 嘆賞不已

『逸士遺事』*

① 佐飯 : '佐'는 도울 자. 속음은 좌. 생선을 소금에 절인 반찬. 자반 고등어 등. 여기서는 '반찬으로 하다'의 뜻. 우리나라에서 만든 말로 보이며, 주로 소금에 절인 고등어를 가리키는 말로 쓰였다. ; ② 月給 : 月料. 여기서는 '매달 ~을 주다'의 뜻.

＊逸士遺事 : 구한말의 언론인이며 志士였던 張志淵이 저술한 역대 逸士들의 傳記集.

이항복李恒福은 임금과도 농담을

백호 임제가 기질이 호방하여 구속됨이 없었다. 병이 들어 죽으려 할 때 여러 아들이 슬프게 울부짖으니 임이 말하기를, "사해四海 모든 나라가 제帝라고 칭하지 않는 곳이 없는데 우리나라만 예로부터 그렇지 못하였다. 이런 누추한 나라에서 났는데 어찌 죽음이 아깝겠는가?" 하고는 울지 말라고 하였다.

또 일찍이 농담하기를 "내가 만약 중국에 나서 육조六朝 오대五代를 만났더라면 또한 돌림 천자天子가 되었을 것이다" 하니 세상 사람들이 그 말을 전해 듣고 웃었다.

임진왜란 때에 한음 이 정승이 명나라 장수의 접반사接伴使가 되었는데 명나라 장수가 칭찬하고 심복하여 감히 하지 못할 말까지 하였다. 일은 비록 본의가 없었으나 스스로 편안하지가 못하였다.

이백사가 해학을 잘하였는데 한번은 임금 앞에서 여러 신하들이 야대夜對할 때에 민간의 속담을 모두 아뢰어 웃으며 즐기다가 임의 이야기가 나오자 임금이 웃었다. 백사가 또 아뢰기를 "근년에 다시 웃기는 사람이 있습니다" 하니 임금이 말하기를 "누구인가?" 하였다. 대답하기를 "이덕형이 임금될 후보자라는 말이 있습니다" 하였다. 임금이 크게 웃었다.

백사가 아뢰기를 "성상의 크고 깊은 은덕이 아니면 저희가 어찌 감히 천지간에 용서를 받겠습니까?" 하였다. 임금이 말하기를 "내가 어찌 그것을 마음에 두었겠는가?" 하고 덕형을 불러들여 술을 주어 실컷 즐기고 파하였다.

林白湖悌 氣豪不拘檢 病將死 諸子悲號 林曰 四海諸國 未有不稱帝者 獨我邦 終古不能 生於若此陋
邦 其死何足惜 命勿哭 又嘗戲言 若使吾値五代六朝 亦當爲輪遞天子 一世傳笑 及壬辰之變 漢陰李相
伴接天將 天將獎許之 至有不敢言之說 事雖非情 亦不自安 李白沙善詼諧 一日夜對 閭巷俚俗 無不奏
陳 以爲樂 仍及林事 上爲之發笑 白沙又白云 近世更有可笑之人 上曰 誰也 對曰 李德馨擬於王望矣
上大噱 白沙仍白曰 非聖上之大德深仁 渠安敢容貸覆載之間乎 上曰 吾豈置懷也 遂促召 錫爵盡歡而
罷
『星湖僿說』*

① 擬·望：擬는 비기다, 본뜨다, 헤아리다의 뜻. 望은 名聲, 物望후보의 뜻. 擬望은 관원을 임명할 때, 세 사람의 후보자를
갖추어 추천하는 것. 備三望, 備擬와 같다. 문관은 이조에서, 무관은 병조(兵曹)에서 행했다. 우리나라의 인사제도에 주로
쓰인 말 ; ② 容貸覆載之間 : 용대복재지간. '容貸'는 寬恕의 뜻. 貸도 여기서는 '寬恕'의 뜻. '覆載'는 天之所覆, 地之所載의
준말. 覆蓋와 承載. 여기서는 '天地.' 그러므로 천지간에 용서받다 ; ③ 渠 : '아(我)'의 상대칭. 여기서는 '나(我)'의 겸양으로
쓰인 '저희'의 뜻이다.
* 星湖僿說 : 조선 영조 때의 학자 星湖 李翼이 그의 학문과, 평소에 써 두었던 글들을 모아 여러 부문으로 나누어 엮은 책.
30권 30책 寫本.

개가_{改嫁}를 허용해야 인구가 증가한다

한 선비가 황강 권상하를 방문하였더니 권이 말하기를 "개가법改嫁法을 시행한 후에야 인구가 증가할 수 있을 것이다"라고 하였다. 선비가 말하기를 "개가는 나라에서 법을 만들어 금지한 것으로서 개가한 여자의 자손은 청요淸要한 관직을 맡을 수 없게 되어 있어 사대부들이 수치로 알고 있습니다. 그래서 점차 풍속이 되어진 것이니 만약 풍속을 바꾸려고 한다면 어찌 대가大家에서 먼저 시작하여 백성의 모범이 되게 하지 않습니까?" 하였다. 권이 안색을 변하며 말이 없었다. 이것은 그 스승 송시열이 주장하던 이론으로서 권이 그것을 계승한 것이었다.

예전에 송이 신만에게 이르기를 "내가 지금 장차 개가를 열어 주자고 할 테니 자네는 어떠하다고 말하겠느냐?" 하였다. 만이 말하기를 "매우 좋소. 대감의 음덕이 무궁할 것이외다. 소생 같은 늙은 홀아비는 더욱 다행이라 그대 집안에 과부된 여동생을 소생에게 허락하면 어떠하겠소?" 하였다. 사람들이 이 말을 전하며 웃음거리로 삼았다.

"

有一士訪權黃江曰 施改嫁法然後 戶口可滋息 士曰 改嫁 朝家設法禁之也 改嫁子孫 特不許淸職 士大
夫耻之 馴成風俗 如欲移風易俗 何不自大家始 以爲國人矜式乎 權變色默然 此盖其師宋之執論 而夏
其祖述者也 昔懷謂申曼曰 吾今將建改嫁議 君謂如何 曼曰 善哉善哉 公之陰德可無窮也 小生老鰥
尤有幸焉 尊門寡妹 議許小生 未知如何 一世傳爲笑柄

『桐巢漫錄』*

① 祖述 : '祖'는 效法. 前人의 道를 본받아 이를 이어 서술하는 것 ; ② 夏 : 권상하(權尙夏). 淸風의 황강(黃江)에 은거하였으
므로 權黃江이라 한 것으로 보이며, 그를 배향하고 있는 書院은 黃岡書院이다. 宋時烈의 수제자로 알려져 있다.

* 桐巢漫錄 : 조선 숙종 때의 문인 南夏正이 조선 역대 제왕의 逸事 및 名臣·學者의 행적을 초록한 책. 2卷 2冊.

우정은 이런 것

명종 때에 대사헌 조사수가 정승 심연원과 함께 경연에 들어갔다. 조사수가 아뢰기를 "영의정 심연원이 첩의 집을 매우 사치하게 지어 단청까지 하였으니 매우 잘못된 일입니다" 하였다. 심 정승이 임금 앞에서 절하며 사죄하기를 "조사수의 말이 신의 허물을 바로 맞힌 것입니다" 하니 명종이 위로하였다.

경연에서 물러나와서 심 정승이 웃으며 조사수에게 이르기를 "그대의 말이 아니었더라면 나의 허물이 더 중하게 될 뻔하였소" 하고는 집에 돌아와 그 단청을 다 씻어 버리니 모두 훌륭하다 여겼다.

선조 때에 영의정 노수신과 정언 김성일이 경연에 같이 들어갔는데 김성일이 아뢰기를 "영의정 노수신이 남의 초피 갖옷을 받았으니 수신에게 이런 일이 있을 줄 어찌 알았겠습니까?" 하였다. 노 정승이 자리를 피하여 사죄하기를 "김성일의 말이 옳습니다. 신의 늙으신 어머니가 병이 많아서 겨울이면 추위를 견디지 못하므로 북도에 변장邊將으로 있는 친척으로부터 초피 갖옷을 구하여 어머님께 드렸습니다"고 하였다.

임금이 두 사람을 다 칭찬하기를 "대신과 대간이 함께 체면을 얻었으니 내가 매우 가상히 여기오" 하였다. 노 정승은 본래 김성일과 절친한 사이인데 이로 인해 더욱 공경하고 중히 여겼다.

이런 것은 조종조祖宗朝에 아름다운 일이다. 오늘날 대신과 대간 중에서 심 정승·노 정승이 사과하는 것과 조사수·김성일이 바른말하는 것과 같은 이가 있다면 어찌 국가의 복이 아니겠는가.

明廟朝 大司憲趙士秀與沈相連源 同入經筵 趙公啓曰 領相沈連源營造妾家 極其宏侈 至施丹雘 極爲未便 沈相拜謝曰 趙士秀之言 正中臣失 明廟慰諭 及其退出 沈相笑謂趙公曰 微公之言 吾過益重矣 還家盡洗其丹青 時論韙之

宣祖御經筵 領相盧守愼與正言金誠一入侍 金公啓曰 領相盧守愼受人貂裘 豈意守愼有此事也 盧相避席俟罪曰 金誠一之言是矣 臣老母而多病 每於冬節 不能耐寒 果求貂裘衣於族人邊帥處 以給老母矣 上兩美曰 大臣臺諫 俱得體面 予甚嘉焉 盧相素與金公相切 自此益加敬重 此乃祖宗朝美事 今之大臣臺諫得如沈盧兩相之謝過 趙金二公之直截 豈非國家之福也 『澤堂家錄』*

① 微公之言 : '微'는 아닐 미, '非'의 뜻. 공의 말이 아니었더라면.

* 澤堂家錄 : 澤堂 李植이 적어 모든 隨聞·瑣錄, 『稗林』에 수록되어 있음.

제2부

그는 딸에게만 유산을 물려주었다

그는 딸에게만 유산을 물려주었다

지추 손변이 경상도에 안렴사로 있을 때 누나를 걸어 소송하는 동생이 있었다. 동생이 말하기를 "누나와 저는 같은 자식인데 어찌하여 누나만 혼자서 부모의 유산을 가지게 하고 저는 몫이 없습니까?" 하였다.

누나는 말하기를 "아버지가 돌아가실 때 재산을 전부 나에게 물려주고 네가 받은 것은 검은 옷, 검은 갓 하나, 미투리 한 켤레, 종이 한 권 뿐이었다. 아버지가 남겨 놓은 문서가 다 있는데 어찌 어기겠느냐?" 하여 여러 해 동안 소송의 결말이 나지 않았다.

손변이 두 사람을 불러서 앞에 오라 하여 묻기를 "너의 아버지가 돌아가셨을 때 어머니는 어디 계셨느냐?" 하니 대답하기를 "돌아가셨습니다" 하였다. 다시 묻기를 "너희들은 그때 나이가 각각 몇 살이었느냐?" 하니 대답하기를 "누나는 시집을 가셨고 저는 일곱 살이었습니다"라고 하였다.

손변이 타이르기를 "부모 마음이란 아들과 딸이 똑같은데 어찌 나이 들어 시집 간 딸에게만 후하게 하고 어미 없는 일곱 살 짜리 아들에게는 박하게 하였겠느냐. 아들이 의지할 데가 누나 뿐인데 만약 재물을 누나와 같이 주면 혹시 동생 사랑하기를 지극히 하지 않거나 동생을 잘 돌보지 않을까 염려한 까닭이었을 것이다. 아들이 자라면 이 종이로 소송장을 써서 검은 관을 쓰고 검은 옷을 입고 미투리를 신고 관청에 소송하면 잘 알아서 판결할 사람이 있을 것을 알고 이 네 가지 물건만 남겨 준 것이니 그 뜻이 이와 같다" 하였다. 두 남매가 듣고 감격하여 서로 마주보며 울었다. 손변이 유산을 반식 나누어 주었다.

孫知樞抃廉按慶尙 人有弟與姉相訟者 弟曰 一女一兒爲同産 何姉獨得父母之財 而兒無其分耶 姉曰
父臨亡 擧家産付我 汝所得者 緇衣冠各一繩鞋一兩紙一卷而已 父契具存 胡可違也 訟之積年未決 公
召二人 至前問曰 若父歿時 母安在 曰先歿 若等於時 年各幾何 曰姉有家矣 弟髫齔耳 公因諭之曰
父母之心 於兒女均也 夫豈厚於長年有家之女 而薄於無母髫齔之兒耶 顧兒之所賴者姉也 若遺財與
姉等 恐其愛之或不至 養之或不全耳 兒旣長 則用此紙作狀 服緇冠衣 履繩鞋 以告於官 將有能辨之者
其獨遺四物者 意盖如此 二人者 聞而感悟 相對而泣 公遂中分而與之 　　　　　　　　『櫟翁稗說』*

① 遺財與姉等 : 재산을 누나와(더불어) 꼭 같이 남겨주다. '等'은 '꼭 같다'의 뜻. '姉'는 '姊'가 本字.
＊櫟翁稗說 : 고려 충선왕 때의 문신 李齊賢의 수필집. 4冊 寫本.

상진尙震 정승은 음덕으로 오래 살아

명종 때에 점장이 홍계관이 정승 상진의 평생 길흉을 미리 점쳐서 적어 두었는데 털끝 만큼도 틀리지 아니하고 죽을 나이까지 적어 두었다. 정승은 지난 일이 다 맞았으므로 죽을 해에 이르러 미리 사후死後 준비를 해 놓고 기다렸다. 홍계관이 일이 있어 전라도에 가 있었는데 서울에서 내려오는 사람이 있으면 반드시 정승의 안부를 물었다. 그러나 그 해가 다 지나도록 정승에게 병이 없었다. 홍이 매우 이상하게 여겨 서울로 돌아와 곧 찾아가 뵈었다. 정승이 말하기를 "내가 너의 점을 믿어 수명이 작년에 다할 줄 알았더니 어찌 맞지 않는가?" 하였다. 홍이 말하기를 "대감의 인생을 점칠 때에 전력을 기울였으니 마땅히 틀림없을 것인데 옛 사람 중에 혹 음덕으로 수명을 연장한 일이 있으니 대감에게 필시 그런 일이 있었을 것입니다" 하였다.

정승이 말하기를 "내가 어찌 그런 음덕이 있었겠는가. 다만 수찬으로 있을 때에 숙직을 마치고 집으로 돌아가다가 길에 붉은 보자기가 있기에 주워서 보니 순금으로 만든 술잔 한 쌍이었다. 아무 말도 없이 가져와 감추어 놓고는 대궐 앞에다 방을 붙이기를 '아무 날에 물건을 잃은 사람은 나한테 찾아 오라' 하였더니 이튿날 한 사람이 와서 말하기를 '소인은 대전 수락간 별감인데 조카의 혼사가 있어 금잔을 몰래 빌려 내었다가 잃어버렸으니 발각이 나면 반드시 죽게 될 것입니다. 혹시 얻은 것이 그 물건 아닙니까?' 하므로 내어 준 일이 있었다"고 하였다.

홍이 말하기를 "대감이 수명을 연장한 것은 반드시 이 때문입니다" 하였다. 그 뒤 상진은 15년 만에 죽었다.

卜者洪繼寬 算尙公震一生吉凶禍福 纖毫不差 至於棄世之年 亦言之 公以所經之事無不吻合 至其年
豫爲身後之具 以待之 洪卜 適以事往湖南 逢人自京來者 必問公安否 一年已過 公固無恙 洪大異之
還京 卽往謁 公曰 吾信爾卜 自分命盡今年 何以不驗 洪曰 推公之命 盡心力 宜無差謬 而古人有以陰
德延壽者 公必有是也 公曰 寧有是哉 但爲修撰時 脫直還家 路上有紅袱 拾而見之 乃純金盞一雙 默
藏之 掛榜闕前曰 某日有失物者 訪我來 翌日 一人來謁曰 小人乃大殿水刺間別監 子姪有婚 窃借御廚
金盞而失之 現露則必伏法矣 公之所得 無乃此物 答曰然 出給之 洪曰 公之延壽 必以此也 後十五年
卒

『燃藜室記述』*

① 自分 : 스스로 분별하다, 스스로 생각하다. '分'은 '분별하다'의 뜻 ; ② 寧有是哉 : 어찌 이런 일이 있으랴. '寧'은 여기서는 '어
찌'의 뜻.

* 燃藜室記述 : 조선 정조 때의 문인 李肯翊이 조선조의 역대 중요 사실들을 여러 책에서 초록하여 그 전말을 밝히고 文物制度
의 연혁과 연원을 溯考한 일종의 紀事本末體 史書. 47卷 24冊 寫本.

남편의 앞날을 미리 알아 본 아내의 지혜

박필위의 아내 김씨는 대사간 홍복의 딸이다. 필위가 과거에 급제하였을 때에 온 집안사람들이 기뻐하는데 그 아내만은 혼자 즐거하지 않았다.

시아버지 태회가 괴이히 여겨 물었다. 대답하기를 "저는 유가儒家의 딸자식이라 일찍이 보니 친정 아버지께서 글을 십여 년 동안 외고 읽었는데도 과거에 급제하기가 오히려 어려웠습니다. 지금 낭군은 한 줄의 글도 읽지 아니하고 날마다 공을 차고 합자鴿子를 희롱할 뿐인데도 큰 이름을 얻으니 재앙이 있을까 두려워 걱정함입니다"라고 하였다. 온 집안사람들이 모두 예사 여자가 아니라고 하였다.

조금 있다가 박필위가 부정으로 과거한 것이 발각되어 형벌을 받으니 사람들이 비로소 그 아내의 선견에 감복하였다.

朴弼渭妻金氏 故大諫洪福之女也 方弼渭之登第也 滿室歡喜 而其妻獨不樂 泰晦怪問之 曰妻儒素家子也 嘗見家大人 誦讀十餘年 得一名猶難 今郎君 未嘗讀一行書 日日所爲 只是蹴踘 弄鴿子而已 忽得大名 恐有灾咎 是以憂之 一家皆稱爲不祥女子已而 禍作 人始服其先見　　　　　『晦隱集』*

　＊晦隱集 : 조선 숙종 때의 학자 南鶴鳴의 詩文集.

매국노 이근택_{李根澤}에게 식칼을 든 계집종

 한규설의 사위가 되었는데 한규설의 딸이 시집올 때에 계집종 하나를 데리고 왔다. 이것이 세상에서 말하는 교전비_{轎前婢}라는 것이다.

을사년에 협약이 결정된 날 근택이 대궐에서 돌아와서 땀을 흘리고 헐떡거리며 집안 사람들을 보고 협약이 결정된 것을 이야기하고 "내가 다행히 죽음을 면하였소"라고 하였다.

종이 부엌에 있다가 그 말을 듣고 식칼을 들고 나와서 외치기를 "이근택아, 너의 직분이 대신이 되어 나라 은혜가 어떠한데 나라가 위태로울 때 죽지는 못하고 오히려 네가 죽음을 면하였다고 다행으로 여기니 너는 참으로 개돼지만도 못하구나. 내가 비록 천한 사람이나 어찌 개돼지의 종이 될 수 있겠는가. 내가 힘이 약하여 너를 만 동강으로 베어 죽이지 못하는 것이 한이다. 차라리 옛 주인에게 돌아가겠다" 하고는 한씨의 집으로 달려갔다. 그 종의 이름은 잊어버렸다.

李根澤之子 爲韓圭卨女婿 韓女之嫁也 携一婢來 俗所謂轎前婢也 乙巳脅約成之日 根澤自闕歸 汗喘對家人 話勒約事曰 吾幸而免死 婢在廚下聞之 提鸞刀出叫曰 李根澤汝身爲大臣 國恩云何 而國危不能死 乃曰 吾幸而免 汝眞狗彘若 吾雖賤人 豈甘狗彘之奴乎 恨吾力弱不能斬汝萬段 寧還舊主也 遂走歸韓家 婢失其名　　　　　　　　　　　　　　　　　『梅泉野錄』*

　　*梅泉野錄：前出.

약속 안 지키는 자는 벼슬 할 자격 없다

정홍순은 항상 갓모笠帽 두 개를 차고 다녔다. 하나는 비 올 때를 위하여 자기 것으로 준비한 것이고, 또 하나는 다른 사람을 위하여 준비한 것이었다. 과거에 급제하기 전에 영조가 동구능에 행차할 때 그가 동대문 밖에 나가서 구경하였다. 임금의 행차가 환궁한 뒤에 구경하던 사람이 각각 흩어져 돌아가는데 마침 비가 왔다.

옆에 있던 어떤 사람이 갓모가 없어서 걱정하고 있으므로 정홍순이 갓모 한 개를 빌려 주고 동행하여 왔다. 회동 마을 입구에 이르러 그의 집으로 들어가면서 갓모를 돌려 달라고 하니 그 사람이 말하기를 "비가 아직 개이지 않았으니 내일 반드시 당신 집으로 돌려 드리겠습니다" 하였다. 정홍순이 회동에 있는 자기의 주소를 상세히 가르쳐 주고 혹 그 사람이 전해 주지 않을까 염려되어 주소를 물었더니 남대문 밖 아무 동洞이라 하였다. 다음날 그 사람이 오지 않으므로 정홍순이 곧 그 집으로 가서 갓모를 찾아 왔다.

그 뒤 이십여 년이 지나서 정홍순이 호조판서가 되었는데 한 사람이 호조좌랑으로 새로 임명되어 와서 그를 뵈었다. 그가 자세히 보고 말하기를 "자네가 예전에 동구능 거동할 때 나한테 갓모를 빌린 일이 있었는데 기억하지 못하는가?" 하였다. 그 사람이 한참 생각하다가 놀라면서 말하기를 "예, 그런 일이 있었습니다"라고 하였다.

정홍순이 말하기를 "자네가 갓모 한 개를 돌려 주지 않은 것을 보면 신의가 없는 것을 알 수 있는데 어찌 국가의 벼슬을 할 수 있겠나. 곧 사직하는 것이 옳다" 하였다.

鄭弘淳常佩二笠帽 一爲己備雨 一爲他人之備 未第時① 英祖爲東九陵幸行 公出東門外求景 大駕還宮
後求景人各歸適雨下 傍有人無笠帽咄歎 公與一帽同行 至會洞屛門 請還笠帽 其人曰 雨尙未霽 明日
當還傳於君家 公詳指會洞第幾家 公又慮其不傳 問其人居住 曰南門外某洞也 明日其人不來 公卽往
其家推覓 其後二十餘年 公爲戶判 有一佐郞新差來謁 公諦視曰 君昔年 東九陵幸行時 借笠帽於我
不能記憶耶 其人熟思之 驚曰 果然矣 公曰 君不還一笠帽 其無信可知 豈占國家名器耶 卽呈辭職所志
爲可　　　　　　　　　　　　　　　　　　　　　　　　　　　　　　　『大東奇聞』*

① 未第 : 과거에 급제하기 전. '第'는 과거제.
* 大東奇聞 : 구한말의 문인 洪陵이 저술한 조선왕조 역대 인물들에 관한 逸話集.

자기에게 그런 일이 없어야 남을 비난할 수 있어

정승 이완은 무관 재상 수일의 아들이었다. 이 정승이 젊었을 때 그 아버지에게
말하기를 "무관 모某가 제 좋아하는 기생을 위해서 그 집에 가서 일을 해 주고 손수
울타리도 해 주었습니다. 저는 그와 같이 지내지 못하겠습니다"고 하였다.

그 아버지가 말하기를 "자기에게 그런 일이 없은 뒤에야 남을 비난할 수 있는
것인데 나도 젊었을 때에 그런 일이 있었다"라고 하였다. 이 정승이 그 뒤에는 감
히 그 무관의 일을 다시 들먹이지 못하였다.

李相國浣 武宰守一之子也 相國少時侍其父語曰 武官某爲娼供役親自揷籬 子不欲與之爲伍矣 其父
曰 無諸己而後 可以非諸人 汝父少時亦有是事耳 相國不敢復言 　　　　　　　　　　『公私見聞錄』*

① 無諸己 : '諸'는 語助詞. '之於'의 合音(저). 代名詞 '之'와 前置詞 '於'를 合친 것. '자기에게 이런 일이 없어야'의 뜻. '君子 求諸
己 小人 求諸人『군자는 자기에게서 (책임을) 찾고 소인은 남에게서 (책임을) 찾는다.』'의 '諸'와 그 쓰임이 같다.
* 公私見聞錄 : 前出.

너도 보복을 받을 것이니 알아서 하라

이태조가 왕씨들을 바다로 몰아다가 파선시켜 죽일 때 꿈에 고려 태조가 칠장복七章服을 입고 와서 분노하여 말하기를 "내가 삼한을 통일하여 백성들에게 공이 있는데 네가 내 자식들을 멸한다면 오래지 않아 너도 보복을 받을 것이니 알아서 하라!"고 하였다.

임금이 놀라 깨달아 왕씨의 『선원족보璿源族譜』 가운데에 한 장을 골라 그 속에 이름이 적혀 있는 사람들은 살려 주었다.

王氏之沒海也 上夢見麗祖衣七章之服 含憤而言曰 予統合三韓 功在斯民 爾若滅吾子孫 則未久 反其報 爾其知之 上驚悟 乃赦王氏璿源所在一紙姓名　　　　　　　　　　　　『逐睡篇』*

　① 麗祖衣七章之服 : '麗祖'는 고려 태조. '衣'는 입다(동사)의 뜻. 고려 태조가 칠장복을 입다.
　* 逐睡篇 : 『燃藜室記述』에서 인용한 것을 그대로 옮긴 것임.

정태화鄭太和의 세상 물정을 보는 눈

정양파가 일찍이 허적에게 말하기를 "장홍방 마을 입구의 시장에 있는 여인이 지난 밤에 개가를 하였는데 그것을 대감은 아시오?" 하였다. 허가 웃으며 말하기를 "대감은 늘 이런 괴이한 말을 잘 하는데 그런 것을 도대체 어떻게 아시오?" 하였다.

양파가 웃으며 말하기를 "지나올 때 보면 그 여인이 머리 모양을 다듬고 의복이 곱고 깨끗하여 이미 남자들의 눈을 끌려고 하는 것인 줄 알았습니다. 그런데 오늘 지나오다 보니 흩어진 머리로 때 묻은 옷을 입고 앉아 얼굴에 부끄러운 빛이 있는 것으로 보아 이미 개가를 하여 부끄러운 마음이 생긴 것이지요. 이것은 인정 세태에 관계되는 것이므로 아마 대감은 물정에 익숙하므로 혹 알 듯하여 물어보는 것입니다"고 하였다.

의정부 아전 중에서 그 여인과 한 동리에 사는 자가 있었으므로 양파가 불러 묻기를 "아무 길가 몇째 시장 몇째 자리에 있는 여인이 지난 밤에 개가를 하였는데 너도 아느냐?"고 하니 아전이 대답하기를 "그는 우리 동네에 사는 아무개 처인데 남편이 일찍 죽자 어린 나이에 과부가 된 것을 부모가 불쌍하게 여겨 어제 개가를 시켰습니다"라고 말하였다.

양파가 매사에 듣고 보는 것이 그냥 무심하게 지나치지 않고 민첩한 것이 이와 같았다.

陽坡嘗語許積曰 長興坊洞口 坐市女人 去夜作夫 君知之乎 許笑曰 公每發此可怪之言 何以知之 陽坡
笑曰 每過時 連見其女 以寡婦修飾鬢髻衣裳靚楚 已知其有誨淫之意 今日見之 束其散髮 着其垢衣而
坐 面有羞態 必是已嫁 愧心生焉 此係仁情物態 意君深於事情 似或知之 故問之府吏在前者 有居其同
閈者 公招問曰 某路邊 第幾市肆 第幾坐市女 去夜再嫁 汝知之乎 吏曰 此果是洞中某人之妻 某人早
死 其父母愍其早寡 昨日果嫁之云 其於耳目所及 不放過洞察 敏悟如此　　　　　　　『梅翁聞錄』*

① 陽坡 : 정태화(鄭太和)의 호. ＊梅翁聞錄 : 前出.

이순신李舜臣은 재주와 도량이 큰 사람

그는 딸에게만 유산을 물려주었다

완평 이원익이 체찰사로 한산도에 가서 부체찰사 및 종사관 등과 함께 이순신의 배를 타고 진중陣中에 들어갔다. 진의 형세를 두루 살펴 보고 머물러 있다가 조용히 돌아가려고 하자 순신이 청하기를 "군사들은 반드시 대감께서 먹을 것을 베풀어 위로하시고 상 주는 것이 있으리라고 생각할 것입니다. 지금 그렇게 해 주지 않으면 실망할 것이 염려됩니다" 하였다.

완평이 말하기를 "그 말이 매우 옳다. 그러나 내가 미처 준비하지 않았으니 어떻게 하나?" 하니 순신이 말하기를 "내가 대감을 위하여 이미 다 준비하였으니 대감께서 허락만 하신다면 대감의 명령으로서 군사들에게 먹이겠습니다"라고 하였다. 완평이 크게 기뻐하며 많이 먹이니 온 군중이 기뻐서 날뛰었다.

순신이 죽은 후에 완평이 이 일을 이야기하고는 감탄하기를 "이통제李統制는 재주와 도량이 큰 사람이었다"라고 하였다.

李完平以體察使 往閑山 與副察及從事等 同乘公舟 入陣中 周視陣形 從容留宿 將還 舜臣請曰 軍情必爲相公有犒賞 今無其事 則恐缺望 相公曰 此言甚是 但吾初不備來奈何 舜臣曰 吾爲相公 已辦了 相公若許之 則當以相公之命 饋之 相公大喜 遂大犒之 一軍踊躍 公之旣沒 相公言及此事 乃歎曰 李統制大有才局

『忠武公全書』*

＊忠武公全書 : 조선 선조 때의 명장 李舜臣의 문집.

금 보기를 돌과 같이 하라

철성 최형이 젊었을 때 그 아버지가 항상 경계하기를 "금 보기를 돌과 같이 하라"고 하였다. 최형은 그 구절을 큰 띠에 써서 죽을 때까지 명심하고 잊지 않았다.

비록 나라를 바로잡아 위엄이 국내 곳곳에 이르렀으나 털끝 만큼도 남에게서 취하지 않고 집은 겨우 생활만 할 뿐이었다. 당시에 재상들은 돌아가며 서로 초청하여 바둑으로 소일하고 맛난 음식을 차려서 호화롭고 사치하느라 정신이 없었다.

그러나 최형은 손님을 청해 놓고 점심 때가 지나도록 음식을 내오지 않다가 해가 저물 무렵에야 벼를 찧어 밥을 짓고 채소를 내왔는데 모두들 배가 고프던 참이라 밥을 다 먹어 치우고는 말하기를 "철성댁 음식이 매우 맛있다"고 하였다. 최형이 웃으며 말하기를 "이런 것이 또한 군사를 쓰는 방법이다"라고 하였다.

崔鐵城瑩 少時 其父常戒之曰 見金如石 常以四字書諸紳 終身服膺而勿失 雖秉國政 威行中外 而一毫
不取於人 家纔足食而耳 當時宰樞相邀迓 以碁局消日 爭設珍饌 以務豪侈 公獨邀客 過午不設饌 日暮
糲黍稻炊飯 兼陳雜菜 諸客枵腸 盡啖菜飯曰 鐵城之飯 甚甘也 公笑曰 此亦用兵之謀也

『慵齋叢話』*

① 崔瑩 : '瑩'의 음은 '형' 또는 '영'. '영'으로 널리 읽혀 오기도 했다.
＊慵齋叢話 : 前出.

판서 김시양金時讓은 병자호란을 미리 알았다

인조 때 병자호란이 나기 전 판서 김시양은 청나라 군사가 반드시 올 줄 미리 알았다. 그때 청나라 사신이 봄과 가을에 뻔질나게 드나들었는데 호조에서 그 접대를 맡아 왔다.

하루는 김시양의 조카 소가 호조좌랑으로 있으면서 말하기를 "내일 청나라 사신이 한강에 나가서 말을 씻겠다고 하여 공구供具를 가지고 나가서 기다리기로 하였습니다" 하였다. 김시양이 말하기를 "너는 모름지기 삼전도에 나가서 기다려라. 그가 한강으로 가지 않을 것이다"라고 하였다.

좌랑이 시양의 말을 어기기가 어려워 삼전도에서 기다렸더니 청나라 사신이 과연 그곳에 이르러 크게 놀라며 말하기를 "어떻게 내가 이리로 올 줄을 알았소?" 하고는 말을 달려 본다고 핑계하고 남한산성 밑까지 달려갔다가 돌아왔다. 좌랑이 돌아가서 시양에게 묻기를 "어떻게 아셨습니까?" 하니 시양이 말하기를 "청인들이 우리 나라에 뜻을 둔 지 오래이므로 말을 씻겠다고 핑계하고 서울 근처 요새의 형세를 정탐하고자 한 것이다"라고 하였다. 듣는 사람들이 감복하였다.

丙子前 金判書時讓 獨能知胡寇之必來 其時 胡差多於春秋出來 戶曹主管接待 一日 公之姪素 以戶佐
來 言明日胡差欲出漢江洗馬 將持供具出待矣 公曰 汝須出待於三田渡 胡差必不往漢江 佐郎重違其
言 出待三田渡 胡差果到 大驚曰 何以知我到此耶 托以馳馬 馳至南漢山城底 而還歸問公 何以知之
公曰 胡人有志於我國久矣 假托洗馬 欲知近京保障地形耳 聞者嘆服　　　　　　　　　『晦隱集』*

① 胡差 : 오랑캐 差使. 여기서 '오랑캐란 淸國의 前身인 後金을 가리킨 것 : ② 戶佐 : 戶曹佐郎을 줄여서 한 말 : ③ 重違 : '難
違'와 같다. 어기기 어려움. 여기서 重은 難의 뜻.
＊ 晦隱集 : 前出.

도움글

이 글에서 청나라라 하였지만 이는 淸의 전신인 後金이다. 『荷潭破寂錄』의 저자로 널리
알려져 있는 金時讓은 後金(淸의 前身)兵이 대거 침공한 丁卯胡亂(光海君 5, 1627) 이후, 뻔
질나게 드나드는 金國 使者들의 행태를 보고, 머지않아 또 胡亂이 있을 것을 예견했다.
사신들이 자주 들락거리는 것은 우리나라의 虛實을 偵探하기 위한 것이기 때문이다. 청
나라 사신이 한강에서 洗馬한다고 한 것은 우리 조정을 속이고 다른 곳으로 가려고 한 청
나라 사신의 속임수이므로 이를 金時讓이 미리 알아차리고 조카 素를 三田渡로 가게 한
것이다.

임형수林亨秀는 과거科擧를 포기했다

정승 홍섬이 젊었을 때에 이기를 배척하다가 대궐 뜰에서 형벌을 받고 남쪽으로 귀양 갔다. 금강에 이르자 과거 보러 서울로 가던 선비들이 길에서 보고 있었다.

금호 임형수가 와서 보고 눈물을 흘리면서 "내가 들으니 경성에 홍섬이란 분이 있어 당대에 좋은 선비라 하더니 무슨 죄가 있어 이 지경이 되었는가. 어찌 지금이 군자가 과거 볼 때인가" 하고는 경성으로 가지 않고 말을 돌려 돌아갔다. 홍이 누웠다가 그 말을 듣고 "정신이 상쾌하다"고 하였다.

洪相暹新進時 斥李芑 受刑殿庭 流南荒 至錦江 路有朝京赴試儒 咸聚觀之 林錦湖亨秀 來觀垂涕曰 吾聞京城有洪暹者 當代佳士也 有何罪而至斯 此豈君子應擧之時也 卽回馬不赴試而還 洪臥而聞之 心神爽然 『於于野談』*

① **南荒** : 서울에서 멀리 떨어져 있는 荒凉한 남쪽 지방.

＊ **於于野譚** : 前出.

내가 잘난 척하면 세상은 수습收拾 불능

박영지란 사람이 있었는데, 그 근본은 내가 잘 알지 못한다. 서울 북부 준수방에 임시로 거처하였는데 내가 사는 곳과 그리 멀지 않았기 때문에 때때로 만났다. 사람됨이 너그러워서 의견 차이를 나타내지 않으나 또한 시대의 상황에도 밝았다. 초립을 만들어 생활을 하면서도 그리 힘쓰지 아니하여 의식衣食이 이따금 군색하였다. 그러나 마음에 두지 않았으며 수학數學에 능통하여 들어맞는 말이 많았다.

중간에 오랫동안 소식이 없더니 선조 정해·무자(1587·1588)년에 흔연히 와서 보고 말하기를 "평안도 지방에 살 길을 찾아갔다가 거의 10년 만에 서울로 돌아와 보니 인심 풍속이 전보다 크게 달라져 있어 위로 조정 사대부에서 아래로 민간의 선비들에 이르기까지 모두 남을 업신여기고 잘난 척하는 풍속이 있으니 흙이 한꺼번에 무너지고 기와가 산산이 깨어질 형세가 이미 이루어졌습니다. 영감이 비록 사헌부를 맡았으나 나이 젊은 신진들이 곧이듣고 따르지 않을 터이니 만약 의견을 고집하면 그들이 대항할 것이며, 만약 몸을 굽혀 그들을 따르면 도리어 이치와 체면에 손상이 될 것이니 물러가 산림에 누워 계시는 것만 같지 못합니다"고 하였다.

내가 그의 말에 깊이 탄복하긴 하였지만 그대로 하지 못하였더니 그 뒤에 역옥逆獄의 변이 3년 동안이나 끝나지 않았으며 왜적의 화가 지금까지 계속되고 있다. 그 사람이 어디로 갔는지 알지 못할 뿐만 아니라, 살았는지 죽었는지도 알 수 없다.

有朴永之稱名者 其根貫則余未詳也 僑寓於北部俊秀坊 與余所居不遠 故有時相見 爲人穩豁 不爲圭角 亦不混於流俗 嘗以補造草笠爲業 亦不致勤 衣食屢窘 不爲屑意 能通數學 所言多驗 中間消息久致茫然 至萬曆丁戊年間 欣然來見曰 糊口關西幾至十年 今始還京 人心風俗 大異於前 上自朝士 下至韋布 皆有傲物自聖之習 土崩瓦解之勢已成 令公雖掌風憲 年少新進之輩 必不聽信 若執我所見 則彼必立異 若屈己從渠 則反傷事體 不如退臥山廬也 余深服其言 而不能從也 其後逆獄之變 三年未畢 倭賊之禍 至今猶然 不識此人何處去 而其存其亡 未可知也　　　　　　　　『松窩雜記』*

① **根貫** : 근본(뿌리)과 관향 ; ② **圭角** : 옥의 뾰족한 모서리. 뜻이 변하여 言語와 擧動이 모가 나서 잘 어울리지 않음에 비유하기도 함 ; ③ **風憲** : 司憲府 大司憲의 別稱 ; ④ **自聖之習** : 스스로 잘난 척하는 풍습 ; ⑤ **土崩瓦解** : 철저한 붕궤(崩潰). 흙이 무너지고 기와가 부서짐. 진(秦)나라 말기와 같이 세상이 어지러움에 비유.

* **松窩雜說** : 조선 명종 때의 문신 李墍가 저술한 逸話·閑談集.『稗林』에 들어 있음.

금은 예사롭지 못한 물건

고려 공민왕 때에 두 형제가 길을 가다가 아우가 황금 두 덩어리를 주워 그 중 하나를 형에게 주었다. 양천강에 이르러 배를 같이 타고 건너는데 아우가 갑자기 금을 물에 던지므로 형이 괴이하게 여기어 물었다.

아우가 말하기를 "제가 평상시 형님을 사랑함이 매우 돈독하였는데 지금 금을 나누어 가지고 나서 문득 형님을 싫어하는 마음이 일어나게 됩니다. 금이 예사롭지 못한 물건이라 강에 던져서 잊어버리는 것만 못한 것 같습니다"라고 하였다. 형이 말하기를 "너의 말이 진실로 옳다" 하고는 형도 역시 금을 물에 던져 버렸다.

그때 같이 배에 탔던 자들이 모두 무식한 백성들이라 그 성명을 물어본 사람이 없었다고 한다.

高麗恭愍王時 民有兄弟偕行 弟得黃金二綻 以其一與兄 至陽川江 同舟而濟 弟忽投金於水 兄怪問之 弟曰 吾平日愛兄甚篤 今而分金 忽萌忌兄之心 此乃不祥之物也 不若投諸江而忘之 兄曰 汝言良是 亦投之水 時同舟者 皆愚民 無問其姓名云

『輿地勝覽』*

* 輿地勝覽:『동국여지승람』. 조선 성종 때의 문신 徐居正·梁誠之 등이 편찬하고 중종 때 李荇 등이 증보한 우리나라 地理書.

황형黃衡은 70년 전에 임진왜란이 있을 줄 알고 미리 소나무를 심었다

장무공 황형이 강화 연미정에 농장을 가지고 있었는데 나이 들어 그곳으로 물러와 살면서 날마다 콩 두 되를 볶아 마을 아이들을 불러서 나누어 먹었다. 그리고 아이들에게 어린 소나무를 바닷가에 옮겨 심게 하였는데 그 소나무밭이 거의 수십 리에 이르렀다.

사람들이 묻기를 "이미 늙으셨는데 무엇 하러 나무를 많이 심으십니까?" 하니 황형이 말하기를 "나라가 70년 뒤에 가면 반드시 여기에서 힘을 얻을 것이다" 하더니 임진왜란이 일어나자 창의사 김천일과 전라병사 최원이 강화에 들어가 지킬 때에 과연 배를 만들고 수리하는 재목이 모두 여기서 가져다 썼으며 아무리 써도 모자람이 없었다.

정유년에 다시 왜란이 일어났을 때에 중국의 장수 양호가 임금을 모시고 강화로 가려고 할 때에 강화부 관원들이 그 소나무를 베어서 행궁과 창고와 거처할 집들을 지었다. 이때에 이르러 사람들은 황형에게 선견지명이 있었음을 알고 탄복하였다.

黃壯武公衡 有田舍在江華鳶尾亭 老而退居 日炒荳數升 招村兒以食之 使之移稚松于海岸 幾數千里
人問曰 公已老 何用多種爲 公曰 國家七十年後 當得力於此 及壬辰年 倡義使金千鎰 全羅兵使崔遠
入保江都 凡舟楫營繕械 皆辦于此 用之不盡 丁酉再亂 楊經理將挾上 就江都 府官斫取 爲行宮待備及
庵廬 至是 人乃服公先有所識云 　　　　　　　　　　　　　　　　　　　　　　　『疎齋漫錄』*

① **楊經理** : 楊鎬. 임진왜란 때 우리나라 軍務를 經營 管理하였다 하여 楊經理라 한 것임. 明 萬曆年間의 進士. 벼슬은 右僉
都御史.

* **疎齋漫錄** : 조선 숙종 때의 문신 李頤命이 저술한 逸話・閑談集. 『稗林』에 들어 있음.

이이첨李爾瞻을 미리 알아본 이항복李恒福

한음漢陰 이덕형李德馨이 영의정이 되었을 때에 백사 이항복은 좌의정이 되었는데 어릴 때부터 절친한 사이였다. 마음을 합하여 조정에서의 일은 항상 서로 의론하였다.

하루는 한음이 백사의 집에 갔더니 백사가 한음에게 말하기를 "우리가 국가의 일을 맡은 지가 이미 오래이니 이제는 쉬어야 하겠는데 대감이 대소관大小官 중에서 우리를 대신할 만한 사람을 살펴 보았소? 관직이 낮은 자라면 우리가 힘껏 추천하면 뛰어서 승진시키기가 무엇이 어렵겠소?" 하였다. 한음이 말하기를 "3일 후에 대감이 내 집으로 오면 어떻겠소?" 하였다. 그때에 상촌 신흠도 판서로서 자리에 같이 참석하였는데 한음이 돌아보며 "그대도 오시오"라고 하였다.

상촌이 기약한 대로 일찍 갔더니 얼마 안 있어 백사가 도착하였다. 한음이 말하기를 "신 판서와 승지 이이첨이 대감 때문에 피하였소"라고 하였다. 백사가 두 사람을 같이 들어오게 하였다. 백사는 한음이 이첨을 추천하고자 해서 청해 온 것임을 알고 한음에게 말하기를 "대감의 눈이 근자에 어두웠는가요?" 하니 한음은 말이 없고 이첨은 물러갔다.

백사가 한음에게 이르기를 "대감이 잘못 알았소. 다른 날에 우리가 그 사람의 손에 독毒을 받지 않을런지도 모르는 일이오"라고 하였다. 그 뒤에 한음이 처벌을 기다릴 때에 상촌에게 이르기를 "상태常台가 과연 사람을 볼 줄 알았구나"라고 하였다. 상태라 한 것은 백사의 자字가 자상子常이기 때문이었다.

이첨이 젊었을 때에 이미 이름이 났는데 그 뱃속에 칼이 든 것을 아는 이가 없었다. 오직 진사 유극신만이 그를 볼 때마다 소홀히 여기면서 "이 사람은 어느 날엔가 반드시 사람을 해칠 자이다"라고 하였다. 계축년에 한음은 죄를 입어 양근에서 나라 일을 걱정하다 병으로 죽었고, 백사 또한 조정에 용납되지 못하여 정사년에 가서 폐모론에 반대하다가 북청으로 귀양가 거기서 죽었다. 이런 것들이 모두 이첨의 해독이었다. 이밖에도 조정의 사대부 가운데에서 이첨에게 화를 당한 사람은 헤아릴 수 없이 많았다.

漢陰爲領相 白沙爲左相 自少知己友也 立朝 協心隨事相議 一日 漢相往沙相家 沙相語漢相曰 吾輩於國任事已久 迄可休矣 台於大小僚中審察可代者否 官卑則吾輩力爲推挽 何難超陞也 漢相曰 再明台枉吾家如何 時象村申公欽 以判書參坐 漢相顧謂曰 公亦來 象村如期早進則 未幾 沙相果至坐定 漢相曰 申判書及李承旨爾瞻 以台入 故避矣 沙相使之並入 而揣知漢相欲薦爾瞻而要之 謂漢相曰 台眼近眛耶 漢相默然 瞻卽辭去 沙相謂漢相曰 台其誤認矣 安知他日吾輩不毒於伊手耶 其後漢相待命之時 謂象村曰 常台果知人矣 常台者 以沙相字子常也 爾瞻少有名譽 人無知其腹劍者 惟柳上舍克新 見必外待曰 此人他日必禍人者也 癸丑年 漢相被罪 以憂卒於楊根 白沙亦不容於朝 丁巳年 立節於廢論 竄終於北靑 皆爾瞻之毒也 朝紳之被禍於瞻者 亦不勝計　　　　　　　　　『西郭雜錄』*

① 常台 : 상태. 이항복의 자가 子常이고 그의 벼슬이 정승이었기 때문에 '常台'라 불렀다.
* 西郭雜錄 : 李文興(연대 미상)이 저술한 逸話·閑談集.『稗林』에 들어 있음.

김학성金鶴聲의 어머니는 '財'는 '災'라 가르쳤다

김학성은 경성 사람이다. 어머니가 일찍이 과부가 되었는데 학성과 그 동생은 각각 8세, 7세였다. 어머니가 바느질 품을 팔아서 생활을 해 나가고 두 아들들은 선생에게 보내어 공부를 시켰다.

하루는 비가 올 때에 처마물이 땅에 떨어지는데 무슨 울리는 소리가 나는 것을 듣고 그 밑을 보았더니, 땅에 큰 가마솥이 묻혀 있는데 그 가운데에 은이 가득 차 있었다. 빨리 덮어 버리어 아는 이가 없었다. 며칠 후에 그 오빠에게 부탁하여 집을 팔고 조그마한 오막살이에 옮겨 살았다. 뒤에 죽은 남편의 제삿날에 음식을 차려 놓고 오빠를 청했는데 두 아들도 옆에 있었다.

어머니는 탄식하며 말하기를 "돌아가신 아버지가 이 아이들을 나에게 맡기고 갔으므로 항상 이것들을 옳게 성취시키지 못하여 선조의 혼령을 굶으시게 할까 두려워 하였더니 이제는 내가 이미 백발이 되었고, 두 아들이 능히 아버지의 뜻을 계승하게 되었으니 이제 죽어도 지하에 가서 할 말이 있겠습니다" 하고는 은을 묻었던 일을 이야기하니 그 오빠가 묻기를 "왜 그토록 엄청난 재물을 싫다 하였는가?" 하였다. 어머니가 대답하기를 "재財는 재災입니다. 큰 재물을 얻으면 반드시 뜻밖의 재앙이 생기는 법입니다. 그리고 사람이 나서 마땅히 궁핍한 것이 있는 줄을 알아야 하는데 두 아들이 아직 어릴 때에 의식衣食의 안일에 습성이 되면 공부에 힘을 쓰지 아니할 것이오, 만약 가난하게 자라나지 아니하면 어찌 재물이 오는 것이 쉽지 않다는 것을 알겠습니까? 그러므로 내가 집을 옮겨서 스스로 단념하였습니다. 집에 저축된 약간의 재물은 모두 나의 열 손가락으로 만들어 놓은 것이니 갑자기

눈앞에 닥친 재물과는 비할 것이 아닙니다"라고 하였다.

金鶴聲京城人 母早寡 鶴聲及弟 方在齠齔 母傭針縫以糊口 資二兒從師學 一日廳簷溜滴地 鏗然有響 下視之 地埋巨釜中實白鏹 亟奄之 人無知者 他日 托其兄賣家 索居小蔀 後以夫祭日 置酒邀兄至二子 亦在 乃喟然曰 先夫以遺孤累未亡人 恒懼其成就未果 以餒先祖之靈 今吾鬢已皤 二子能繼父志 今雖 溘然泉壤之下 足以有辭 因言瘞金事 兄曰 胡若是澆焉 曰財者災也 無故獲巨金 必有奇災 且人生當知 窮乏 二子尚幼 使習於衣食之安 則攻業不專力矣 若不長於貧困 則詎知財之來不易乎 吾故移居焉 以 斷吾念 如干窖藏 皆吾十指上辦出者 非比忽爾至前者也　　　　　　　　　　　　　　『逸士遺事』*

①齠齔 : 초츤. 이를 갈 나이. 대개 7세 전후.
＊逸士遺事 : 前出.

제3부

풀로 엮은 아버지라도 잡아 끌 수는 없다

미수_{眉叟} 허목_{許穆}은 '높은 데는 너무 높고 낮은 데는 너무 낮다'고

허미수의 문장을 사람들이 칭찬하니 김농암이 말하기를 "높은 곳은 너무 높고 낮은 곳은 너무 낮다. 견식도 따라서 그러하니 높은 곳이 너무 높은 것은 비록 중도는 되지 못하더라도 그런대로 좋지마는 낮은 곳이 너무 낮은 것은 그 해를 이루 다 말할 수 없다"라고 하였다.

미수의 기상이 도인_{道人}과 같아서 말이 없이 혼자 앉아 눈을 감고 있을 때에는 마치 고목나무 가지와 기이한 바위 같았으므로 까마귀나 까치가 어깨와 등에 내려와 앉았다고 한다.

許眉叟文章 人盛稱之 農岩曰 高處太高 卑處太卑 以此見識隨而然 高處之太高 雖不爲中庸 尙猶可矣 卑處之太卑 其害不可言 其氣類 似道人 若無語獨坐合眼時 如古槎奇岩 故鳥鵲自下於肩背云矣

『二旬錄』*

① 氣類 : 만물은 다 천지의 氣를 받아서 生하기 때문에 人과 物을 총칭하여 기류라 하며, 또 氣象 相似하는 뜻으로도 쓰임.

* 二旬錄 : 조선 영조 때의 무신 具樹勳이 저술한 逸話 · 閑談集. 『稗林』에 들어 있음.

정인홍鄭仁弘의 야심은 어릴 때부터 남달랐다

정인홍이 어렸을 때에 산중의 절에서 글을 읽고 있었을 때다. 감사가 마침 와서 묵다가 밤에 글 외는 소리를 듣고 찾아가 물어 보니 과부의 집 어린 아이였다. 기특하게 여겨 불러 보고 묻기를 "네가 시를 지을 줄 아느냐?" 하니 인홍이 사양하였다.

감사가 탑 주위에 있는 어린 소나무를 가리키면서 그것을 글 제목으로 하고 운韻을 불러서 짓게 하니 인홍이 운 부르는 소리에 응하여 다음과 같이 지었다.

키 작은 외로운 소나무가 탑 서쪽에 있으니

탑은 높고 소나무는 낮아서 서로 가지런하지 못하네.

오늘날 외로운 소나무가 짧다고 말하지 말라

소나무가 자란 후에는 탑이 도로 낮으리.

감사가 보고 탄복하며 "장차 너는 반드시 귀히 되고 이름이 드러날 것이다. 그러나 뜻이 지나치니 경계할지어다"라고 하였다.

鄭仁弘幼少時 讀書於山寺 有方伯適到 夜聞誦聲 訪之則是寡家稚兒 異之 邀至 問汝能詩乎 仁弘遜謝 方伯以塔邊矮松 命題呼韻使作 仁弘應聲曰 短短孤松在塔西 塔高松下不相齊 莫言此日孤松短 松長他時塔反低 方伯覽之 嗟歎云 他日 必貴顯 然志則濫矣 戒之哉　　　　　『星湖僿說』

풀로 엮은 아버지라도 잡아 끌 수는 없다

사문 송기충이 선산부사로 있을 때에 소송을 하는 삼 형제가 있었다. 그의 아버지가 죽으면서 재산을 막내 아들에게만 주고 맏이와 둘째에게는 주지 않았다는 것이다. 부사는 일부러 그 아버지가 고루 나누어 주지 않은 것을 꾸짖으면서 풀을 묶어 인형을 만들었다. 그 인형을 소송하는 형제의 아버지라 칭하고 그 형을 시켜 잡아 끌게 하니 그 말대로 하기를 주저하지 않았다. 둘째도 마찬가지였다.

막내 아들의 차례에 이르러서는 "비록 풀로 만든 인형일지라도 이름을 지었으니 어찌 잡아 끌 수가 있겠습니까? 이것은 제가 차마 하지 못할 일입니다" 하고는 이를 피하였다.

부사가 탄식하기를 "자식을 아는 데는 아비만한 이가 없다고 하더니 너희 아버지가 너희들을 살펴 보아서 밝게 알았구나. 막내 아들에게 홀로 후하게 한 것이 당연하다" 하고 내쫓아 버렸다.

宋斯文期忠 爲一善府伯時 有三昆季相訟 乃厥父家業 只給季子 而不給伯仲者也 斯文佯詰其不均 束草爲人 號曰訟者之父 令其伯 抨而曳之 則應從而不疑 仲亦如之 至季則辭曰 雖是芻靈 名之曰父 則豈有提曳之理乎 玆則吾所不忍也 斯文嘆曰 知子莫如父 爾父於汝等 審察之 知之明矣 獨厚季子 固其所也 黜而退之　　　　　　　　　　　　　　　　　　　　『效矉雜記』*

＊效矉雜記 : 前出.

재상다운 이항복李恒福의 도량

필운 이항복이 조회朝會를 마치고 돌아가는 길이었다. 한 여인이 말 앞으로 가로질러 지나는 것을 길 인도하던 여인이 꾸짖어서 밀치고는 땅에 엎어지게 했다. 필운이 집에 돌아와서 하인을 경계하여 꾸짖기를 "내가 정승에 있으니 비록 한 사람이라도 잘못 되는 일이 있으면 나의 수치다. 길 가는 사람을 밀쳐 땅에 엎어지게 한 것은 매우 부당한 것이다. 너희들은 조심하여 다시는 그런 일이 없도록 하여라"라고 하였다.

조금 있다가 그 여인이 쫓아와서 집 앞 언덕에 올라서 발악하며 큰 소리를 지르기를 "머리가 허연 늙은이가 종들을 놓아 행패를 부려 길 가는 사람을 엎어지게 했으니 네가 정승이 되어 국사에 유익한 일을 한 것이 무엇이기에 이런 위세를 부리는 것인가? 너의 죄는 귀양보낼 만하다" 하고 이밖에 욕설이 이루 말할 수도 없었다. 필운은 들어도 못 들은 척하고 하인들은 모두 깊이 들어앉아 머리를 내밀지 못하게 하였나.

마침 자리에 손님이 있다가 이 소리를 듣고 해괴히 여기어 필운에게 묻기를 "저 여인이 욕하는 것이 누구를 가리킨 것입니까?" 하니 필운이 천천히 웃으며 "머리가 허연 늙은이는 내가 아니고 누구겠소?" 하였다. 손님이 말하기를 "왜 내몰아 쫓아 버리지 않고 저렇게 함부로 하도록 내버려 두십니까?" 하니 필운이 말하기를 "내가 먼저 잘못했으니 그 여인이 성내어 욕하는 것이 마땅하오. 마음대로 욕을 하여 분을 풀고 가도록 내버려 두어야 마땅한 것이오"라고 하였다. 듣는 이들은 모두 "참으로 대신의 도량이 크다"고 하였다.

弼雲相公 朝罷歸來 有一女人 橫過馬前 前導者呵禁擠仆于地 相公還家 戒責奴僕曰 我在相位 雖一物
不得其所 我之恥也 使行路之人 擠仆于地 甚是不宜 汝輩謹飭 勿復爾也 有頃 女人趨到 升前邱 而發
惡大叱曰 頭白老物 縱奴作弊 使行路人顚仆 汝爲相國 有益國家者何事 而作此威勢乎 汝罪可竄 此外
詬辱 無所不至 相公聽若不聞 奴僕皆深藏不出頭 適有坐客 聞而駭之 問於相公曰 彼女所辱者 指何人
耶 相公徐而笑曰 頭白老物 非我而誰 客曰 何不驅逐 而任其縱恣如彼也 公曰 我先失矣 厥女怒罵宜
也 任其罵詈 以泄其憤而去 聞者以爲大臣之量云　　　　　　　　　　　　　　　　　　『柳川箚記』*

＊柳川箚記 : 조선 선조 때의 문신 韓浚謙이 조선시대의 行禮에 관한 글을 읽고 필요한 부분을 발췌 수집한 글.

예술을 사랑한 안평대군이 실패한 이유

안평대군이 왕자로서 학문을 좋아하고 더욱이 시와 글을 잘하고 글씨가 뛰어나 천하에 제일이었으며, 또 그림과 거문고·비파를 잘 뜯었다. 북문北門 밖에 무이정사武夷精舍를 짓고 남호南湖에 담담정淡淡亭을 지어 만 권의 서적을 쌓아 두고 문인들을 불러 모아 십이경十二景의 시를 짓고 또 사십팔영四十八咏을 짓기도 하였다. 때로는 등불을 켜고 밤에 담화를 하기도 하며 달빛에 배를 타고 시를 짓고 장기와 바둑을 두기도 하고 거문고·피리 소리가 끊어지지 않았다. 마시고 취하여 농담을 벌이기도 하여 당시에 이름 있는 선비들을 모두 사귀었으며 무뢰배·잡인들이 많이 따랐다.

바둑판과 바둑을 모두 옥으로 만들고, 또 금박으로 글씨를 쓰고 사람을 시켜 가는 비단을 짜서 글씨를 휘저어 썼다가 사람들이 달라고 하면 곧 주어 버리곤 하였는데 그런 행사가 이와 같이 많았다. 성간이 이름 있는 선비라는 소문을 듣고 안평이 사람을 보내어 초청하므로 성간이 가서 만나고 정자에서 시를 지었는데 시가 매우 훌륭하므로 안평이 공경히 대접하여 보내며 후일에 다시 만나기로 기약하였다.

이 말을 들은 성간의 어머니가 아들에게 말하기를 "왕자는 마땅히 문을 닫고 손을 사절하며 근신하여 다른 짓이 없어야 하는 것이 도리인데 어찌 사람을 모아 파당을 만드는 것이 이치이겠느냐? 그의 실패를 곧 볼 것이니 너는 그와 교제하지 말라" 하므로 그 뒤에 두세 번 초청하여도 가지 않았다. 얼마 안되어 안평이 패하니 성간의 온 집안 사람들이 모두 그 어머니의 선견에 탄복하였다.

匡懈堂以王子好學 尤長詩文 書法奇絶 爲天下第一 又善畵圖 琴瑟之技 作武夷精舍于北門外 又臨南
湖 作淡淡亭 藏書萬卷 招聚文士 作十二景詩 又作四十八咏 或張燈夜話 或乘月泛舟 或占聯 或博奕
絲竹不絶 崇飮醉謔 一時名儒無不締交 無賴雜業之人 亦多歸之 棋局與子皆用玉 亦用金泥字 又令人
織細絹 揮洒眞草亂行 人有求者 卽擧與之 事多類此 聞成侃有名 佯人邀之 公往謁 賡賦亭中 諸詩詩
語高絶 遂敬待而送之 期以後日再會 母夫人謂曰 王子之道 當閉門 麾客謹愼無他 豈有聚人作朋之理
其敗可待 汝勿與交 其後再三招之 竟不往 未幾敗 一門皆服母夫人之先見　　　　　　『海東名臣錄』*

① 眞草亂行 : 書體의 이름. 眞書(楷書), 草書, 난잡한 行書.
＊ 海東名臣錄 : 前出.

남명南冥 조식曺植의 덕망은 이미 퇴계退溪의 위에 있었다

남명이 호화로운 것을 좋아하여 거처하는 방에는 반드시 단청을 하고 붉은 보료와 안석案席을 펴기까지 하였다. 하루는 토정이 짚신을 신고 진흙을 밟은 채로 알리지도 않고 방에 들어가니 남명이 바쁘게 토정을 맞아들였다. 토정이 진흙 묻은 신을 그대로 신은 채로 바로 보료를 밟고 올라가서 신 끈을 푸니 진흙이 잔뜩 묻어 더러웠다.

남명이 조금도 안색을 변하지 않는 것을 보고 토정이 우러러 이르기를 "내가 그대를 시험해 본 것인데 과연 현인입니다"고 하였다. 남명이 퇴계와 동갑인데 입신과 명성과 덕망이 퇴계보다 위에 있었다. 만약 학문을 가르쳐 제자를 모았더라면 더욱 당하지 못하였을 것이다.

南冥 性好侈 所居室 必加丹雘 至鋪大紅褥案席等具 一日 土亭 以芒鞋衝泥 而至其室 不告而入 南冥 蒼荒延土亭 土亭 以泥塗鞋子 直踏大紅褥而上 解其結 泥土狼藉沾汙 南冥 色自若 土亭 遂仰視 謂曰 吾欲聊試公 公果賢矣 南冥與退溪 同庚 立脚名望已居退溪右 若講學聚徒 則尤不可當矣

『澤堂家錄』*

① 立脚 : 安身, 立身.
* 澤堂家錄 : 前出.

오리梧里 이원익李元翼은 차마 속일 수 없는 사람

영남 사람들이 이완평과 유서애를 칭송하여 말하기를 "완평은 속이려면 속일 수 있지만 차마 속이지 못하겠고 서애는 속이고 싶어도 속여낼 수가 없다"고 하였다.

嶺南人 稱李完平柳西厓曰 完平可欺 而不忍欺 西厓欲欺 而不可欺　　　　　『楓岩輯語』*

* 楓岩輯語 : 조선 영조 때의 문인 柳光翼이 엮은 史蹟과 詩文에 관한 논술집.

도움글

完平은 完平府院君 李元翼을 지칭하는 것이며 柳西厓는 柳成龍이다. 德治主義를 이상으로 하는 동양의 정치풍토에서는, 윗자리에 있는 사람이 아랫사람을 다룰 때엔 細細한 데까지 監察하는 것만 能事로 하지 아니하고 이들을 德으로 이끄는 것을 善政으로 여겼다. 梧里(이원익의 호)가 바로 그러한 모범이라 할 수 있다. 그러므로 完平은 속여먹으려면 얼마든지 속일 수 있지만, 그 厚德한 品性 때문에 차마 속이지 못했다 한다. "물이 맑으면 큰 고기가 없다水淸無大魚"든가, "물이 너무 맑으면 고기가 없다水至淸則無魚"라 한 것도 윗사람이 아랫사람을 지나치게 챙기면, 아랫사람은 윗사람과 꼭같은 사람은 될 수 있지만, 보다 나은 사람으로 성장하기 어렵다는 것을 비유적으로 말한 것이다. 반면에 吏才가 뛰어난 西厓는 行政實務에 밝고 치밀하여 속이고 싶어도 속여낼 수 없었다고 한다. 『懲毖錄』, 『軍門謄錄』(刊行本 懲毖錄에는 軍門謄錄이 合編되어 있음)과 같은 著述이 이를 증거해 준다.

직언直言을 하는 것은 자기 직책을 다하는 것

세종 때에 이조에서 사람을 관직에 잘못 천거한 일이 있었다. 임금이 사정전에서 조회를 받는데 정승 하연이 겸이조판서兼吏曹判書가 되고 최부가 이조판서가 되어 함께 들어와 모시었다. 정갑손이 아뢰기를 "최부는 말할 것도 없지마는 하연은 사리를 알면서도 사람을 잘못 썼으니 국문하기를 청합니다"고 하니 임금이 좋은 말로 둘 사이를 풀어 주었다. 조회를 마치고 외정外庭에 나온 두 판서는 땀이 빗물처럼 흘렀다.

정갑손이 빙그레 웃으면서 말하기를 "각각 자기의 직책을 다하자는 것이요, 서로 해치자는 것이 아닙니다" 하고는 녹사를 불러서 말하기를 "두 대감이 못 견디게 더운 모양이니 네가 부채질을 해 드려라" 하고 태연자약하게 조금도 후회하고 두려워하는 빛이 없었다.

世宗朝 吏曹誤擧人注官 上御思政殿 受常參 河相國演爲兼判書 崔公府爲判書 俱入侍 鄭甲孫曰 崔府不足數 河演稍知事理 而用非其人 請鞫之 上怡顔 兩解之 朝畢 出外庭 二公流汗飜漿 公完然徐笑曰 各盡厥職 非敢相害也 遂呼錄事曰 兩公迫熱 汝可持扇颺之 雍容自得 不敢有懼悔之色

『慵齋叢話』*

① 注官 : 가려서 官職에 임명함.
＊慵齋叢話 : 前出.

이것이 윗사람의 아량이다

판서 김진국이 인조 때 호조판서로 있을 때에 중국에 은銀을 바친 일이 있었다. 김 판서가 그 일을 신중히 여겨서 아래 관리에게 맡기지 않고 친히 봉奉하였다. 산원算員 한 사람이 옆에 있다가 판서가 다른 데를 돌아보는 틈을 타서 은 한 덩어리를 집어 품에 넣고 곧 일어나 변소에 가는 것처럼 나가서 가만히 다른 곳에 두고는 자리로 돌아왔다.

김 판서만이 이 일을 눈치챘으나 일부러 모르는 척하고 곧 자리를 파하면서 말하기를 "내가 전에 앓던 산증疝症이 다시 도지려고 해서 오래 앉아 있지 못하겠다" 하고는 그 은을 도로 넣어 두고 그 산원으로 하여금 지키게 하면서 내일 다시 봉하겠다고 하였다. 산원이 스스로 생각하여 보니 은이 수량에 맞지 않으면 그 허물이 장차 자기에게 돌아올 것이 틀림 없으므로 훔쳤던 은을 도로 그 속에 넣어 두었다. 그래서 이튿날 봉할 때에는 축난 것이 없었다.

10여 일이 지난 뒤 김 판서가 그 사람의 죄를 드러내지 않고 조그마한 일을 핑계로 체직시켰다. 사람들이 모두 그 아량에 감복하지 않을 수 없었다.

金判書藎國 仁祖朝爲戶曹判書時 有進銀中朝事 金公敬其事 不委下僚 親自監封 有算員一人在傍 瞰金公轉眄之時 探取一塊 卽起超出 有若便旋者 潛置他所 而還入舊座 則人無知之者 獨金公覺之 而佯若不知 卽令罷坐曰 疝症欲發 不可久坐 命置其銀於一房 使其算員守之 待明日 開衙以封 算員自念 銀不準數 咎將歸渠 不得已以所竊者 還置其中 翌日 監封無所缺縮 後十餘日 金公不彰其罪 而徵事遞其任 人莫不服其雅量　　　　　　　　　　　　　　　　　　　　　　　『公私見聞錄』*

　　*公私見聞錄：前出.

모재慕齋 김안국金安國의 우정

김안로金安老는 세상에서 지탄받는 간흉奸凶이지만, 우의友誼는 저버리지 않았다

모재 김안국은 성격에 꾸밈이 없고 진심으로 사람을 사랑하였다. 그는 김안로와 매우 절친하였는데 안로의 일이 사람들 뜻에 만족하지 못하여 모재가 항상 충고하고 책망하나 안로가 그의 진실함과 정직함을 알고 또한 노하지 않았다. 뒤에 안로가 정권을 잡으니 모재의 형제가 제일 먼저 조정으로 돌아왔다.

안로가 침구를 가지고 모재의 집에 가서 자는데 모재가 베개를 나란히 하여 이야기하면서 충고를 매우 준절하게 하였다. 그 아우 사재가 옆에 누워 있다가 형의 발을 꼬집으면서 말하지 말라고 하니 모재가 모르는 척하고 "너는 왜 자지 않느냐? 내 다리를 꼬집지 말아라"라고 하여 사재가 다시 말리지 못하였다.

뒤에 안로가 형벌을 받아 죽자 모재가 사재에게 말하기를 "안로가 간악한 것은 누가 모르겠느냐마는 우리 형제는 이미 그와 교분이 두터웠으니 부디 그 죄악을 말하지 말자" 하고는 늘 먹을 것을 그 집에 보내 주니 사람들이 이렇게 하기도 어려운 일이라고 하였다.

慕齋性無表襮 至誠愛人 初與安老甚切 及安老作事 不滿人意 公每觀責之 安老知公之諒直 亦不之怒 及當國 公兄弟首還朝 安老持被 詣公家宿 公聯枕 語規切甚至 思齋旁臥 躡其足勿語 公佯爲不知曰 汝未睡耶 莫掎我股 思齋縮不更止 及敗誅 公謂思齋曰 安老之奸 人誰不知 吾兄弟 旣與之交厚 愼毋言其惡 每以食物饋其家 人以爲難　　　　　　　　　　　　　　　　　　『諡小錄』*

① 思齋 : 김안국의 아우 正國.
＊諡小錄 : 前出.

김안국과 김안로는 젊어서부터 친교가 두터운 사이였다. 김안로는 己卯士禍 때 조광조 등과 함께 귀양을 가기도 하였으나, 그의 아들 禧가 孝惠公主(中宗 一女, 章敬王后 所生)에게 장가든 것을 奇貨로 無所不爲의 권력을 휘둘렀다. 세상 사람들의 지탄을 받아 이른바 丁酉三凶(丁酉 : 중종 32년, 안로가 사사되던 해)으로 貶斥되었으나 김안국은 지난날의 交分을 저버리지 아니하고 김안로가 賜死된 뒤에도 그 가족을 돌보아 주었다고 한다.

아들을 잘 아는 아버지 조정호趙廷虎

썩은 배는 타지 않았을 것

낙정재 조석윤은 금천에 사는 사람인데 과거에 오르기 전에 서울에 볼 일이 있어 간 적이 있었다.

다음날 어떤 사람이 그 아버지 정호에게 와서 말하기를 "내가 지금 노량진에서 오는 길인데 당신 아들이 썩은 배를 탔다가 파선되었네" 하니 정호가 천천히 말하기를 "우리 아이가 어찌 썩은 배를 탔겠나? 자네가 잘못 본 것일세"라고 하였다. 그 사람이 말하기를 "내가 잘 아는데 어찌 얼굴을 잘못 보겠소?" 하니 대답하기를 "오늘만 기다려보면 알겠지" 하였다.

그가 가고 곧 석윤이 왔다. 처음에 그와 같은 배를 탔다가 위태로운 것을 보고 곧 다른 배로 옮겨 탔는데 그 사람이 다시 보지 못했던 것이다.

樂靜齋趙錫胤 在衿川 未釋褐時 有事入京 翌日 有客疾來報于其父廷虎曰 今自露梁津來 令胤乘朽船 覆沒 趙公徐曰 吾兒豈乘朽船 君其妄見耶 客曰 吾與之相熟 豈不識面 答曰 且觀今日可知 客去而錫 胤來 蓋初乘一船 見其危 即移他船 客不復審察故也　　　　　　　　　『國朝彙語』*

　　①釋褐 : 신분이 微賤한 자가 그 의복을 벗어 버리고 官服을 입는 것. 文科에 급제하여 처음으로 벼슬하는 것.
　　* 國朝彙語 : 三淵 金昌翕의 문인인 金時敏(1681-1747)이 우리나라의 정치・제도・풍습 등을 정리한 類書.

그 할아버지_{南在}에 그 손자_{南智}

정승 남지는 정승 재의 손자였다. 음덕으로 벼슬을 얻어 감찰이 되었는데 퇴근하여 집에 돌아돌 때마다 할아버지가 반드시 그날 있었던 일을 물었다.

하루는 집에 돌아와서 할아버지께 여쭙기를 "하급 관리가 창고에 들어가서 가만히 비단을 넣고 나오기에 그를 도로 창고에 들어가게 하기를 세 번 하니 저의 뜻을 알고 비단을 두고 나왔습니다"라고 하였다. 할아버지가 말하기를 "너같은 철없는 것이 벼슬을 한다기에 내가 일일이 물어본 것이었다. 잘 하고 못한 것을 알려고 한 것인데 이제부터는 내가 묻지 않아도 좋겠다"라고 하였다.

南相智 相國在之孫 蔭補監察 自公退 祖問其所事 一日歸白曰 有下吏入藏 潛懷錦段而出 使之還入藏
如是者三 吏識其意 置錦段而出 祖曰 汝以童子備官 是以每有問欲知其得失 自今吾可以無問

『國朝人物志』*

  * 國朝人物志: 구한말의 학자 安鍾和가 백여 종의 문헌을 인용하여 약술한 조선왕조시대 인물의 傳記集.

안현安玹과 이준경李浚慶 정승의 우애

근세에 이름난 재상 중에 형제간의 우애로써 칭송을 받는 이는 정승 안현과 정승 이준경이 제일이다. 안 정승은 공경함이 극진하여 그 형 위瑋를 아버지같이 섬기어 침상 아래서 절하였으며 응답하는 데 있어서도 가장 공손히 하였다.

이 정승도 친애함이 있어, 그 형 윤경에게 친한 벗과 사귀듯 하여 앉을 때에는 무릎을 맞닿게 하고 누웠을 때에는 베개를 같이 베고 서로 마주보며 말하고 웃으며 너라고 부르고 희롱하였다.

두 집의 우애友愛가 그 행동에 있어서는 다른 점이 있지만 모두 당대 사대부들의 흠모하는 바가 되었다.

近世名卿 以友愛見稱 惟安相公玹 李相公浚慶爲首 安相以敬爲主 於其兄瑋 事之如父 拜於床下 唯諾
唯謹 李相以愛爲主 於其兄潤慶 友之如親朋 坐則接膝 臥則聯枕 相對言笑 爾汝爲戲 兩家雖不同 皆
爲一時縉紳之欽慕　　　　　　　　　　　　　　　　　　　　　　　　　　『松齋雜錄』*

＊松齋雜錄 : 다른 글에서 인용한 書目.

책으로 보낸 혼인 예물

유효통 선생이 아들을 정승 황보인의 딸에게 장가를 들였다. 당시의 풍속에 장가를 들이는 사람들 중에서 잘 사는 사람들은 반드시 사치스러운 패물들을 함에 담아서 메고 가서 그것을 예물로 하였다. 많이 가져가는 집에서는 그 함이 서너 개나 되었다.

유 선생의 아들 또한 함 두 개를 예물로 하였다. 황보 정승이 재빨리 함을 들여와서 손님들 앞에서 열어 보니 모두 서책이었다. 자리에 있던 사람들이 모두 놀랐다. 그 뒤에 홍보인이 유 선생에게 묻기를 "혼인날 예물로 보낸 함에 서책은 왜 넣었습니까?" 하니 유 선생이 말하기를 "옛 글에 황금을 상자에 채워 주는 것이 자식에게 경經 하나를 가르쳐주는 것만 못하다 하였으니 혼인날 예물함에 왜 서책을 쓰지 않겠습니까?"고 하였다.

兪先生孝通 有子娶於皇甫政丞仁 世俗娶妻 其豪富者 必以珍寶 盛之函 擔以先導爲禮物 多者至於三四函 兪子亦以二函爲禮 皇甫氏 促函入 對客開之 皆書冊也 滿坐愕然 後皇甫氏謂兪曰 婚夕之函 何用書冊 兪曰 黃金滿籯 不如敎子一經 婚夕之函 何以不用書冊乎　　　　　　　『靑坡劇談』*

＊靑坡劇談 : 조선 성종 때의 문인 李陸의 見聞集. 『大東野乘』에 들어 있음. 1卷.

사명대사_{四溟大師} 왈, 청정_{淸正} 당신의 머리가 우리나라의 보배

사명당 유정이 왜장 청정_{淸正}의 진중_{陣中}에 들어갔더니 청정이 묻기를 "당신네 나라에 어떤 보배가 있는가?"라고 하였다. 유정이 대답하기를 "우리나라에 다른 보배는 없고 오직 당신의 머리를 보배로 삼고 있다" 하니 청정이 말하기를 "무슨 말인가?" 하고 물었다. 사명당이 답하기를 "우리나라에서 당신의 머리에 금 천 근과 만호후_{萬戶侯}를 현상으로 걸었으니 그것이 바로 보배가 아니고 무엇인가?"라고 하니 청정이 웃었다.

四溟堂惟政 入倭將淸陣中 淸正問曰 貴國有何寶 答曰 我國無他寶 惟以爾頭爲寶 曰何謂也 曰我國購爾頭金千斤邑萬戶 非寶而何 淸正笑

『四溟堂集』*

① 淸正 : 임진왜란 때의 왜장 加藤淸正 ; ② 萬戶侯 : 만호 벼슬. 만호는 조선조 때 各道의 여러 鎭에 소속된 從四品 무관직.

* 四溟堂集 : 조선 선조 때의 중이며 의병장인 松雲大師 惟政의 시집. 7卷 1冊.

있는 재물財物 안 쓰고 없는 문자文字 쓴다

부마 하성이 공주에게 장가들고난 뒤 다시 공功으로 부원군이 되었다. 세력 있는 자들로서 당시에 으뜸이었다. 그 동생 하남과 함께 술을 즐겼는데 술에 취하면 말마다 순자 쓰기를 좋아하였다.

채기지가 말하기를 "그대가 재물은 남음이 있으면서 쓸 줄은 모르고 문학은 부족하면서 문자 쓰기를 좋아하는 것은 웬일인가" 하니 온 좌중이 크게 웃으며 명언名言이라 하였다.

河城尉尙主 復以功封府院君 豪富冠一時 與其弟河南 皆嗜酒 酒酣必言言用文字 蔡耆之曰 君財寶有餘 而不知所用 文學不足 而顧能用之 何也 一坐大笑 以爲名言　　　　　『靑坡劇談』*

　① **蔡耆之** : 조선조 성종 때의 문신 蔡壽. 耆之는 그의 字.
　* **靑坡劇談** : 前出.

화담花潭 선생은 6일을 굶고도 태연해

선대부 허초당은 화담 선생에게서 가장 오래 배운 사람이다. 7월에 어느 날 선생의 집으로 찾아갔더니 화담으로 간 지가 6일이나 되었다고 했다. 곧 화담으로 찾아갔더니 장마에 시냇물이 넘쳐서 건널 수 없었다.

해가 저물 무렵에야 물이 조금 줄어들어 겨우 건너서 찾아 뵈었더니 선생이 거문고를 타며 높게 읊고 있었다. 허초당이 저녁 밥을 지으려 하니 선생이 말하기를 "나도 밥을 먹지 않았으니 같이 지어라"고 하였다.

하인이 부엌에 들어가 보니 솥에 이끼가 끼어 있었다. 허초당이 괴이히 여겨 그 까닭을 물으니 선생이 말하기를 "물에 막힌 지 6일 동안 집안 사람이 오지 못해서 밥을 짓지 않았으니 이끼가 끼었을 것이다"라고 하였다. 선생의 얼굴을 우러러 보니 조금도 굶주리고 피로한 기색이 없었다.

先大夫學於花潭先生 最久 嘗於七月 往就先生之家 則云往花潭 已六日 卽往潭墅 則秋潦方漲 不得渡 日夕潦稍減 僅涉而至 先生方鼓琴高詠 先人請炊夕飯 先生曰 吾亦不食 可並炊之 僕入廚 則苔滿鼎中 先人怪問其故 先生曰 阻水六日 家人不能至 吾久廢食 故鼎必生蘇也 仰覩其容 了無飢乏之色

『識小錄』*

* 識小錄 : 前出.

뱀을 이긴 홍섬洪暹의 지혜

상국 홍언필이 친상을 당하여 여막盧幕을 지키는데 그의 어린 아들 섬도 따라와 있었다. 여름철이라 언필이 나무 그늘 밑에서 자고 있다가 눈을 떠 보니 섬이 알몸으로 누워 있는데 뱀이 그 배 위로 지나가는 것이었다. 섬이 빤히 쳐다보면서도 꼼짝도 않고 있다가 뱀이 지나가고 난 뒤에야 일어나서 달아났다.

언필이 이상하게 여겨 물어 보았더니 섬이 대답하기를 "막 지나갈 때에 몸을 움직였으면 뱀이 반드시 나를 물었을 것입니다. 그러나 뱀이 저를 사람으로 여기지 않고 돌인 줄 알았기 때문에 저도 스스로 사람으로 생각하지 아니하고 돌인 듯이 행동했습니다. 뱀이 물지 않아 이 때문에 뱀을 쳐다보기만 하고 움직이지 않은 것입니다"라고 하였다.

洪相國彦弼 親喪 居廬塋下 子暹以童子從 夏月 彦弼宿于樹陰下 開目視之 暹赤身臥 蛇過其腹 暹熟視之 凝然不動 蛇已過而後 起而走 彦弼異而問之 暹對曰 方過之時 若動身 則蛇必咬我矣 彼旣不人吾 而木石吾 吾亦自不人 而自木石 彼自不咬 是以 視而不動　　　　　『於于野談』*

＊於于野談：前出.

홍서봉洪瑞鳳의 어머니; 썩은 고기를 모두 사와라

정승 홍서봉의 어머니는 집이 가난하여 좁쌀밥·나물국도 계속하지 못할 때가 있었다. 하루는 계집종을 보내어 고기를 사 왔는데 고기빛에 독이 있는 것을 보고 곧 자기의 비녀와 패물 등을 팔아서 종으로 하여금 그 남은 고기를 다 사 오게 해서 담 밑에 묻었다.

정승이 그 뒤에 말하기를 "어머니의 이 마음이 천지신명에 통할 것이니 자손이 반드시 잘 될 것입니다"라고 하였다.

洪相國瑞鳳之大夫人 家甚貧 疏食菜羹 每至空乏 一日 遣婢買肉而來 見肉色有毒 乃賣首飾得錢 使婢
盡買其肉 而埋于墻下 相國曰 母氏此心 可通神明 子孫必昌　　　　　　　　　『東言當法』*

＊東言當法 : 前出.

윤회尹淮의 인내로 거위를 살렸다

윤회가 젊었을 때에 시골로 가는 길이었다. 해가 저물어 여관에 들었더니 주인이 숙박하기를 허락하지 않아 뜰 가에 앉아 있었다. 마침 주인집 아이가 큰 진주를 가지고 나왔다가 뜰에 떨어뜨리니 옆에 있던 흰 거위가 곧 삼켜 버렸다.

조금 있다가 주인이 진주를 찾다가 찾지 못하자 윤회를 의심하여 묶어 놓고 다음날 아침을 기다려 관청에 고발하려 하였다. 윤회가 변명을 하지 않고 다만 말하기를 "저 거위도 내 옆에 묶어 주시오" 하였다. 아침이 되어 진주가 거위의 똥에서 나오니 주인이 부끄러워 사죄하면서 말하기를 "어제는 왜 말하지 않았습니까?" 하였다. 윤회가 말하기를 "어제 말하였다면 주인이 반드시 거위를 죽여서 진주를 찾았을 것이므로 내가 곤욕을 참고 기다렸소"라고 하였다.

尹淮 少時有鄕里之行 暮投逆旅 主人不許止宿 坐於庭畔 主人兒 持大眞珠出來 落於庭中旁 有白鵝卽
呑之 俄而 主人索珠不得 疑公窃取 縛之 朝將告官 公不與辨 只云彼鵝亦繫吾傍 將朝 珠從鵝後出
主人慙謝曰 昨何不言 公曰 昨日言之 則主必剖鵝覓珠 故忍辱而待　　　　　　　　　『燃藜室記述』*

＊燃藜室記述：前出.

상(尙) 정승이 태어난 까닭

상 정승의 증조(曾祖) 영부가 임천에서 살았는데 재물이 매우 많아서 사람들에게 이자를 놓아 내주고 받고 하였다. 만년에 그 차용증서를 모두 불태우며 말하기를 "혹 후손이 잘 되리라" 하더니 뒤에 과연 정승이 났다.

尙相曾祖英孚 居林川 貲甚殷富 與民收散 晩年 悉取其券焚之曰 吾其庶有後乎 其後公果生

『燃藜室記述』*

* 燃藜室記述 : 前出.

죄를 자백한 자가 모두 진실이겠는가

참판 문근이 형관刑官으로 오래 있었는데 그것은 그 직무에 능하기 때문이었다. 하루는 자기가 문초하여 자백을 받은 죄인들이 진실인가 허위인가를 시험해 보기 위하여, 닭 둥우리 속에 알이 들어 있는 것을 보고 난 뒤 집안 사람들에게 명령하기를 "만약 이 알을 내어가면 형벌로 문초하리라" 하고는 가만히 두 개를 끄집어 내어 다른 곳에 두고 집안에서 평소 손이 거친 계집종을 지목하여 알을 훔쳤다고 둘러 씌우고 중하게 매질을 하였다.

그러자 계집종이 자백하기를 "제가 삶아서 먹었습니다"라고 하였다. 참판이 탄식하기를 "내가 장차 후손이 없겠구나. 형관으로 있은 10년 동안 죄를 자백한 자가 어찌 모두 진실이겠는가? 그것은 이 계집종의 경우와 같다"고 하였다.

文參判瑾 久於刑官 爲善於其職也 一日 欲驗服罪人情僞 見鷄窠中有卵 令一家曰 若取此卵 則當加刑訊云 而潛取數個 置之屛處 認家內婢手荒者 誣以盜卵 重杖 則服曰 吾果取而烹食之矣 參判歎曰 吾其無後矣 十年爲刑官 服罪者豈皆眞實者乎 必與此婢同耳　　　　『效顰雜記』*

① 爲善於其職 : 이때 '爲'는 '때문에'의 뜻.

* 效顰雜記 : 前出.

차라리 나의 사치를 비웃었더라면

국경國卿 김모재가 우상 성세창과 호당湖堂에서 사가독서賜暇讀書를 할 때 같이 자게 되었다. 성세창은 본래 잘 사는 사람이라 베개와 이불이 극히 화려하고 사치하고, 모재는 본래 가난하고 성질이 사치한 것을 좋아하지 아니하여 베 이불과 목침이 소연蕭然하여 궁한 선비와 같았다.

세창이 매우 부끄러워 밤새도록 잠을 편안히 자지 못하고 날이 새자 집에 돌아와서 아내에게 말하기를 "국경이 차라리 나의 사치를 비웃었더라면 내가 어찌 이같이 부끄러워하겠는가" 하고는 검소한 침구로 바꾼 뒤에 가서 함께 잤다.

金慕齋 與成右相世昌 同賜暇湖堂 二公並直 成公素豪家 衾枕甚華侈 慕齋素窮約 性且不喜奢 布被木枕蕭然 若寒士 成公愧甚 終夜不安寢 抵明還家 語夫人曰 國卿若笑我之侈 則吾豈如是抱愧乎 亟命易以樸素之物 乃敢同宿云

『識小錄』*

① 國卿 : 일반적으로는 국정을 담당하는 最高執政 大臣. 金安國의 字가 國卿이기도 하다. 慕齋는 김안국의 호 ; ② 蕭然 : 쓸쓸함.

* 識小錄 : 前出.

내 아들은 사람을 사귀었구나

정승 윤승훈에게 두 아들이 있었다. 큰 아들 황은 수찬이 되었고 다음은 숙이었는데 공부를 하지 않아 부랑아가 되었으므로 정승이 항상 꾸짖었다. 하루는 정승이, 숙을 모시고 다니는 하인에게 묻기를 "네 주인이 어디로 다니며 서로 왕래하는 상대는 어떤 사람인가?" 하니 대답하기를 "구내금위라는 분이 있는데 늘 대감이 나가신 틈을 엿보고 와서 사랑방에 모입니다"라고 하였다. 정승이 그 하인과 몰래 약속하여 나가는 척하고 뒷문으로부터 도로 안으로 들어왔다. 그 종이 와서 알리기를 "구내금위란 분이 와서 작은 서방님과 사랑방에 들어갔습니다" 하였다.

정승이 가만히 그들의 하는 짓을 엿보니 구와 윤 두 사람이 한 베개를 같이 베고 누웠다. 구가 묻기를 "네가 아무 기생과 관계하였는가?" 하니 윤이 말하기를 "은 백 냥을 내라 하는데 그 돈을 얻기 어려워 엄두를 못 내고 있다"고 하였다. 구가 말하기를 "어찌 은 백 냥을 얻지 못해 좋아하는 기생과 관계를 못할 수가 있는가? 내가 은을 둔 것이 있으니 너를 위하여 성사시켜 주겠다. 네 종이 있는가?" 하니 윤이 말하기를 "있다"고 하였다. 구가 말하기를 "그 종을 불러 오너라" 하고 곧 종이와 붓을 찾아서 글을 적어 그 종에게 주어서 목화전 근처에 있는 아무 사람에게 전하였더니 조금 있다가 은 백 냥을 가져왔다.

구가 곧 윤에게 주면서 말하기를 "이것을 가지고 재미 볼 자금으로 하라"고 하였다. 정승이 그제서야 탄식하기를 "내가 젊어서부터 늙기까지 벼슬이 정승에 이르렀어도 은 백 냥을 주는 의기 있는 친구가 없었는데 이 아이는 이와 같은 사람을 사귀었으니 내가 미치지 못하는 바이다" 하고는 그 하는 대로 맡겨 두었다. 숙이

후일에 무과에 합격하여 벼슬이 원수元帥 병조참판에 이르렀는데 이는 모두 구로
인하여 현달한 것이었다. 구는 바로 능천부원군 인후였다.

尹政丞承勳 有二子 長曰璜爲修撰 次曰璹 不學爲蕩子 政丞常責之 一日問於侍僕曰 出向何處 往來者
何許人耶 對曰 有具禁衛者 每伺大監之出 而來會榭廊矣 政丞與其僕密約 佯爲出去 自後門還入其內
其僕來告曰 具內禁衛者果來 與少郞君入榭廊矣 政丞潛窺其所爲 則具尹兩人 共枕而臥 具問你爲某
妓乎 尹曰 賭得百金 百金難得 故不得生意耳 具曰 豈不得銀百兩 有不成所欲眄者乎 吾有所置 當爲
你成之 你有腹心奴乎 尹曰 有之 具曰 招之 卽索紙筆爲書 給其奴婢 卽傳于木花廛近處某人 須叟持
百金來 具卽抵于尹曰 給此可爲一歡之資矣 政丞 於是 嘆曰 吾自少至老 官至首相 而未有遺百金急難
之交 此兒交人如此 吾所不及也 遂任其行止 璹後登武科 官至元帥兵曹參判 蓋因具而顯也 具卽綾川
府院君仁垕
『西郭雜錄』*

①你爲其妓乎 : 너는 아무개 기생과 잘 되었나. '爲'는 '成就하다', '이루다'의 뜻.
＊西郭雜錄 : 前出.

하위지河緯地에겐 아들이 있었다

사육신의 한 사람인 하위지가 잡혀 죽은 뒤 그의 처자妻子가 모두 선산에 있었는데 금부도사가 잡으러 왔다. 하위지에겐 두 아들이 있어 큰 아들은 호요, 둘째 아들은 박이었다. 동학사 초혼기에는 연과 반으로 되어 있다. 박의 나이 스물이었는데 조금도 두려워하는 빛이 없이 도사에게 말하기를 "조금 늦추어 주십시오. 모친에게 드릴 말씀이 있습니다" 하므로 도사가 허락하였다. 박이 문 안으로 들어가 꿇어 앉아 어머니에게 말하기를 "죽기는 어렵지 않습니다. 아버지가 죽음을 당하였는데 어찌 자식이 혼자 살겠습니까? 조정의 명령이 없더라도 오히려 자결할 것입니다. 다만 여동생 하나 있는 것이 시집갈 나이가 되었으니 비록 재산이 몰수당하여 천한 종이 되더라도 어머니께서는 도리를 가르쳐 마땅히 한 남편을 섬기고 개돼지 같은 행실은 하지 말도록 가르쳐 주십시오" 하고는 두 번 절하고 물러나 조용히 죽음을 받았다. 사람들이 모두 "하위지에겐 아들이 있다"고 하였다.

河緯地妻子 在一善 禁府都事 以收孥至 公二子 長曰琥 次曰珀 東鶴寺招魂記 曰璉 曰班 珀弱冠 略無懼色 語都事曰 願以緩之 有告母之言 都事許之 珀入門跪告於母曰 死不難 父旣被殺 子豈獨生 雖無朝命 猶當自決 但一妹年將就筓 雖沒爲賤隸 婦人之義 猶當從一 而勿爲狗彘之行 遂再拜而出 從容就死 人皆謂公有子矣
『松窩雜說』*

  * 松窩雜說 : 前出.

이태조를 돌아오게 한 박순朴淳의 지혜

조선 태조는 그 아들들이 서로 다툰 것을 괘씸하게 여겨 서울을 떠나 함흥에 가 있었다. 태종이 문안드리러 사신을 보내기만 하면 태조가 죽여 버려 돌아오는 자가 없었다. 태종이 여러 신하에게 묻기를 "다시 누구를 보낼고" 하니 응하는 신하들이 없었다.

박순이 자청하여 사신 행색을 내지 않고 간편한 차림으로 새끼가 달린 암말을 타고 가서 함흥에 이르렀다. 행재소가 바라다 보이는 지점에서 말 새끼를 나무에 매어 두고 어미 말만 타고 가니 어미와 새끼가 서로 돌아보고 울며 머뭇거렸다. 순이 태조를 뵈오니 태조가 말의 울음 소리가 시끄러운 것을 이상하게 여겨 물었다. 순이 대답하기를 "길에 방해가 되어 새끼를 나무에 매어 놓고 왔습니다. 어미와 새끼가 차마 서로 떨어지지 못하니 비록 동물이라도 지극한 정이 있는가 봅니다" 하였다. 임금에게 비창한 기색이 있었다. 박순은 태조가 임금 되기 전의 친구라 태조가 만류하고 보내지 않았다.

하루는 태조가 박순과 장기를 두는데 마침 쥐 한 마리가 그 새끼를 안고 천장에서 떨어졌는데 죽을 때까지 어미와 새끼가 서로 떨어지지 않았다. 순이 장기판을 밀어 두고 엎드려 울면서 간절히 말하니 태조가 서울로 돌아올 것을 허락하였다.

太祖怒其子兄弟出 幸咸興 太宗遣問安使 太祖輒用法無得還 太宗問羣臣誰可遣 羣臣莫有應者 朴淳
請行 不用使車 自持子母馬 入咸興 望見行在所 故以其子繫于樹 騎其母以進 子馬跼顧相呼 徊徨不前
旣上謁 太祖怪而問之 淳曰 妨於路 繫其子 子母不忍相離 雖微物有至情也 上憫然不怡 以潛邸故人
留之不遣 一日 上與淳局戲 適有鼠抱其子 墮自屋角 至死不相捨 淳推局 伏泣開譬益切 上乃許回鑾
『大東奇聞』*

① 開譬：비유를 들어 보임. ＊大東奇聞：前出.

수령이 속이 비면 여섯 도적六賊이 날뛴다

우리 마을 이웃에 사장師長 이세정이 살고 있었다. 정유년 진사로, 경학經學이 정하고 깊었다. 나이 60여 세가 되도록 여러 번 과거를 보았으나 합격되지 못하고 이웃 자제들을 가르쳤다. 그에게 배워 출세한 자가 매우 많았다. 찬성 이희강·참판 성응경·동지 김공석 그리고 백씨와 내가 모두 그 문하에서 수업 받았던 사람이다.

그는 성질이 곧았으나 사물事物에 대한 수완 능력이 없었다. 수업 받던 제자들이 그를 추천하여서 의금부도사로 제수되었다. 임기가 차서 청양현감이 되어 나가자 찬성 최숙생이 새로 충청도 관찰사에 제수되었다. 수업 받던 여러 사람들이 성문 밖에 나가 관찰사를 전송하면서 청양현감을 부탁하기를 "그는 우리들이 수업 받은 사장師長인데 학문과 맑은 지조가 있는 분이니 함부로 폄고貶考를 하지 말게" 하니 최숙생이 허락하고 갔다. 그러나 부임초에 수령의 성적 고사에서 말등末等으로 만늘어 파면이 되어 놀아왔다. 그리고 얼마 안 되어 최숙생이 돌아왔다.

내가 백씨와 김공석과 함께 최숙생을 가서 보고 "충청도 내에 어찌 백성을 해치는 간악한 수령이 없길래 최과정졸催科政拙한 자가 말등으로 떨어졌는가? 그대의 성적 고사가 잘못된 것이 아닌가?" 하니 최숙생이 천천히 말하기를 "다른 고을의 원은 비록 간악하나 다만 한 도적 뿐이니 백성들이 견딜 수가 있지만 청양 고을의 원은 비록 청백하나 여섯 도적이 밑에 있으니 백성들이 견디지 못하는 것이다. 그리고 뱃속이 텅 빈 사람이 어찌 한 고을의 원 노릇을 할 수가 있겠는가?" 하였다.

내가 말하기를 "이 사장의 뱃속에 육경六經이 가득 찼는데 어찌하여 뱃속이 텅 비었다 하오?” 하니 최숙생이 말하기를 “자네들이 모두 이씨 뱃속의 육경을 나누어 취해서 그것으로 자기의 뱃속을 채워 과거에 올라 출세하였으니 이씨의 배가 아무리 크더라도 자네들 허다한 사람이 취하였으니 그 뱃속에 남은 것이 없음을 알 수 있소” 하였다. 자리에 있던 사람들이 크게 웃었다.

吾同隣 有李師長世靖 以丁酉進士 治經學精熟 年至六十餘 累擧不第 訓誨隣子弟不倦 受業成立者甚多 本貳相希剛 成參判應卿 金同知公碩 伯氏與余 皆受其門 性疎簡拙直 無幹能 一時受業者 同力薦之 除義禁府都事 考滿 拜靑陽縣監 時崔貳相淑生 新除爲觀察使 受業諸公 出門外餞行 仍以靑陽付囑曰 是我輩受業師長也 有學問淸操 愼勿妄加貶考 崔公唯唯而去 到界初考 居殿罷來 崔公遞還 余同伯氏與金公碩往見崔公曰 湖西一道 豈無猾吏賊民者 說崔科政拙者居下 公之考績 不亦謬乎 崔公徐爲之語曰 他邑宰雖猾 只一賊耳 民猶可堪 靑陽主宰雖淸 六賊在下 民所不堪 且腹裏空虛之人 豈宜作宰一邑乎 余曰 李師長腹中 六經充物 何以云腹中空虛 曰公等盡將李腹之六經 分取以充自家腸肚裏 用是取科第立身 李腹雖大 公輩許多人取之 其無遺腹可知 滿座大笑　　　　　　　『思齋摭言』*

① 六賊 : 조선조 때엔 승정원에 육방(六房) 승지가 있는 것과 마찬가지로 지방 관아에도 육방 아전이 있었다. 이방·호방·예방 등이 그것이다. 수령이 무능하면 육방의 아전 등살에 백성이 견딜 수 없으므로 이 육방의 아전들을 육적이라 한 것임 ; ② 居殿 : 殿의 성적으로 함. 殿은 관리의 성적을 考査할 때 上을 最라 하고 下를 殿으로 한다.

＊思齋摭言 : 조선 중종 때의 문신 金正國이 저술한 逸話·閑談集.『稗林』및『詩話叢林』에 들어 있음.

대제학 김유_{金楺}는 거처하는 사랑_{舍廊}채가 방 한 칸 마루 한 칸 뿐이었다

대제학 김유는 나의 이모부이다. 그 집이 죽동에 있었는데 거처하는 사랑이 자 못 두 칸으로서 방과 마루로 나뉘어 있었다. 여러 아들들이 뒤 처마 밑에서 자리를 펴고 거처하여 비좁았으나 집을 넓히지 않고 그대로 두었다.

그가 평안감사로 나갔을 때에 그 아들이 집이 무너지겠다고 고쳐 짓기를 청하니 허락하지 않았다. 여름 장마비가 쏟아져 무너지자 비로소 고치기를 허락하면서 옛 날같이 그대로 하라고 명령하였다. 그 아들이 감히 어기지 못하였으나 다만 너무 좁 아서 사람이 들어설 수 없으므로 사방으로 처마를 따라 반 칸씩을 더 달아냈다.

이모부가 집에 돌아와서 보고는 "어찌 처마 끝이 넓은가?" 하고 물었다. 내가 옆에 있다가 "전처럼 방 한 칸, 마루 한 칸인데 지금도 그렇지 않습니까?" 하니 이 모부가 다시 두루 돌아보더니 "과연 그렇구나. 그러나 내 눈에는 어찌 이같이 넓어 보이는가?" 하였다. 그 뒤 수일 만에 다시 갔더니 이모부가 웃으며 말하기를 "이제 야 자네한테 속은 줄 알았네"라고 하였다.

金大提學楺 卽余姨母夫 其家在竹洞 居所舍廊 只二間 分作房軒 而諸子鋪席於後簷下 常經過然 不廣 而居之 及爲西伯姨兄請改其頹圮 不許之 當潦雨 果見覆壓 始許之 而命一依舊制 伯兄不敢違 第以不 堪容衆 懸半架於四面矣 提學還家 見之曰 是何簷楹濶耶 余曰 舊時 房一間 軒一間 今亦然矣 提學復 環顧曰 果然 而於吾眼 何如是廣耶 後數日 余復往 提學笑曰 始知受欺於君也 　　　　『二旬錄』*

① 第以不堪容衆 : 다만, 이것으로는 여러 사람을 수용할 수 없으므로. '第'는 '차례', '집', '과거' 등의 뜻이 있으나 여기서는 '다 만'의 뜻이다.

＊二旬錄 : 前出.

박팽년_{朴彭年}은 뜻이 있는 선물은 받지 않았다

선조가 하루는 좌우의 신하들에게 이르기를 "박팽년이 일찍이 한 벗을 관직에 추천하였더니 그가 토지를 주려고 하였다. 팽년이 말하기를 '친구가 주고 받는 것은 비록 수레나 말같이 귀중한 물건이라도 사양하지 않고 받을 수 있지만, 그대에게는 특별한 의미가 있는 것이니 받을 수가 없다' 하고 거절하였다 하니 이야말로 청렴한 것이라 할 것이다" 하고는 곧 명령하여 그 자손에게 벼슬을 주게 하였다.

宣廟一日 謂左右曰 朴彭年嘗薦友 其友欲贈田 彭年曰 朋友授受 雖車馬不辭 然有嫌不可受 拒而絶之 云 此可謂廉也 卽命祿其子孫　　　　　　　　　　　　　　　　　　　『莊陵志』*

* 莊陵志 : 조선조 단종의 능인 莊陵에 대한 史蹟을 기록한 책. 효종 때의 志士 尹舜擧가 『魯陵志』 2卷에 약간의 증보를 가하여 『莊陵志』라 改題한 것임. 4卷 2冊.

정승 이항복_{李恒福}도 버선발로 스승을 맞이했다

오성 이항복이 정승으로 있을 때 고관_{高官}이 찾아와도 다 앉아서 절을 받았다. 하루는 신훈도가 와서 뵙기를 청한다고 하니 정승이 버선발로 나가서 맞아들여 마루에 오르게 하고, 고개를 숙여 그의 말하는 것을 듣고 또한 응답하는 것이 매우 공손하여 집안 사람들이 괴이히 여겨 물었다. 그 사람은 이항복이 어렸을 때에 가르치던 스승이었다.

이튿날 이항복이 그 숙소에까지 가서 사례로 면포 십여 필과 쌀 두어 섬을 여비로 주니 그 사람이 말하기를 "여행에 필요한 것은 두어 말 쌀이면 족하네" 하고 그 나머지는 받지 않았다.

鰲城李恒福 居相位 有達官來謁 皆坐而受拜 一日 有報申訓導在門 公徒跣而出 迎入升堂 俛受所言 應對甚恭 家人怪問之 是公兒時所受業者也 翌日 往謝所舘 將綿布十餘端 米數石 以供旅次之費 其人 曰 行旅所需 數斗米足矣 其餘謝不受　　　　　　　　　　　　　　　『蒼石異聞錄』*

① 徒跣 : 도사. 徒는 '空'의 뜻. 맨발로, 신발을 신지 않은 채로 ; ② 俛受 : 고개를 숙이고 받아들이다. 俛은 俯·頫와 같은 뜻.
* 蒼石異聞錄 : 조선 선조 때의 문신 李埈이 저술한 逸話·閒談集.

퇴계退溪 이황李滉은, 선조宣祖 임금이 옳고 그름을 묻지 않고 자기 말을 그대로 따르기 때문에 서울에 머물지 않았다고

조정암이 중종 때에 임금의 마음과 행동을 바로잡는 것을 자기의 직책으로 삼아서 임금에게 간할 때에는 허락하는 대답을 듣지 않으면 그만두지 아니하였고, 또 악한 자를 미워하고 착한 자를 드러내는 데 있어서는 회피함이 없었다.

한 친구가 말하기를 "자네가 비록 충성스럽고 곧기는 하나 명철하게 몸을 보전하는 도리에는 어김이 없는가?" 하니 정암이 말하기를 "내가 곧은 도리로 섬기다가 다행히 살면 살고 혹 불행하여 죽으면 죽을 것이다. 화禍와 복福은 하늘에 있는 것이니 내가 어찌 두려워하리오" 하였다.

선조가 이퇴계를 대접하는 것이 예우가 극히 융숭하였는데도 퇴계가 조정에 들어오는 것이 매우 드물고 와도 또한 곧 돌아갔다. 어떤 사람이 묻기를 "임금이 그대를 대우하는 것이 옛날에 소열황제가 제갈무후를 대우하는 것과 다름이 없는데도 오래 머물지 아니하는 것은 무슨 까닭인가?" 하니 퇴계가 말하기를 "요순 때에는 임금과 신하가 서로 합함이 천고千古에 비할 데가 없었지마는 그래도 오히려 그 말이 옳았느니 그 말은 틀렸느니 하는 말이 있었는데 지금 주상께서는 노신老臣의 말에 가부를 묻지 아니하고 다 좇으시니 나는 이 때문에 감히 머물지 못하겠다"고 하였다.

정암과 퇴계가 처신하는 것이 서로 같지 아니함은 이와 같았으나 모두 정인 군자正人君子가 되었다. 정암은 문정공 조광조의 별호別號요, 퇴계는 문순공 이황의 별호이다.

趙靜菴當中廟朝 以弼違格非 爲己任 其於諫爭之際 不得兪音 則不止 且疾惡揚善 無所回避 一友人語
之曰 公雖有龍逢比干之風 無乖明哲保身之道乎 靜菴曰 吾以直道事君 幸而生則生矣 或不幸而死則
死矣 禍福在天 吾何畏焉 宣廟之待李退溪禮遇甚隆 而退溪造朝甚稀 來亦卽歸 或問之曰 主上待公
無異於昭烈之待武候 未嘗久留何也 退溪曰 唐虞之際 君臣契合千古罕比 猶有都兪吁咈之辭 今者 主
上於老臣之言 不問可否 輒皆從之 吾是以不敢留耳 兩公處身之不同如此 而俱爲正人君子云 靜菴 文
正公趙光祖別號 退溪 李文純公滉別號也

『公私見聞錄』*

① 都兪吁咈 : 도유우불. 四字 모두 감탄사. 都兪 두 글자는 찬성의 의미. 吁咈은 不贊成의 의미를 나타냄. 후일 君臣간의 討論
審議의 뜻으로 쓰임.

＊公私見聞錄 : 前出.

출모_{出母}는 난륜_{亂倫}이다

영남의 어떤 선비가 도암 이재의 문하에 찾아와서 꿩 두 마리를 예물로 바치고 묻기를 "계모가 있었는데 아버지가 살아 있을 때 이미 소박을 당하였습니다. 이것은 출모_{出母}와 같은 것이니 그가 죽으면 상복을 입지 않는 것이 어떻겠습니까?" 하니 이재가 응답을 분명히 하지 못하였다.

때마침 경상감사 유척기가 지나는 길에 들러서 자리에 앉았다가 그 말을 듣고 매우 해괴하게 여겨서 말하기를 "우리 나라 풍속은 중국과 달라서 원래 출모가 없는 것인데 이것은 난륜_{亂倫}이다"라고 하면서 자세히 물었다. 그 사람은 계모가 방금 죽었는데 상복을 입지 아니한 자였다.

곧 잡아내어 내쫓으니 주인이 깜짝 놀라 급히 꿩을 찾아서 돌려 주려는데 한 마리는 벌써 털을 뜯은 뒤였다.

李陶庵縡之門 有嶺生 執二雉進見 其所請問者 繼母爲父生時所薄 與出母同 其死 當不服衰 縡應之不分曉 時嶺伯兪拓基 行過在坐 聞之大駭曰 東俗與中國異 本無出母 是亂倫也 細究之 其人乃繼母方死而不服喪者也 即令拿下逐出 主人瞿然 急索雉還之 其一已去毛矣　　　　　　　『桐巢漫錄』*

① 出母 : 黜母. 아버지에게 쫓겨난 어머니.
* 桐巢漫錄 : 前出.

유천우兪千遇의 이런 효성

유천우의 동생 보가 권신 김인준을 제거하려 한다고 그에게 음모를 알려 왔다. 유천우가 응답하지 않았는데 얼마 후에 그 일이 시작되기도 전에 실패하였다.

인준이 유천우에게 묻기를 "동생의 음모를 알았는가?" 하였다. 유천우가 대답하기를 "알았다" 하니 인준이 말하기를 "알면서도 나에게 말하지 않은 것을 보니 필시 그대도 그 음모에 참여한 것이 분명하다"고 하였다.

그가 말하기를 "그것을 알림으로써 누명을 쓰지 않을 줄 모른 것은 아니나 늙으신 어머님의 마음이 상할까 염려하여 알리지 않았던 것이네" 하니 인준이 말하기를 "전날 내 동생의 집에서 연회를 할 때 홍시가 있었는데 자리에 있던 손님들이 모두 그 맛이 좋다고 칭찬하였지만 그대는 홀로 그것을 먹지 않았기에 까닭을 물었더니 가지고 가서 모친께 드리겠다고 한 적이 있지 않았던가. 내가 전부터 그대가 모친을 사랑하는 줄 알고 있었소" 하고 처벌하지 않았다.

兪文度千遇 有弟名甫 欲去權臣金仁俊 告公其謀 其不應 旣而事未發而敗 仁俊問公知之乎 公曰知之
仁俊曰 知而不言 明其預謀也 公曰 非不知告以自免 恐傷老母之心 仁俊曰 昔者饗于吾弟之家 有紅柿
座客皆稱其美 公獨不餐 問其故曰 將以遺母 吾固知公之愛母也 乃不坐之　　　　　　　『櫟翁稗說』*

    ＊櫟翁稗說 : 前出.

왕자의 집도 넘치면 뜯어야

전림이 판윤으로 있을 때에 왕자 회산군의 집을 지나다가 말을 멈추고 그 일을 맡아 보는 사람을 불러 이르기를 "집의 칸 수가 많고 적은 것과 척수尺數가 높고 낮은 것에는 다 그 법이 따로 있다. 네가 만약 죽기가 겁나거든 법에 넘치지 말라. 오늘 저녁에 다시 지나갈 것이다"라고 하였다.

저녁 때에 그 사람이 지나가는 전림의 말 앞에서 그를 맞으면서 말하기를 "칸 수가 많은 것은 뜯고 긴 것은 끊어서 감히 법을 어기지 않았습니다"라고 하였다. 전림이 천천히 말하기를 "처음에 법을 어겼으니 그대로 둘 수 없지마는 이미 시키는 대로 하였으니 우선 용서한다. 뒤에 만약 법을 어기면 지난 날의 죄까지 함께 다스릴 것이다" 하였다.

田霖爲判尹 行過王子檜山君家 駐馬 呼其主役者曰 間閣多小 高下尺數 自有其法 爾如憚死 愼無踰也 今暮當再過焉 旣暮 其人迎謁馬首曰 多者輟之 長者斷之 不敢犯法也 田霖曰 當初違制 固不可饒 但已遵行 姑怨 後當通治前罪

『寄齋雜記』*

① 不可饒 : 여기서 饒는 寬容, 饒恕의 뜻. 관용할 수 없다.

* 寄齋雜記 : 조선 선조 때의 功臣 朴東亮이 조선 초기부터 명종 때까지에 이르는 역대의 이야기를 적은 野史. 『大東野乘』에 들어 있음. 3卷 寫本.

명판관_{名判官} 권준_{權蹲}의 지혜

안숙공 권준은 총명이 남보다 뛰어나고 관리의 실무에 밝았다. 일찍이 형조에 있으면서 판결 내리기를 귀신같이 하였다. 두 도적이 식구 세 사람을 죽였는데 흔적은 조금 있었으나 장물의 증거가 분명치 않았다. 그래서 관리들이 의심이 나긴 해도 결정을 내리지 못한 지가 거의 4, 5년이 되었다.

하루는 권준이 두 도적을 앞에 불러 놓고 말하기를 "너희들이 살인한 흔적이 매우 분명한데도 숨기고서 자백하지 않는데 내가 한 번 말을 하면 너희들이 한 짓을 숨기지 못할 것이다. 너희들이 처음 도적질을 하려고 음모할 때 이러이러 하였고 중간에 도적질을 하고 사람을 죽일 때 이러이러 하였으니 처음부터 끝까지를 말하면 이러이러한 것인데 너희들이 감히 숨기겠느냐?" 하니 도적들이 서로 돌아보고 혀를 내두르며 말하기를 "이 분이 바로 일찍이 도적질하던 자가 아닌가. 어찌 우리의 실정을 이다지도 자세히 아는가?" 하고는 드디어 자백하였다.

權安肅公蹲 聰明過人 明達吏體 嘗爲刑部 決獄如神 有二盜殺一家三人 情跡稍存 臟證未白 前後官吏 首鼠未決 幾四五年 一日 安肅前二盜 而語曰 爾輩情跡甚明 敢匿不服 我有一語 爾無遁情 爾輩初議 爲盜 如是如是 中爲作賊 如是如是 終始本末具陳之 如是如是 爾敢隱乎哉 盜相顧吐舌曰 此公莫是曾 爲盜者耶 何悉我情跡如是 遂服　　　　　　　　　　　　　　　　　　　　『筆苑雜記』*

① **首鼠未決**：首鼠. 首鼠兩端. 首鼠未決은 首鼠의 뜻을 反復 강조한 것에 지나지 않는다. 形勢를 觀望하느라 容易하게 進退 去就를 결정하지 못하는 것. 두 다리를 걸침. 躊躇, 遲疑함. 一前一郤. 쥐는 천성이 의심이 많아 굴에서 머리를 내밀고 상황을 살피면서 나가야 할지 말지를 결정할 수 없는 것에 비유한 것.

＊**筆苑雜記**：조선 성종 때의 문신 徐居正이 저술한 逸話·閑談集. 2卷 2冊 寫本.

술로써 오랑캐를 이기다

하경복이 동북면 진무사로 있을 때에 오랑캐가 300근이나 되는 강한 활을 가지고 경복에게 버티어 보라고 청하였다.

경복이 술을 들여와 그들에게 마시기를 권하면서 말하기를 "이 활의 제작이 심히 묘하다" 하고는 급히 활장이를 불러 그것을 모방하여 활을 만들도록 하고 가만히 사람을 시켜서 활을 불에 쬐니 활의 힘이 조금 풀어졌다. 조용히 당겨서 한껏 버티니 오랑캐가 머리를 조아리며 절을 하였다.

河襄靖公敬復 嘗出鎭東北面 有野人以三百斤强弓 請公彎之者 公爲置酒 且飮且語曰 此弓制作甚妙 急呼弓手 依樣制造 潛令人爆之 筋力少解 從容引滿 野人叩頭下拜　　　　　　　　『筆苑雜記』*

　　*筆苑雜記 : 前出.

강궁强弓이란 활의 몸이 단단한 활을 말한다. 그러므로 힘이 센 사람이 아니고서는 활을 버티어 활시위를 얹기가 힘들다. 오랑캐가 활을 버티어 보라고 한 것은 곧 그 힘이 센지 어쩐지를 시험해 보려 한 것이다. 그러나 강궁도 불에 쬐면 무른 활 즉 軟弓처럼 부드러운 활이 되므로 버티기가 쉬워진다. 하경복河敬復은 이러한 이치를 이용한 것이다. 강궁을 연궁처럼 만들어 버티어 보임으로써 자신의 힘을 과시, 오랑캐로 하여금 머리를 조아리게 했다.

박한주朴漢柱는 "궁중에 있는 용봉장막도 모두 백성들로부터 나온 것"이라
하여 연산군을 화나게 했다

박한주는 일찍이 김종직의 문하에서 배운 사람이다. 연산군 때에 벼슬하여 바
른말을 하다가 나와서 예천군수로 있으면서 행정을 매우 잘하였다.

연산군이 불러 간관諫官에 임명하니 박한주가 임금에게 아뢰기를 "후원 안에서
말을 달리며 공을 치고 용봉장막龍鳳帳幕을 쳐 놓고 잔치하고 노래할 때가 많은데,
전하께서는 어찌하여 이렇게 하십니까?" 하니 임금이 노하여 말하기를 "용봉장막
이 네 것이냐?"라고 하였다.

박한주가 대답하기를 "그것은 다 백성의 힘으로부터 나온 것이니 백성의 장막
이라 하여도 옳습니다. 그것이 어찌 임금의 개인 물건입니까?" 하였다.

朴漢柱嘗遊金宗直門下 仕於燕山朝 言辭直切 出爲醴泉郡守 政學治平 燕山召拜諫官 公進言曰 後苑
內 馳馬擊毬 張龍鳳帳幕 宴遊之時多 上何以有此政乎 主怒曰 龍鳳帳幕 是爾之物乎 對曰 此皆由民
力而出 雖謂臣民之帳幕끠也 豈君上自私物耶　　　　　　　　　　　　　　　　　　　『燃藜室記述』*

　　　*燃藜室記述：前出.

세 치의 혀로 이여송李如松의 의심을 풀어준 역관譯官의 지혜

임진왜란에 명나라 대장 이여송이 왔을 때 길에서 중국 사람들을 모함하는 말을 듣고 우리 나라 사람들을 의심하였다. 통역관 임춘발·표헌 등이 변명을 하였으나 말만 꺼내면 화를 내어 감히 말을 마칠 수가 없어서 조정에서 걱정하였다.

하루는 여송이 바둑 잘 두는 사람을 보자고 청하므로 종실 덕원령이 대국對局을 하였다. 바둑을 파하자 여송이 통역관 이억례에게 이르기를 "통역관도 바둑에 능한가?" 하고 물었다. 대답하기를 "바둑은 사람이 여가 있을 때 하는 것이므로 제가 능하기를 원하는 바가 아닙니다" 하니 여송이 묻기를 "통역관은 무슨 일에 능하기를 원하는가?" 하였다.

통역이 대답하기를 "3치밖에 안 되는 혀로 대장의 의심하시는 마음을 돌리는 것이 제가 능하기를 바라는 것입니다" 하니 여송이 크게 웃으며 밤 늦도록 서로 이야기하고는 풀어졌다.

李如松之東來 路聞漢人誣妄之言 頗有疑我之意 林春發表憲等 開諭言 輒發怒 不敢畢說 朝廷患之 一日 如松求見善碁者 宗室德原令與之對着 棋罷 如松謂李億禮曰 通官亦能此乎 對曰 棋者人之餘事 而非小的之所願能也 如松曰 通官之願能何事 曰憑三寸不爛之舌 回老爺疑惑之心 是所願能也 如松大笑 仍與語竟夕 方得解釋 『燃藜室記述』*

① 小的 : 小底의 音轉. 小兒를 말함. 下僕 등이 그의 주인에 대하여 자기를 일컫는 말. 평민이 官府에 대하여 자신을 일컫는 말.

* 燃藜室記述 : 前出.

충무공忠武公은 작은 나라의 인물이 아니오

이충무공이 진도독陳都督을 위하여 운주당에서 술자리를 베풀었는데 술잔을 돌릴 때에 부하 천총이 절이도에서 와 알리기를 "새벽에 적을 만났는데 조선의 수군이 다 잡고 명나라 군사는 풍세가 순하지 못하여 싸우지를 못했습니다"라고 하니 도독이 크게 화를 내어 소릴 질러 천총을 끌어 내게 하고 잔을 던지며 술상을 밀었다.

충무공이 그 뜻을 알고 풀어서 말하기를 "장군이 천조天朝의 대장이 되어 바다 도적을 토벌하고 있으니 진중陣中에서 이기는 것은 곧 장군이 이기는 것입니다. 장군이 오신 지 얼마 안 되었는데 북경 조정에 큰 공을 보고하면 어찌 좋지 않겠습니까?" 하니 도독이 크게 기뻐하여 충무공의 손을 잡으며 말하기를 "중국에 있을 때부터 그대의 명성을 많이 들었는데 이제 보니 과연 헛말이 아닙니다" 하고 종일토록 취하고 배불리 먹었다. 이날 녹도만호 송여종이 잡아 온 왜적의 배 6척과 왜적의 머리 69개를 도독에게 보내 주었다.

도독이 진중에 오래 있으면서 충무공이 호령하고 지휘하는 것을 익숙히 보고, 또 자기의 배가 비록 많으나 왜적을 당하지 못할 것을 헤아려 싸울 때마다 우리 판옥선板屋船을 타고 충무공에게 지휘 받기를 원하였다. 모든 군호軍號·지휘指揮를 다 사양하고 반드시 충무공을 이야李爺라 부르면서 말하기를 "그대는 작은 나라의 인물이 아니오"라고 하면서 중국에 들어가 벼슬하기를 권한 것이 여러 번이었다.

忠武公爲都督 設酒於運籌堂 方酣 都督麾下千摠者 自折爾島來告 曉來遇賊 朝鮮舟師盡捕之 天兵則
因風不順 不與相戰 都督大怒 喝令曳出 因擲杯推盤 公知其意 解之曰 老爺爲天朝大將 來討海寇 陣
中之捷 卽老爺之捷也 我當以首級 全付於老爺 老爺到陣未久 奏膚於皇朝 豈非善乎 都督大喜 就執公
手曰 自在中朝 飽聞公名 今果不虛矣 遂醉飽終日 是日 宋汝悰 獻所獲船六隻 賊首六十九級 送之
都督在陣日久 熟見公之號令節制 且料其船雖多 而不可以禦賊 每臨戰 乘我板屋 願受制於公 凡軍號
指揮 皆讓之 必稱公 爲李爺 曰公非小邦人也 勸令入仕中朝者數矣　　　　　　　　『忠武公全書』*

＊忠武公全書：前出.

임금은, 요순_{堯舜}도 되고 걸주_{桀紂}도 됩니다

선조가 일찍이 신하들에게 묻기를 "나를 옛날의 어떤 임금에게 견줄 수 있겠는가?" 하니 정이주가 대답하기를 "요순_{堯舜}과 같은 임금입니다" 하였다. 학봉 김성일은 대답하기를 "요순도 될 수 있고 걸주_{桀紂}도 될 수 있습니다"라고 하였다.

임금이 말하기를 "요순과 걸주가 이같이 차별이 없는가?" 하니 대답하기를 "전하의 자질이 고명하시므로 요순이 되기가 어렵지 않으나, 혼자 잘난 척하여 간하는 말을 거절하면 그것은 걸주가 망한 것과 비교될 것입니다"라고 하였다. 임금이 안색이 변하여 몸을 비틀거리며 용상에 기대니 좌우 사람들이 벌벌 떨었다.

서애 유성룡이 앞에 나아가 말하기를 "두 사람의 말이 다 옳습니다. 요순에 견준 것은 임금이 그렇게 되라고 권하는 말이요, 걸주를 말한 것은 경계하라는 뜻에서입니다" 하니 임금이 기색이 풀어져서 술을 내려 주었다.

宣廟嘗問侍臣 予可比古何主 鄭以周對曰 堯舜之主也 金鶴峰誠一對曰 可以爲堯舜 可以爲桀紂 上曰
堯舜桀紂若是班乎 對曰 聖質高明 爲堯舜不難 而有自聖拒諫之病 拒諫自聖 桀紂之所以亡也 上色變
徙倚龍床 左右震懼 柳西厓成龍進曰 二人之言 皆是也 堯舜之比 引君之辭 桀紂之言 儆戒之意 上色
霽 賜酒而罷　　　　　　　　　　　　　　　　　　　　　　　　　　　　　　　　『紫海筆談』＊

＊紫海筆談 : 조선 광해군 때의 문신 金時讓이 저술한 逸話・閑談集. 『大東野乘』에 들어 있음.

이식_{李植}을 가르친 이원익_{李元翼}, "싸움을 말릴 땐 한데 섞이면 안 되지"

택당 이식이 일찍이 이완평의 종사관_{從事官}으로 있을 때 하루는 묻기를 "늘 여쭈어 보고 싶은 말이 있었는데 오늘은 틈을 얻었습니다. 이율곡이 어떠합니까?" 하니 답하기를 "몸이 당상_{堂上}에 있어야 당하_{堂下}에 있는 사람의 곡직_{曲直}을 알 수 있는데 내가 그 직위에 이르지 못하였으니 어찌 옳게 비평할 수 있겠소?" 하였다.

이식이 일어나 말하기를 "제가 항상 존경하고 사모하기를 태산과 북두성같이 하여 스스로 의지할 곳을 얻었다고 생각하였더니 오늘 진심으로 말씀해 주지 않으시니 저는 이 자리에 있지 못하겠습니다. 하직하겠습니다" 하였다. 완평이 말하기를 "조금 앉아 보시오. 가령 두 사람이 취하여 서로 붙들고 때리고 욕하며 언덕 밑에서 싸울 때에 한 사람이 언덕 위에 서서 말로 타일러 말리다가 취한 사람이 듣지 않아 이 때 직접 달려가서 말리다가 한데 섞이어 밀고 당긴다면 어떻게 되겠소?" 하였다. 이식이 말하기를 "잘 알아 듣겠습니다"라고 하였다.

李擇堂植 嘗爲李完平幕僚 一日 白云 每欲有所稟 今得間矣 李栗谷何如 答云 身在堂上 方知堂下人 曲直 旣非到此地位 何能評品得當 李起而言曰 植常尊慕若山斗 自謂得所依止 今日 乃不以誠心 植不 安于此座 請從此辭 完平云 且少坐 此有二人 醉迷牽挈毆罵爭鬪於岸下 一人在岸上喻止之 醉者不聽 於是 躬赴以解之 遂下免混淪揪曳 則何如也 李曰 敬聞命矣　　　　　　　『星湖僿說』*

① 下免 : 免은 俛의 뜻. 위에서 아래로 몸을 구부림. 여기서는 언덕 위에서 아래로 몸을 구부림을 말함.
  * 星湖僿說 : 前出.

"실록은 후세에 보일 사실"이라고 맹사성孟思誠은 세종世宗에게도 실록을 보여주지 않았다

세종 13년에 임금이 말하기를 "태종실록이 거의 완성되었으니 내가 한 번 보고 싶구나" 하니 우의정 맹사성이 아뢰기를 "실록에 기재된 것은 당대의 일로서 후세에 보일 실사實事입니다. 전하가 보시더라도 태종을 위하여 실록을 고치지는 못할 것입니다. 지금 한 번 보기 시작하면 후세의 임금들이 그대로 따를 것이니, 사관史官이 두려움 때문에 재대로 그 직책을 시행하지 못할 것입니다. 그리하면 어찌 후세에 전하여 보일 수 있겠습니까?" 하였다. 임금이 그 말을 좇았다.

世宗十三年 上曰 太宗實錄垂成 予欲觀之 右相孟思誠曰 實錄所載 皆當時之事 以示後世皆實事也 殿下見之 亦不得爲太宗更改 今一見之 後世人主效之 史官疑懼心失其職 何以傳示將來 上從之

『燃藜室記述』*

* 燃藜室記述 : 前出.

한음漢陰 이덕형李德馨은 또 일등하는 것이 싫어 응시를 하지 않았다

이한음이 겸손하게 몸을 가져서 털끝 만큼도 오만함이 없었다. 일찍이 임금이 서총대에서 시 짓기 시험을 보이는데 한음이 일등을 하여 명성이 높아져 감히 견줄 사람이 없었다. 하루는 임금이 문신들에게 정시庭試를 보이는데 같은 대신들 중에서 경쟁하는 자가 말하기를 "내일 이덕형이 또 일등하겠지" 하니 한음이 이 말을 듣고 병을 핑계로 응시하지 않았다.

李漢陰 謙謹自持 未嘗有一毫矜高色 嘗應製於瑞葱臺 居首 聲名藉甚 無敢爭鋒 一日 命文臣庭試 同列爭道者曰 明日 李某又占高第 公聞之 稱疾不就
『愚伏集』*

＊愚伏集 : 조선 인조 때의 문신 鄭經世의 시문집. 32卷 16冊.

김시습_{金時習}이 서거정_{徐居正}을 조롱했네

대제학이 갈릴 때에는 전례로서 반드시 자기가 그 후임자를 천거하였다. 서거정이 교체될 때에 사람들이 다 김종직이 될 것이라 생각하였는데 거정이 본래 종직을 시기하여 홍귀달을 후임으로 추천하니 여론이 떠들썩하였다. 김시습이 시를 짓기를 "평생에 가소로운 일은 귀달이 문장을 하는 것이다" 하였으니 그것은 서거정을 비웃는 말이다.

故事 大提學遞 則必自擧其代 徐居正遞 人皆屬金宗直 居正素猜公 遂擧洪貴達自代 物議譁然 金時習 詩曰 平生可笑事 貴達爲文章 盖譏之也　　　　　　　　　　　　　『涪溪紀聞』*

* 涪溪紀聞 : 조선 광해군 때의 문신 金時讓이 함경북도 鐘城으로 귀양갔을 때의 견문 수필록. 『大東野乘』에 들어 있음. 1卷.

서거정이 대제학을 사임할 때 그 후임으로 홍귀달을 추천했다는 사실을 전하는 기록으로는 이 책 외에 『典故大方』에도 꼭 같은 사실을 적고 있다. 그러나 서거정 이후 成宗朝의 文衡 중에는 魚世謙이 1488년(성종 19)에 예문관 대제학이 되었으며 1494년(성종 25) 3월에 홍문관 대제학이 되었다. 홍귀달은 1492년(성종 23)에 예문관 대제학에 올랐으며 1494년 5월에 어세겸의 후임으로 홍문관 대제학이 되었으므로 부계기문의 이 기록은 사실과 다르다.

남명_{南冥} 선생의 보검_{寶劍}보다 이양원_{李陽元}의 금대_{金帶}가 더 무거운 것 같은데

남명 선생은 항상 보검을 차고 있었다. 상국 이양원이 경상감사가 되어 선생을 찾아 뵈었을 때 "칼이 무겁지 않습니까?" 하였더니 선생이 말하기를 "어찌 무겁겠는가. 내 생각에는 그대의 허리에 두른 금대_{金帶}가 더 무거운 것 같은데"라고 하였다.

이 감사가 사죄하며 말하기를 "재능은 부족하면서 소임이 무거워 감당해내지 못할까 두렵습니다"라고 하였다.

先生常佩寶刀 李相國陽元 爲本道監司 來謁先生 因指之曰 此劍得無重乎 先生曰 何重之有 吾念相公腰下金帶爲重也 李謝曰 材薄任重 恐未堪也　　　　　　　　　　『南冥別集』*

* 南冥別集 : 조선 명종 때의 학자 曹植의 시문집인 『南冥集』 14卷 8冊 가운데 7冊과 8冊 부분으로 行狀과 師友錄이 실려 있음.

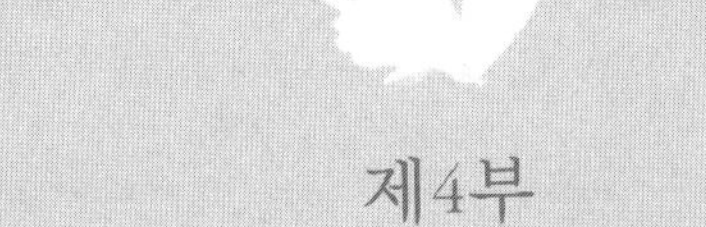

제4부

한명회韓明澮가 신숙주를 살렸네

가르치지 아니하고서 형벌을 가하는 것은
무지한 백성을 속여 법망을 씌우는 것이다

내가 황해감사로 있을 때 연안에 이동이란 자가 있었다. 그는 자기 아버지와 나란히 앉아서 밥을 먹다가 말다툼을 하면서 밥사발을 아버지한테 던졌다. 이런 불효막심한 사실이 유향소留鄕所에 적발되어 연안부에 고하여짐에 연안부에서는 문서를 만들어 나에게 보고하였다. 이를 훑어 본 나는 이 사건이 상식적인 삼강三綱의 도리에 어긋나는 큰 죄였으므로 곧 추관推官을 시켜 문초하여 극형에 처하려 하였는데 추관이 고문을 하지 않았는데도 곧 자백을 하였다. 법례法例에 따르면 감사가 심문한 뒤에 문서를 작성하여 위에 아뢰게 되어 있었다.

얼마 후 내가 연안부에 순시하러 가서 그가 쉽게 자백한 것을 이상히 여겨 범인을 뜰에 불러 놓고 묻기를 "네가 중한 죄를 지었으니 마땅히 죽어야 할 것이다. 그것을 아느냐?"고 하였다. 범인이 대답하기를 "잡혀 와서 다만 사실대로 자백하였을 뿐이요, 실로 다른 것은 알지 못합니다"라고 하였다.

내가 이르기를 "아비와 자식간에는 하늘과 땅, 임금과 신하 같은 차별이 있는 것이다. 아비가 있지 않았다면 어찌 네 몸이 있었을 것이냐. 부모를 공손히 섬기는 것은 효가 되고, 구타하거나 욕지거리를 하는 것은 불효가 되는 것이다. 사발로 아비를 구타한 것은 땅이 하늘을 범한 것이니 마땅히 죽어야 한다. 그러므로 내가 장차 문서를 작성하여 사형에 처하겠다"고 하였다.

죄수가 깜짝 놀라 낯빛을 변하며 "제 죄가 사형에까지 이를 줄을 일찍이 알았더라면 당초에 어찌 아비에게 항거하였겠으며, 심문을 받을 때에 차라리 매를 맞을지언정 사실을 숨겼을 것이지 어찌 얼른 바로 불었겠습니까? 저는 실로 아비의 중한 것이 이에 이르는 것인 줄 몰랐습니다. 그러므로 평소에 서로 말다툼이 있으면 욕설을 하고 심할 때는 물건으로 치기도 하였으니 이것이 저의 보통 일이었습니다. 지금에야 비로소 부모의 중함이 이렇게 지극한 것인 줄을 알았습니다. 사또께서 건져 주서서 이번만은 저를 벌하지 마옵소서. 이 뒤에는 마땅히 제 아비를 조심하여 섬기겠습니다”고 하였다.

내가 듣고 불쌍히 여겨 생각하기를 “가르치지 아니하고서 형벌을 가하는 것은 무지한 백성을 속여 법망을 씌우는 것이다. 이 사람은 가르침이 없어서 그런 것이다. 어버이를 사랑하며 형을 공경함이 비록 천성의 타고남이지만 어리석고 미련한 백성이 어찌 가르침 없이 알아낼 수 있으리오. 옛적에 덕으로 인도하여 벌로 정화하고 매일 아침에 법문을 들려주어 백성을 가르치는 것이 진실로 까닭이 있는 것이다”하고 추관을 시켜 잠시 매를 쳐서 깨우치게 하고는 놓아주었다. 법을 쓰는 것도 일정하게 고집하지 않고 변통이 있어야 할 것임을 비로소 알았다.

余爲黃海監司時 延安有百姓李同者 方食與其父相詰 擧食鉢 打其父 留鄕糾擧告本府 本府具辭呈報
余以事干綱常大罪 卽定同推鞫之 欲置重典 推官不可刑訊 卽無辭輸服 緣法例 監司必親問 決案啓聞
未久巡到本邑 怪其易輸命 將囚上階問之曰 汝作重罪當死 汝知之乎 曰但被捉囚 直輸吾情 實不知其
他 余曰 父子 有天地君臣之分 不有父 則何有汝身 故謹事父母 爲孝子 毆打罵詈 爲惡逆 汝以鉢打父
地而犯天 臣而犯君 於法當死 故吾將決案 處汝於死 因瞿然失色曰 早知吾罪至死 則當初豈敢抗父
被推時 寧受杖自諱耳 何遽直輸也 吾實不知父重至此 平昔 每因相詰 或罵詈 甚則 或以物抵打 此吾
常事也 今而後始知父母之重 至於此極也 令公乎濟抚 今姑勿我罪也 後常謹事吾父 余聞而哀之曰 不
教而刑 是謂罔民也 此正無教而然也 愛親敬長 雖是天性之良能 蠢愚之民 豈能自興乎 古者 導之以德
齊之以刑 讀城旦以敎民 良有以也 令推官 塹杖警而赦之 始知用法不可膠柱　　　　　　『思齋摭言』*

① 城旦：刑罰名. 매일 아침 일찍 일어나 守城에 服役하는 刑罰.
＊思齋摭言：前出.

세조世祖도 "자식을 가르칠 때에는 반드시 검소함을 먼저 가르쳐야 한다"고
했다

세조 때에 공조에서 중전의 주방酒房에 쓰일 금잔을 제조하기를 청하니 임금이
명령하여 화자기畵磁器로 대신하게 하였다. 또다시 상의원에서 동궁의 연적과 향로
를 은으로 만들자고 청하였다.

임금이 대언사에 이르기를 "자식을 가르칠 때에는 반드시 검소함을 먼저 가르
쳐야 한다. 세자는 궁중에서 나서 자랐으므로 사치한 마음이 더욱 나기 쉬운 법인
데 어찌 다시 사치로써 가르친단 말인가? 옛적에 당나라 현종은 구리로 향로를 만
들었으니 중국의 부로써도 그리하였거늘 하물며 우리나라에 있어서랴"고 하였다.

世祖朝 工曹請造中宮酒房金盞 命以畵磁器代之 尙衣院請以銀造東宮硯滴及爐 上謂代言司曰 敎子
弟當先儉德 後嗣子孫 生長宮中 易生侈奢 豈宜復以奢導之 昔唐玄宗作銅爐 以天下之富 尙如此 況我
國乎

『燃藜室記述』*

    ＊燃藜室記述 : 前出.

함우치咸禹治는 가마솥 송사訟事를 이렇게 해결했다.
"두 가마솥을 때려 부숴 근으로 달아 똑같이 나누어 주겠다"고

동원東原 함우야咸禹治가 전라감사로 있을 때다. 양반 집 형제간에 가마솥을 가지고 크고 작음을 다퉈 관청에 소송하였다. 감사가 노하여 아전을 시켜 크고 작은 두 가마솥을 가져오게 한 후 말하기를 "이 두 가마솥을 때려 부수어서 근으로 달아 똑같이 나누어 주겠다" 하니 두 사람이 복종하여 소송이 그쳤다.

咸東原禹冶 嘗爲全羅道監司 有閥閱兄弟 爭釜大小 訴於官者 咸怒命吏 亟取大小二釜來曰 當擊碎均
其斤兩 而分之 二人服訴遂止
『筆苑雜記』*

　　　*筆苑雜記 : 前出.

한명회韓明澮가 신숙주申叔舟를 살렸네

한명회는 꾀가 남보다 뛰어났다. 일찍이 신숙주와 함께 궁중에서 임금을 모시고 술을 마셨다. 술이 취하자 임금이 신숙주의 팔을 꼬집고는 술을 더 마시면서 말하기를 "너도 내 팔을 꼬집어 보라"고 하였다. 숙주가 매우 취하여 임금의 옷깃 속에 손을 넣어 임금의 팔을 쥐니 임금이 아프다고 하였다. 세자인 예종이 옆에 있다가 안색이 변하였다. 임금이 예종을 부르며 말하기를 "나는 이렇게 해도 좋지마는 너는 이렇게 하면 안 된다" 하고 즐기다가 헤어졌다.

한명회가 집에 돌아와서 하인을 불러 말하기를 "신숙주가 아무리 취하여도 조금 깨면 반드시 일어나서 불을 켜고 책을 보는 습관이 있다. 그러나 오늘은 그래서는 안 되니 네가 가서 내 말을 전하고 글을 보지 말게 하여라"고 하였다. 하인이 가보니 과연 책을 보고 있었는데 신숙주가 그 전하는 말을 듣고는 그만 자리에 누웠다. 밤중에 임금이 내시를 시켜 보게 하니 신숙주는 이미 잠들어 있었다.

韓明澮公 計慮出於人 嘗與申文忠侍宴 酒酣 上拉文忠之臂 劇飮曰 汝亦拉予臂 文忠醉甚 於袖裏持上臂 上曰疼疼 睿宗時在傍變色 上諱呼睿宗曰 我則可 汝則不可 極懽而出 公謂閽曰 泛翁稍醒 則必起點燈閱書 今日則不可 汝往以吾言止之 閽往則果然 夜中 上使人觀之 申亦就寢云

『海東名臣錄』*

＊海東名臣錄：前出.

부모의 상喪을 이익으로 알다니

조현명이 정승으로 있을 때에 상처喪妻를 하였는데 영문營門과 외방外方에서 부의賻儀를 보낸 것이 상당히 많았다. 장사를 치르고 나자 부의를 받아들였던 한 사람이 틈을 타서 조현명에게 말하기를 "부의로 들어온 물건을 돈으로 만들어 토지를 사시면 어떻겠습니까?" 하니 현명이 말하기를 "큰아이에게 물어 보았느냐?"고 하였다. 대답하기를 "큰 상주가 그리하면 좋겠다고 합니다" 하였다.

현명이 답하지 않고 술을 청해서 두어 말 마시고 얼근해지자 여러 아들들을 앞에 불러 놓고 소리지르기를 "못난 것들아. 너희들이 부의로 들어온 재물을 가지고 토지를 사려고 하니 부모의 상을 마치 이익으로 알고 있구나. 내가 정승인데 토지를 못 사서 굶어죽기야 하겠느냐?" 하고 매우 매를 치고 다시 통곡하기를 "내가 죽고 나면 나를 제사지낼 놈도 없겠구나" 하였다. 다음날 부의로 들어온 재물을 모두 궁한 일가와 가난한 친구들에게 나누어 주었다.

趙顯命拜相喪妻 營門外方 致賻甚多 已葬 司財者 乘間 請折錢買田 公曰 問長兒否 對曰 喪人云好 豊原(顯命)不復答 呼酒飮數斗 酒酣 召諸子 厲聲曰 豚犬 爾欲以賻財買田 是利親之喪 且我爲相 不買田 若輩寧憂飢死 乃大杖之 復痛哭曰 我死兒輩無祭我者 翌日 取諸賻財物 分賜窮族貧交

『海東續小學』*

＊海東續小學 : 前出.

전하께서는 신하들이 나라 일에 성실치 못한 것을 걱정하지 마시고
전하의 마음이 신하들에게 성실치 못함을 걱정하소서

인조가 세자와 함께 어수당에 나와 앉아서 이시백 등 두어 사람을 불러 친히
술잔을 잡아 이시백에게 주어 마시게 하고 또 세자를 돌아보고 말하기를 "너도 한
잔을 부어 주어라" 하니 이시백이 황송하고 감사하여 다 마시었다.

임금이 또 묻기를 "요즘 신하들이 나라 일에 충실하지 못하다"고 하였다. 이에
대답하기를 "전하께서는 신하들이 나라 일에 성실치 못한 것을 걱정하지 마시고
전하의 마음이 신하들에게 성실치 못한 것을 걱정하소서" 하였다.

仁祖與世子 出御魚水堂 命李時白等數人 入侍 上親執爵飲之 顧世子曰 汝亦執一爵 公惶感辛飲 上因
問曰 近日 臣僚之不誠於國事 甚矣 對曰 殿下毋患臣僚之不誠於國事 惟患聖心之不誠於臣僚也

『海東續小學』

일가一家 간에는 만나볼 수 있지만, 판서判書로 있는 일가는 만날 수 없다

이충무공이 무과武科에 합격하였으나 권세 있는 집에 찾아다니기를 좋아하지 않았다. 율곡 이이가 이조판서가 되었을 때에 충무공의 사람됨을 듣고 또 일가간의 정의情義로 사람을 시켜 한번 만나기를 청하니 충무공이 사양하며 말하기를 "일가간에는 서로 만나볼 수 있지만 그가 지금 판서로 있으므로 만날 수 없다"고 하였다.

李忠武公 旣出身不事干謁 李栗谷珥爲吏判 聞公爲人 且欲叙同宗 因人求見 公不肯曰 同宗 則可相見 在銓地 則不可見

『澤堂集』*

* 澤堂集 : 조선 인조 때의 문신 李植의 시문집 34卷 17冊.

이완녕李完寧은 막란莫蘭이에게도 월료月料를 주게 했다

감옥에 있는 죄수의 사형을 집행하는 사람을 막난이라고도 하고 희광이라고도 하였는데 그것은 직책에 대한 칭호가 아니라 전에 그 직책을 맡았던 사람의 이름을 딴 것이다. 전에는 관청에서 주는 급료가 없었는데 이완영이 "크고 작은 직책을 막론하고 국가에서 일을 보는 자는 다 급료가 있는데 오직 사형 집행하는 사람만은 먹을 것을 받지 못하니 불쌍하다" 하고 비로소 월급을 주어서 이것이 관례가 되었다.

그 뒤에 완영이 죽음을 당할 때에 형을 집행하는 사람이 칼을 깨끗이 씻어서 쟁반 위에 올려놓고 또 완영의 모발을 잘 거두어 상하거나 더럽힘이 없도록 해 주고 꿇어앉아서 완영에게 말하기를 "소인같이 불쌍한 놈을 뉘가 불쌍히 여기겠습니까만 대감이 홀로 불쌍히 여겨서 급료를 받게 되었으니 그 은혜를 보답할 길이 없습니다" 하고 눈물을 흘리면서 칼을 쓰고 다시 시체를 수습하고 통곡하며 갔다.

刑人之任 謂之莫蘭希光 此非任號也 前後其人之名也 古無其料 李完寧以爲 無論大少 見役於國者 皆有料 獨刑人者無食 可矜 始給月料 仍作例規矣 及完寧就禍 刑人以刀汚 洗釰加盤 又細斂其毛髮 俾免傷汚 跪告于公曰 如我可哀之人 其誰憐之 而大監獨憐之 使食月料 其恩莫報 因涕泣加刃 卽復收 尸 痛哭而去

『二旬錄』*

＊二旬錄：前出.

명종明宗이 탄식하기를 "내 혈통에서 대대로 임금이 나오겠는가"

명종이 어릴 때에 정권이 대비大妃에게 있어 간신 윤원형이 세도를 부렸으므로 을사년의 옥사는 명종과 관련이 있는 것이 아니었다. 그 뒤 순회세자가 죽을 때에 명종이 몹시 애통해 하다가 조금 뒤에 탄식하기를 "내가 왜 울어야 할 것인가. 을 사년에 충신과 현인들이 그렇게 죄 없이 떼죽음을 당하는 데도 내가 임금의 자리에 있으면서 그것을 막지 못하였으니 내 혈통에서 어찌 대대로 임금이 나오겠는가?" 하였다.

제4부

明廟幼冲 政在東朝 奸臣尹元衡弄權 乙巳之獄 非明廟所知也 順懷世子薨 明廟哀痛殊甚 旣而歎曰 我何哭爲 乙巳忠賢 無罪騈戮 予在君位 不能止也 我家安得世有君王耶　　　　　　　　『涪溪紀聞』*

　① 東朝 : 여기서는 皇后(王后)를 가리킨다. 漢의 長樂宮이 未央宮의 동쪽에 있었기 때문에 후대에 이르러 皇后가 거처하는 곳을 일컫는 말로 사용되어 왔다.

　* 涪溪紀聞 : 前出.

명종(조선조)은 12세의 어린 나이에 인종의 뒤를 이어 왕위에 올랐다. 그래서 그의 생모인 文定王后가 수렴청정을 하게 되었으며, 당시의 政局은 명종의 외숙인 尹元衡 등의 奸凶과 文定王后에 의하여 專擅되었다. 명종 卽位年에 있었던 이른바 乙巳士禍도 물론 이들이 做作한 것이며 명종은 전혀 간여할 수 없었던 일이다. 그러나 그의 아들 順懷世子가 13세의 어린 나이에 죽게 되자 지난날 무고한 선비들이 죽음을 당한 乙巳年 獄事를 悔恨하고 있는 것이 이 글의 大體다. 명종도 33세의 젊은 나이에 死去하게 되자 대통을 이을 혈육이 없었으므로 仁順王后(明宗妃)의 命에 의하여 德興君(中宗 第7男, 昌嬪安氏 所生)의 第3男(宣祖)이 왕위를 계승하게 된다. 이로써 보면 선조 이후의 왕통은 모두 선조의 후손에 의하여 계승되었으므로, 私家의 法에 따른다면 선조 이후의 대통은 側室子에 의하여 계승된 셈이다.

곧은 선비가 떠나가는 것을 붙잡지 아니하면, 조정에 남아있는 자는 모두 벼슬만을 보전하려는 비루한 자가 됩니다

인조가 소현세자의 빈 강씨에게 죽음을 내릴 때에 조정 신하들이 간절히 간하여 그 뜻을 따르지 않으면 벼슬을 버리고 가겠다고 다투기까지 하였다. 임금이 노하여 말하기를 "가고 싶은 자는 가거라. 내가 말리지 않겠다"고 하였다.

그때 효종이 세자로 있으면서 조용히 틈을 타서 아뢰기를 "전하께 실언을 하였습니다. 임금은 반드시 벼슬에 욕심이 없는 맑고 곧은 선비를 선택하여 조정에 두어 그 말을 채용하여야 국가를 보전할 수 있는 것인데 비위에 거슬린다고 화만 내고 물러가는 것을 그대로 두면 조정에 있는 자는 모두 벼슬만을 보전하려고 비위를 맞추는 비루한 자들일 것입니다. 그래서는 나라가 망하지 않을 수 없습니다" 하니 임금이 말하기를 "내가 과연 실언을 하였구나" 하였다.

仁祖命賜姜氏死 卽昭顯世子配也 朝臣驟諫之 至有以去就爭者 上怒曰 欲去者去 予不禁也 時孝宗在儲位 乘間進曰 殿下失言矣 人主必羅致恬退淸直之士 置之朝著之上 採用其言 國家可保 如或怒其觸忤 任其退去 則在朝者 無非患失苟合之鄙 夫如是而國不亡者 未之有也 上曰 予果失言

『公私見聞錄』*

* 公私見聞錄 : 前出.

도움글

昭顯世子(인조 장남)嬪 姜氏(愍懷嬪)가 賜死된 것은 姜氏가 御膳(임금에게 올리는 음식물)에 置毒(독을 넣는 것)하였다는 誣告 때문이다. 그러나 이 사건은 소현세자가 평소 父王(인조)으로부터 미움을 받아온 데다가 소현세자가 燕京에서부터 돌아오자 원인 불명의 병으로 突然死한 사건과 무관하지 않다. 소현세자가 독살되었을 것이라는 의혹이 제기되면서 姜嬪의 御膳 置毒 사건도 무고일 것이라는 설이 강하게 제기되었다. 숙종조에 이르러 강빈이 伸寃되고 있는 것이 이를 뒷받침해 준다.

우복愚伏 정경세鄭經世는 선비의 몸가짐을 보고 미래를 짐작했다

우복 정경세가 젊었을 때의 일이다. 수우 최영경을 방문하였더니 최가 말하기를 "내가 지금 놀러나가기 때문에 그대와 함께 조용히 대화할 수 없으니 조용히 나를 따라가 보세" 하였다. 우복이 응낙하고 나갈 때에 보니 최를 따라가는 자가 백여 명이나 되어 장사진을 이루어서 들판에 뻗쳤다. 우복이 마음속으로 그것이 옳지 않음을 알고 따라가지 않고 다른 곳에서 잤다.

다음날 최가 돌아온 뒤에 가 보니 그가 말하기를 "어제는 왜 오지 않았는가?" 하고 물었다. 우복이 다른 말로 핑계를 대었다. 그리고 말하기를 "최가 산림에 있는 선비로서 몸가짐이 이와 같은데 화가 미칠 것이 당연하다" 하였다. 그때 우복의 나이 겨우 20세였는데도 눈이 밝고 노숙하기가 이와 같았다.

愚伏少時 爲訪崔守愚 崔曰 吾今出遊 不得與君留話 君可隨我而來也 愚伏唯唯 將行 見隨崔行者 無慮百餘人 作一長蛇陣亘也 愚伏 遂心知其不可 不爲隨行 仍宿於他處 翌日 崔還家 往見則崔曰 何不來耶 愚伏托辭答之 愚伏曰 崔是山林之士 而其持身如此 取禍宜矣云云 愚伏 其時年纔弱冠 明目老熟 如此

『澤堂家錄』*

* 澤堂家錄 : 前出.

산지기가 이원익李元翼 정승에게 호통을 쳤네

떨어진 옷을 입은 노인이 정승

완평 이원익의 옛집이 어의동 서쪽 호동 북쪽에 있었는데 새로 들어온 산지기가 소나무를 베어가는 아이들을 잡았다가 날이 저물어 완평의 집에 맡겼다. 그것이 정승의 집인 줄 알지 못하고 한 노인이 떨어진 옷을 입고 앉아서 자리를 짜는 것을 보고 말하기를 "이 아이가 소나무를 베었으니 잘 붙들어 지켜야 하오" 하였다. 완평이 대답하지 않으니 산지기가 또 말하기를 "만약 이 아이를 잃으면 일이 날 터인데 어찌 거만하게 앉아서 대답도 않으오" 하고 호통을 치며 돌아갔다.

아이가 앉아서 울었다. 완평이 말하기를 "어디에 사는 아이인데 왜 가지 않느냐?" 하니 아이가 말하기를 "죄가 더 커질까 겁이 나고 또 주인집에 걱정을 끼치게 될까 하여 감히 못 가겠습니다"고 하였다. 완평이 말하기를 "빨리 가거라. 나에게는 일이 없으니 염려하지 말아라" 하였다.

이튿날 아침에 산지기가 와서 그 아이를 내놓으라고 하다가 의정부 하인에게 주먹을 맞고 돌아갔다. 이것은 완평이 수상으로 있을 때의 일인데 조그마한 집이 촌집과 같았기 때문이다.

完平舊宅在於義洞之西 壺洞之北 有新入山直 捉犯松兒 向暮指家於完平宅 不知其相家 見一老翁弊衣結席而坐 謂之曰 此乃犯禁兒也 主人謹守之 公不應 又曰 若失此兒 當生事 何慢不應耶 暴厲而去 其兒坐而泣 公曰 兒在何處 何不去 兒曰 恐罪益重 且貽憂於主家 故不敢去矣 公曰 爾宜速去 吾當無事 勿慮也 翌朝 山直 來推其兒 被政府下人拳毆而去 公爲領相時也 以其蝸屋 有同村家故也

『西郭雜錄』*

① 犯松 : 소나무를 베지 못하도록 금지하는 법을 어기면서 소나무를 베는 것. * 西郭雜錄 : 前出.

세종은 동시에 편찬된 여러 권의 책을 한꺼번에 재단하여야 하기 때문에
하루에 수십 권씩 책을 읽어야 했다

세종은 천성적으로 학문을 좋아하여 세자가 되기 전에도 글을 읽으면 반드시
백 번 읽고 좌전과 초사楚辭에는 또 백 번을 더하여 읽었다. 일찍이 병이 났을 때에
도 읽기를 그치지 아니하여 병이 점점 악화되었다. 태종이 내시에게 명령하여 갑
자기 그 방에 들어가서 책을 다 가져왔는데 오직 『구소수간歐蘇手簡』 한 권이 병풍
사이에 남아 있어 세종이 천백 번이나 읽었다.

즉위한 뒤에 날마다 경연에 나오고 책이라곤 읽지 않은 것이 없었다. 부지런히
공부하는 것이 옛날의 모든 임금보다 뛰어났다. 일찍이 가까운 신하에게 이르기를
"글을 읽으면 유익함이 있다. 그러나 글씨를 쓰고 글을 짓는 일은 임금으로서 마음
에 둘 필요가 없다" 하였다.

만년에 기력이 쇠하여 조회를 보지 못하였으나 문학에 관한 일에는 더욱 관심
을 가져 유신들로 하여금 국局을 나누어 설치하여 모든 책을 편찬하게 하였으니
『고려사高麗史』『치평요람治平要覽』『병요兵要』『언문諺文』『운서韻書』『오례의五禮儀』
『사서오경음해四書五經音解』가 동시에 찬수되었다. 이는 모두 직접 임금의 재단을 거
쳐서 만들어지는 것이므로 세종이 하루에 보는 책이 수십 권에 달했다.

世宗天性好學 其未出閣 每讀書必百遍 於左傳楚辭 又加百遍 嘗違豫亦不輟讀 病漸劇 太宗命中官
猝至其所 盡搜書帙而來 獨歐蘇手簡一卷 遺在屛障間 世宗讀千百遍 及卽位 日御經筵 無書不讀 緝熙
時敏之功 高出百王 嘗謂近臣曰 讀書有益 如寫字製作 人君不必留意也 晚年倦勤 不視朝 然於文學之
事 尤所軫慮 命儒臣分局 撰次諸書 曰高麗史 曰治平要覽 曰兵要 曰諺文 曰韻書 曰五禮儀 曰四書五
經音解 同時撰修 皆經睿裁成書 一日御覽 可數十卷　　　　　　　　　　　　　　　　　　　　　『筆苑雜記』*

　　＊筆苑雜記：前出.

임금의 속옷도 무명이었다

선조 때 사헌부 관원이 입시入侍하여 근래에 의복이 너무 화려하다고 말하였다. 선조가 자신의 속옷을 드러내어 신하들에게 보이며 말하기를 "내 옷도 무명을 쓰는데 신하들의 의복이 어찌 나보다 나을 수 있겠는가" 하니 여러 신하들이 황송하여 물러나왔다.

이로부터 사치한 풍속이 완전히 변하였으니 성인이 풍속을 변화시키는 것은 잠깐 사이에 있다는 것이 참으로 믿을 만하다. 그때 선조가 쓰던 무명옷이 아직도 왕자의 후손 집에 있어서 본 사람이 많았다.

宣廟時 入侍臺臣 有以近來服飾華美爲言者 宣廟披裏衣 示群臣曰 予衣亦用綿布 臣子服用豈有過於予者耶 諸臣惶愧而退 自是侈習一變 聖人化俗之機 在於俄頃者信矣 宣廟所御綿布 尚在其時王子後孫家 人多見之者　　　　　　　　　　　　　　　『公私見聞錄』*

　　＊公私見聞錄：前出.

결재가 급할 때에는 아전이 판서의 바둑판도 쓸어 버린다

김수팽은 영조 때 사람이다. 활달하고 기개가 높아 대장부의 기풍이 있었다. 호조서리로 있으면서 청백함을 지켰다. 그 동생이 혜국의 서리로 있었는데 수팽이 한번은 동생의 집에 갔더니 물동이와 항아리가 뜰에 널려 있고 염색액이 철철 넘쳤다. 어디에 쓰는 것이냐고 물으니 동생이 말하기를 "제 처가 염색으로 영업을 하고 있습니다" 하였다. 수팽이 노하여 동생을 매로 치며 말하기를 "우리 형제가 다 후한 녹을 먹으면서 이런 것을 영업하면 저 가난한 사람들은 장차 무엇으로 생활을 꾸려가란 말이냐" 하고 그것을 쏟아 버리게 하니 푸른 물이 흘러서 개울에 넘쳤다.

수팽이 한번은 공문서를 가지고 판서의 집에 가서 서명하기를 청하니 판서가 손님과 바둑을 두면서 머리만 끄덕이고 여전히 바둑을 두었다. 수팽이 뜰을 지나 계단을 올라가서 손으로 바둑판을 쓸고 다시 내려와 말하기를 "죽을 죄를 지었습니다. 그러나 이것은 국가의 일이니 늦출 수 없습니다. 서명하여 다른 서리에게 주어서 시행하게 하십시오" 하고 사임하고 물러가니 판서가 사과하며 만류하였다.

호조에는 바둑처럼 만들어 놓은 은을 많이 저장해 두었는데 그것은 봉부동封不動이라 하여 수백 년 동안 전해오는 것이었다. 모某가 판서로 있을 때에 어린 딸의 패물을 만들어 주겠다고 하면서 몇 개를 집어냈다. 수팽이 그 옆에 있다가 자기도 덥석 집어내며 말하기를 "소인은 딸이 다섯이라 많이 가져가야겠습니다" 하였다. 판서가 무안하여 도로 놓았다.

金壽彭 英廟時人 倜儻多大節 有古烈丈夫之風 爲度支吏 淸白自守 有弟爲惠局吏 嘗至其家 盆盎列庭
黛痕漉漉 問何用 弟曰靜妻染業 乃怒而撻之曰 吾兄弟 皆厚祿而業此 彼貧者將何業 令覆之 靑汁決流
滿渠 嘗持牒 至尙書家請署 方與客碁 點首某如故不輟 壽彭歷階而上 以手撒棋而下曰 死罪死罪 然而
此國事 不可緩 請署與他吏行之 卽辭去 尙書謝止之 度支櫃藏有碁銀 謂之封不動 數百年傳來者 某爲
判堂 稱以作幼女佩物 竊取幾個 壽彭在傍 以手掬取多數曰 小人有五女 故多持 判堂憮然還之云

『逸士遺事』*

＊逸士遺事：前出.

재상이 종이가 없어 공책을 뜯어서 편지를 썼다

판서 박신규가 성질이 굳세고 강하여 남의 악한 것을 보면 참지 못하였다. 경상 감사가 되었을 때에 권위와 신망이 크게 행하여져 그 고을 사람들이 모두 두려워 하였다. 심지어 백성이 학질을 앓으면 그 이름을 써 붙여서 학질을 떼는 자도 있었 다. 경상감사로 있을 때에 약천 남정승에게 문안을 보냈더니 그가 회답을 하면서 마침 종이가 없어서 남은 공책 종이로 답을 써 보냈다. 박신규가 그 종이에 뚫린 구멍을 보고 탄식하기를 "재상이 종이가 없어 공책을 뜯어서 편지를 쓴단 말인가" 하고 장지壯紙 열 권으로 편지지를 만들어 보냈다.

정승 윤동산이 박 판서와 아주 친하였는데 박이 일찍이 말하기를 "나는 평생에 임금 앞에서 헛말을 해본 적이 없다" 하였다. 동산이 웃으며 말하기를 "대감도 아 마 상소할 때에는 반드시 백 번 절하고 올린다(百拜上)고 썼을 것이니 견책을 당하 여야 하겠소" 하니 박이 웃었다.

朴判書信圭 性剛毅 見人之惡 不能忍 嘗爲嶺南伯 威信大行 一道慴伏 民至有書其名 蘬瘧者 爲嶺南 伯時 致饋於藥泉南相 南相適乏紙 以空冊餘葉 修答 朴公見其紙端穿鑿 慨然曰 宰相無一簡紙 拔冊而 修書 遂以壯紙十卷 作簡送之 東山尹相 與朴公善 朴公嘗曰 我則平生未嘗以虛言 陳於君父之前矣 東山笑曰 令公似應於陳疏時 必百拜而呈之 可責也 朴公亦(單+長)然而笑　　　　　『梅翁聞錄』*

　＊梅翁聞錄 : 前出.

정승 상진尙震은 "자유롭게 살고자 하는 것은 동물이나 나나 마찬가지",
"어찌 산 것을 보고 잡아먹을 것을 생각하겠는가" 하였다

정승 상진이 도적을 잡으면 도리어 불쌍히 여겨서 말하기를 "배고픔과 추위에
못 견디어 부득이 한 것이다" 하고 도로 그 장물을 주면서 말하기를 "네가 만일 배
고프고 춥거든 와서 말하고 다시 이런 짓은 하지 말라"고 하였다.

새나 짐승에 있어서도 집안에 두고 구경할 만한 것이 있어도 반드시 놓아 보내
면서 말하기를 "자유롭게 살고자 하는 것은 동물이나 나나 마찬가지다" 하고, 또
잡아서 먹을 수 있는 것이 있어도 반드시 그것을 살려 주면서 말하기를 "어찌 산
것을 보고 먹을 것을 생각하겠는가" 하였다.

尙相震 見偸盜者 必反憐之曰 迫於飢寒 不得已也 還給其藏曰 汝若飢寒 須來告我 愼勿復然 凡蟲獸
可爲庭玩者 則必放之曰 飮啄自如 物我同情 滋味可供者 則必求生道曰 豈忍對生 而思食乎
『燃藜室記述』*

* 燃藜室記述 : 前出.

박은_{朴訔} 정승은 재상의 몸으로 좁쌀밥을 먹었다

박은은 벼슬이 정승에 이르렀어도 받은 녹을 모두 가난한 친척들에게 나누어 주어서 집이 매우 가난하였다. 하루는 임금이 미행하여 박은을 방문하였다가 문 앞에서 조금 오래 서서 기다렸다. 그가 마침 좁쌀밥을 먹다가 재채기가 나서 빨리 영접하지 못하니 임금이 매우 노하였다. 박은이 황공하여 사실대로 대답하였더니 임금이 말하기를 "그대가 재상이 되어 좁쌀밥을 먹는단 말인가" 하고 사람을 시켜 들어가 보니 과연 그러하였다. 임금이 감탄하여 특별히 청문 밖 고암의 토지 얼마 를 내려 주었다.

朴公訔 雖位極人臣 俸祿 皆分濟親黨 家甚貧 一日 上微行訪公 立門前稍久 適食粟飯而嚏 未卽迎拜 上怒甚 公惶恐以實對 上曰 卿爲宰相 乃飯粟倻 使人入視之 果然 上嗟嘆 特賜靑門外鼓岩田若干畝

『朴氏家乘』*

＊朴氏家乘：『燃藜室記述』에 인용되어 있는 것을 그대로 옮긴 것임.

선조宣祖의 방상엔 물에 말은 밥 한 그릇

선조가 검소한 덕을 숭상하여 입는 옷에는 비단이 없었고 보통 먹는 음식에도 육미肉味를 두 가지로 하지 않았다. 일찍이 홍제원에 칙사를 영접하러 나갔을 때 내시가 점심을 올렸더니 밥상을 치울 때에 여러 부마들을 불러 이를 주었는데, 물에 말은 밥 한 그릇과 마른 고기 오륙 편 및 초에 졸인 생강, 김치, 장뿐이었다.

宣祖崇尙儉德 御衣無錦緞 常設不貳菜 嘗迎詔西郊 內侍進午膳 及撤命召諸儀賓賜之 所設只水澆飯 一器 乾魚五六片 及醋薑淹菜醬而已　　　　　　　　　　　　　　　　　『公私見聞錄』*

　　*公私見聞錄 : 前出.

정승의 집 천정에서도 물이 새는데

맹 정승의 집이 매우 좁고 작았다. 병조판서가 일을 논하기 위하여 그 집에 갔다가 그때 소나기를 만났는데 천정에서 군데군데 빗물이 새어 의관이 다 젖었다. 병조판서가 집에 돌아와서 탄식하기를 "정승의 집이 이와 같은데 내가 어찌 바깥 행랑을 지을 수 있겠는가" 하고 한창 짓고 있던 행랑을 모두 헐어 버렸다.

孟相家甚狹小 兵判以稟事進去 適値驟雨 處處漏下 衣冠盡濕 兵判還家 歎曰 相公之家如是 我何以外廊爲哉 遂撤方構之廊　　　　　　　　　　　『燃藜室記述』*

＊燃藜室記述 : 前出.

부사 정붕鄭鵬은 정승의 부탁을 이렇게 거절했다.
"잣나무는 높은 산꼭대기에 있고 꿀은 민가 벌통에 있으니 부사 된 자가
어떻게 얻을 수 있겠습니까"

중종 때에 정붕이 청송부사가 되었을 때다. 영의정 성희안은 젊어서부터 정붕
과 절친한 사이였으므로 그에게 편지를 보내어 안부를 묻고는 곁들여 잣 열매와
벌꿀을 보내달라고 청하였다. 정붕이 답하기를 "잣나무는 높은 산꼭대기에 있고
꿀은 민가 벌통에 있으니 부사 된 자가 어떻게 얻을 수 있겠습니까" 하니 희안이
사과하였다.

中宗朝 鄭鵬爲靑松府使 希顔少與相善 通書問訊 仍索柏子淸蜜 鵬答曰 栢在高峰絶頂 蜜在民間蜂筒
中 爲太守者 何由得之 希顔愧謝 　　　　　　　　　　　　　　　　　　　　　　　　　　　　『新堂集』*

    ＊新堂集 : 조선 중종 때의 문신 鄭鵬의 시문집.

효종은 직접 만두를 빚어 간계에서 벗어났다

인조 때 조숙원이 빈嬪 강씨를 모략하고 또 효종을 모략하려고 하였으나 효종이 그 처신을 잘하였다. 인조가 전복 넣은 만두를 좋아하므로 일찍이 그 생신날에 효종이 인선왕후와 함께 동궁에서 친히 만두를 만들어 새벽에 일찍 문안하고 인조께 받들어 올렸다. 인조가 이때 잠자리에서 일어나지 않았다가 이불을 끼고 앉아서 그 효성을 가상하게 여겨 웃으며 먹으려 하였더니 숙원이 말하기를 "밖에서 들여오는 음식을 함부로 잡수실 수 없습니다"고 하였다.

효종이 놀라고 황송하여 어찌할 줄 모르고 자기가 먼저 손으로 맛보아 남김없이 다 먹었다. 또한 밖에 나가서 토해냈다는 중상을 받을까 염려하여 그대로 엎드려 반나절을 지냈다. 이로부터 숙원이 꾀를 쓰지 못하였다. 그의 간악함이 이와 같았으나 효종은 그의 두 아들을 잘 보살펴 주었다.

趙淑媛煽構姜嬪 又欲謀害孝廟 手讓處變得宜 仁祖嗜生鮑饅頭 嘗當誕日 孝廟與仁宣王后 自東宮親造此饌 曉漏問寢 手自進上 仁廟 時未起寢 擁衾而坐 嘉悅其誠孝 含笑欲進御 淑媛仰告曰 自外之饌不可輕進 孝廟驚惶罔措 手自先嘗進御無遺 復慮出外吐出之譏 仍俯伏過半日 自此 淑媛不得行計 其罪惡如此 然孝廟曲保其兩子　　　　　　　　　　　　　　　『二旬錄』*

① 姜嬪：昭顯世子嬪 愍懷嬪 姜氏 ; ② 趙淑媛：姜嬪이 御膳에 置毒했다고 무고한 장본인.

＊二旬錄：前出.

야밤에 뵈옵는 자는 경계해야

효종이 봉림대군으로 있을 때에 세자로 책봉될 줄 미리 알고 평상시에 친근한 문관 모某에게 말을 전하기를 "이후로는 조용히 다시 볼 기약이 없으니 한번 보고 싶다" 하였다. 이 말을 들은 문관은 미복微服을 하고 어두운 틈을 타서 들어가 뵈었다. 효종이 만년에 이 일을 현종에게 말하면서 "내가 부른 것은 생각이 미처 깊지 못한 것이라 하나 신하된 자로서 어찌 가만히 세자 집으로 올 수 있겠느냐? 내가 뒤에 깨닫고 그를 의심하였는데 요즘 그가 하는 것을 보니 결코 너를 바르게 인도하지 못할 것이니 알아두도록 하라"고 하였다. 이것은 효종이 현종에게 비밀리 말한 것이었는데 여러 공주들이 마침 창 밖에 있다가 그 말을 들었다 한다.

孝宗大王 在鳳林邸 聞有陞儲之命 送言于平日所客習文官某曰 自此 更無從容相見之期 願一見之 文官 以微服 乘昏進謁 孝廟晚年 嘗以此事 語顯廟曰 予之邀致 雖不及深思 而爲人臣者 何敢潛來於世子之家乎 予乃後覺得 已疑其心 近觀其所爲 他日 決不能以正導汝者 汝須知之 此乃孝廟之密諭於顯廟者 而諸公主 適在窓外 得聞天語云　　　　　　　　　　『公私見聞錄』*

① 陞儲 : 世子의 자리에 오름. 儲는 世子, 太子, 副君의 뜻. 일반적으로는 저축의 뜻으로 쓰인다. 英祖가 王弟로서 世弟가 된 것을 '建儲'(世弟를 세움)라 한 것도 같은 경우다.

* 公私見聞錄 : 前出.

지방 수령守令으로부터 선물받은 사실을 임금에게 실토한 좌승지左承旨. 성종成宗은 "과연 자네는 정직한 사람"이라 했다

그 승지에 그 임금

성종이 당시의 인물들을 이리저리 다루는 데에 매우 수완이 좋았다. 하루는 후원에서 산보를 하는데 우연히 까치가 종이쪽지 하나를 물어다가 임금 앞에 떨어 뜨렸다. 주워서 살펴보니 해변에 있는 수령이 좌승지에게 선물로 보낸 물품 목록 이었다.

임금이 그 종이쪽지를 소매 속에 넣고 경연에 나와서 여섯 승지를 불러서 조용히 말하기를 "만약에 지방의 수령이 먹을 것을 자네들에게 선물로 보내면 예의禮儀를 돌보지 않고 안심하고 받겠는가?" 하였다.

여러 승지는 대답하기를 "어찌 감히 받겠습니까?" 하는 것이 한 입에서 나오는 것 같았는데 좌승지만은 자리를 피하여 땅에 엎드리면서 "신은 그렇지 못합니다. 90세 노모가 있는데 전부터 잘 아는 한 수령이 어제 해산물을 신에게 보내었기로 받았습니다" 하였다.

임금이 웃으며 소매 속에서 그 종이쪽지를 내놓으며 말하기를 "자네는 과연 정직한 사람이다"라고 하였다.

上(成宗)顚倒一時人物 手段甚滑 一日 上散步後苑 有鵲偶衝一紙 墜于御前 審視之 乃海邊守令 致饋于 左承旨物目單子 上袖其紙 御經筵 召六承旨 從容曰 若外方守令 以食物遺於卿等 則可以不顧禮儀 而安心受之乎 諸承旨對曰 何堪受之 同聲以對 如出一口 左承旨避席伏地曰 臣則不然 有九十老母 昨有一守令 素有厚分 以海味遺臣 臣受之矣 上笑之 自袖中 出其紙曰 卿可謂古之遺直　　　　　　『逐睡篇』*

① 顚倒 : 위와 아래를 바꿔 거꾸로 함. 일반적으로는 엎어져 넘어짐의 뜻. 여기서는, 아래 위 사람을 이랬다 저랬다 하며 마음대로 다루는 것을 말함.

* 逐睡篇 :『燃藜室記述』에서 인용한 것을 그대로 옮긴 것임.

성종成宗은 아첨하는 신하에게 부끄러운 마음이 생기게 하기 위해 "나의 과실을 써서 올려라" 했다

성종이 이르기를 "신하가 과감하게 간하여 바른 대로 인도하는 자는 이것을 곧은 신하라 이르고, 비위만 맞추어 잘한다고 칭찬하는 자는 아첨하는 신하라 이른다" 하고 승지·사관·육조·삼사에 각각 붓 사십 자루와 먹 이십 개씩을 주면서 "이것을 가지고 나의 과실을 써서 올려라" 하였다.

임금이 신하에게 바른 말을 구하는 정성이 이와 같은 데에 이르면 그 붓과 먹을 받은 자가 비록 말을 하지 않으려 해도 마음이 편안치 못할 것이요, 아첨하는 말을 하려 할 때에는 마음 가운데서부터 부끄러움이 생길 것이다.

成宗有敎曰 人臣敢諫導正者 是謂直臣也 進媚稱善者 謂曰諛臣 因賜承旨史官六曹三司 筆各四十枚 墨各二十笏曰 以此書吾得失 夫人主之求言誠篤 至於如此 受其賜者 雖欲含默 心不能自安 將進諛辭 羞赧內作矣

『星湖僿說』*

* 星湖僿說 : 前出.

세종世宗은 "내가 내 몸만을 위하여 동물의 목숨을 많이 죽이리오.
하물며 양은 우리나라 생산물이 아닌데"

세종이 일찍이 갈증으로 고생하였는데 대언 등이 아뢰기를 "의원이 이 증세에
는 먼저 식이 요법을 써야 한다고 합니다. 흰 수탉과 누른 암탉과 양고기가 모두
갈증을 제거할 수 있다 하오니 청컨대 유사로 하여금 매일 바치게 하소서" 하였다.

임금이 말하기를 "내가 어찌 내 몸만을 위하여 동물의 목숨을 많이 죽이리오.
하물며 양은 우리나라의 생산물이 아닌데" 하였다. 대언 등이 말하기를 "관에서
기르는 양이 번식이 되었으니 우선 시험하여 보소서" 하였으나 임금은 끝내 허락
하지 않았다.

世宗嘗患渴 代言等啓曰 醫云宜先食治 白雄鷄黃雌鷄羊肉皆能止渴 請令有司 逐日供進 上曰 吾寧爲
自奉 以戕物命 況羊非本國所産乎 代言等曰 官羊滋蕃 請姑試之 上意不許　　　　『燃藜室記述』*

　　　* 燃藜室記述 : 前出.

광해군_{光海君}의 정실 인사. 추천되어 올라온 후보자 가운데 마음에 있는 사람이 후보로 추천되지 않았으면 "후보자를 더 써서 올려라"

광해군이 즉위한 초기에 이조판서 성영이 유영경의 일파라 하여 탄핵을 당해 파면되자 영상 이완평이 이광정·김수·이정귀를 후보로 천거하였는데 광해군이 그들 외에 후보자를 더 써올리라고 명하였다. 그래서 신흠을 추천하였더니 또 명령하여 더 써올리라 하였다.

광해군의 뜻은 정창연에게 있었으니 창연이 왕비의 외삼촌이었기 때문이다. 완평이 부득이하여 김신원·한효순 및 정창연 등을 천거하니 창연이 드디어 이조판서가 되었다. 여론이 떠들썩하였으나 외척의 권세가 대단하므로 감히 말하는 자가 없었다.

그때 정우복이 대구부사로서 구언하는 교지에 따라 상소하여 첫 정사의 잘못을 말하면서 "마음에 있는 사람이 후보로 추천되지 않았으면 명령하여 더 올리라 시키고 그 사람이 또 참여하지 못하였으면 또 올리라 하여 반드시 그 사람의 성명을 써 내게 한 후에야 비로소 붓을 들어 낙점을 하시니 전하께서 자신의 의견을 참여시켜서 마음대로 올렸다 낮췄다 하는 것이 이에 이르러 심하였습니다" 하였다.

光海卽位初 吏曹判書成泳 以永慶之黨彈罷 領相李完平 以李光庭金晬李廷龜擬薦 光海命加望 以申欽薦之 又命加望 光海意在鄭昌衍 蓋以昌衍王妃之表叔也 完平不得已以金信元韓孝純及昌衍薦之 昌衍遂爲吏判 物議譁然 而外戚權始盛 無敢言者 時鄭愚伏爲大邱府使應求言旨 上疏極言初政之失 至曰其人不預焉 則命使加望 其人又不預焉 則又命加望 必得其人之姓名然後 始肯落筆焉 殿下之參入己意 任情低仰至此而甚矣

『荷潭破寂錄』*

① 加望: 조선왕조에서는 벼슬아치를 임명할 때 대개 3명의 후보자를 추천해 올리면 임금이 그 가운데서 낙점하는 것이 관례화되어 왔다. 이것이 이른바 備三望이다. 그러나 광해군은 추천되어 올라온 후보자 가운데 자기 마음에 드는 자가 없으면 다시 후보자를 더 보태어 써 올리게 했다. 이것이 이른바 加望이며, 자기 마음에 드는 사람이 올라올 때까지 올려진 여러 사람의 후보자를 일컬어 '衆望'이라 했다.

* 荷潭破寂錄: 조선 광해군 때의 문시 金時讓이 저술한 逸話・閑談集. 『大東野乘』『稗林』에 들어 있음.

사대부가 처첩妻妾을 도둑질하는 것은 쇠망하는 세상의 일.
그러나 성종成宗은 이 나라를 쇠망하는 나라로 만들기 싫어 기생을 서로
뺏으려 한 재상을 벌주지 않았다

성종 때에 재상 이영은과 이곤이 한 기생과 간통하여 서로 빼앗으려고 싸웠다.
대간이 그 죄를 논하여 귀양 보낼 것을 여러 날 청하였으나 성종이 이에 승낙하지
않았다. 두 사람이 대궐에 들어가서 서로 변명하며 허물을 상대편에게 돌리었다.
　　성종이 답하기를 "옛날부터 사대부가 처첩妻妾을 서로 도적질하는 것은 쇠망하
는 세상의 일이다. 내가 이 나라를 쇠망하는 나라로 만들기가 싫어서 대간의 말에
승낙하지 않은 것이지 너희들을 죄가 없다고 한 것이 아니니 물러가서 반성함이
옳다"고 하였다.

成廟朝 宰相李永垠李坤二人 共奸一娼妓 互相攘奪 言官論罪 請罷者屢日 上終不允 兩人詣闕自明
相爲歸咎 上曰 自古士大夫相竊妻妾 乃衰世之事也 予不忍置斯世於衰亡 故不允臺言 非以卿等爲無
罪也 退而省之可也　　　　　　　　　　　　　　　　　　　　　　　　　　　　　　　『松窩雜記』*

　　＊松窩雜記：前出.

작은 집舍은 사람人이 길吉하다

"세상 사람들이 집을 굉장하고 화려하게 지어 사는데 거처가 사치스럽고 넘치는 자는 곧 화를 당하게 마련이고, 작은 집에 베옷으로 검소하게 생활하는 자는 마침내 명예와 직위를 보전한다."

일찍이 여러 사람이 모인 자리에서 이런 말을 하였더니 종실宗室 고흥수가 자리에 있다가 "들으니 큰 집은 옥屋이라 하고 작은 집은 사舍라 하는데 옥屋자는 '송장이 이른다[尸到]'는 말이요, 사舍자는 '사람이 길하다[人吉]'는 말이니 큰 집에 사는 사람은 화를 받고 작은 집에 사는 사람은 복을 받는 것이 괴이할 것이 없다"고 하였다.

이 말을 듣고 내가 "이것은 파자破字한 예언이 될 만하니 무리가 아니다"라고 하였다.

世人 治第宏麗 居處奢僭者 未有不旋踵禍敗 卑室惡衣 自奉儉約者 終享名位 嘗於稠中語此 有宗室高興守曰 聞 大家曰屋 小家曰舍 屋字尸至也 舍字人吉也 大家者受禍 小家者受福 無怪也 余謂此可謂字讖 不爲無理　　　　　　　　　　　　　　　　　　　　　　　　　　　『思齋摭言』*

① 舍 : '入' 아래 '혀 설(舌)'이 옳지만, 여기서는 '人' 아래 '길할 길(吉)'이라 했다.

＊思齋摭言 : 前出.

총애 받는 후궁도 임금을 무서워했다

인조 때에 허적이 전라감사가 되었는데 후궁 조씨의 차노差奴가 감영에 와서 일 자리를 청하였다. 허는 사리의 부당함을 들어 꾸짖으며 물러나게 하고 시행하지 않았다. 차노가 말하기를 "순찰사가 내 말을 듣지 않으면 다른 벼슬로 옮기겠소" 하였다. "벼슬이 옮겨지고 못 옮겨지고는 네가 감히 관여할 바가 아니다" 하고는 나졸을 시켜 묶어 놓고 큰 곤장으로 때려 죽여서 송장을 문 밖에 버렸다.

후궁 조씨가 이 소문을 듣고 집안 사람에게 단단히 타이르기를 "위에서 만약 차노가 나의 세력을 빙자하다가 맞아 죽은 줄 아시면 꾸지람이 나한테 미칠 것이 니 너희들은 부디 이 일을 입 밖에 내지 말라"고 하였다. 그때에 조씨가 후궁 중에 서 가장 총애를 받았지만 임금을 겁냄이 이와 같았다.

仁祖朝 許丈積 爲全羅監司 後宮趙氏家差奴 到營白事 許丈責以事理不當 却而不施 差奴曰 巡使不從 吾言 其能更遷他爵乎 許丈曰 爵之遷不遷 非汝所敢言 命邏卒反接 以大杖杖殺 棄屍門外 趙後宮聞之 申飭家人曰 主上 若聞差奴籍吾勢致死 則譴責必及於吾 汝輩 愼勿以此事出口 其時趙氏寵冠後宮 而 其畏上如此

『公私見聞錄』*

① 差奴 : 差備奴의 준말. 각 관아의 奴僕 가운데 하나.
* 公私見聞錄 : 前出.

이 같은 대장부를 이제야 보다니

전림이 포도부장으로 있을 때다. 정승 홍윤성 집 하인들이 아무리 날뛰어도 관에서 이를 금하지 못하였다. 어느 날 밤에 포도부장 전림이 부하들을 시켜서 재인암 옆에 매복시켰는데 그곳은 홍윤성의 집과 매우 가까운 곳이었다. 밤중에 윤성의 하인 5, 6명이 지나다가 부딪치고는 "홍 정승집 사람인데 우리를 어쩌겠느냐?"고 배짱을 내밀었다. 전림이 친히 묶으며 "홍 정승이 어찌 너희들을 내놓아 법을 범하게 하였겠느냐"고 탄식하였다.

날이 밝자 그들을 데리고 가서 윤성에게 아뢰기를 "이 무리들이 대감의 세력을 믿고 함부로 날뛰고 있는데 진짜 도적은 아닌 모양입니다. 지금부터는 엄하게 단속하십시오. 대감에게 누가 될까 염려됩니다"고 하였다. 윤성이 크게 기뻐하며 그의 손을 이끌어 올려 앉히며 "이같은 대장부를 어찌 이제야 보게 되었는가" 하고 드디어 천거하여 선전관에 승진시켰다.

洪允成奴僕橫行 官不能禁 捕盜部將田霖 一日 分差 伏於才人巖側 去公家至近 有五六人 黑夜唐突 自謂某家人 其如我何 霖親自縛之日 公寧放爾輩 犯官法耶 天明 驅而謁諸公日 此輩特怙勢妄行 非眞盜也 乞自今嚴飭 恐累公 公大喜 乃引其手 上坐日 如此好男兒 何見晚耶 遂啓擢宣傳官

『燃藜室記述』*

① 去公家至近 : 공의 집과 서로 떨어진 거리가 매우(지극히) 가까움. 去는 相距(서로 떨어진 거리)와 같다. ; ② 謁諸公 : 諸는 '之於'.

* 燃藜室記述 : 前出.

저 사람은 효자입니다. 행실이 착하면 그 지위가 미천하다고 하여 소홀히
할 수 있을 것인가?

학봉 김성일이 수찬으로 있을 때다. 부모를 뵈러 고향으로 내려가는 길에 용안
역에 이르렀다. 마침 어떤 남루한 사람이 밭두렁에 앉아 있었는데 한 사람이 그를
가리키며 "저 사람은 효자입니다"라고 하니 김성일이 보자고 청하여 마루 위에 앉
게 하고 평등하게 대접하였다.

　　어떤 사람이 그 예가 너무 과한 것을 괴이히 여기니 김성일이 말하기를 "착하
지 못한 사람은 재상같이 귀하여도 족히 볼 것이 없지만 만약 착한 행실이 있는 사
람이라면 어찌 그 지위가 미천하다고 하여 소홀히 여길 것인가?" 하였다.

金鶴峯誠一爲修撰　覲親下鄕　至用安驛　見有村閭賤人　坐於田畝　或指之曰　是孝子也　公旣請見之　許坐
堂上　待以賓禮　或怪其太過　公曰　不善之人　貴爲卿相　固無可觀　如有善行　豈可以微賤　而慢易之乎
『靑野漫錄』*

＊靑野漫錄：再引用 書目.

매로 쳐서 가르쳐도 부족한데

용주 조경이 한 재상의 집을 방문하였는데 한 늙은 음관蔭官이 먼저 와 자리에 앉아 있었다. 주인의 손자 아이가 이제 6, 7세인데 주인이 너무 예뻐한 끝에 아이로 하여금 음관을 희롱하고 욕하게 하였다.

조경이 정색하고 말하기를 "어린 아이라 아직 심기心氣가 정해지지 않았는데 비록 매를 쳐 가르쳐서 어른과 늙은이를 공경하라 하여도 오히려 그 교훈을 받들지 못할 터인데 지금 도리어 어른을 모욕하라고 가르치니, 이 아이 생각에 늙은이에게 거만해도 괜찮다고 여겨지면 다음에는 형에게도 거만할 수 있고 아버지에게도 거만할 수 있고 임금에게도 거만할 수 있다고 생각할 터이니 악덕을 범하는 데 이르지 않는다고 어찌 장담하겠소" 하니 주인이 기가 막혀서 말하지 못하였다.

趙龍洲絅 往一宰臣家 蔭官老人 先在坐 主人孫兒 年方六七 甚嬌愛 使兒戲辱蔭官 公正色曰 小兒心
氣未定 雖撻而敎之 使敬長老 猶有不奉其敎 今乃敎之以侮辱 兒必認以爲老旣可慢 則兄可慢 父可慢
君上亦可慢 幾何不至於犯惡逆也 主人氣塞 不能言　　　　　　　　　　　　　　『海東續小學』*

＊海東續小學 : 前出.

신이 귀가 어두우니 다시 말씀하소서

명종 정유년에 임금이 편찮아서 수상 동고가 숙직을 하였는데 병세가 점점 나아지자 다른 대신은 다 나갔다. 동고만이 홀로 머물면서 "병중에 계신 지가 오래이어서 함부로 곁을 떠날 수 없다"고 하였다.

6월 28일 밤중에 임금이 위독하므로 동고가 들어가 침전寢殿 주렴 밖에 서서 뒤를 이을 사람을 물으니 인순왕후가 친히 말하기를 "덕흥군 세째 아들 모某로 뒤를 잇게 하시오" 하였다. 대궐 안에 들어와 숙직하던 여러 재상들 중 따라서 뜰 위에 올라온 자가 또한 많았다.

동고가 아뢰기를 "신이 귀가 어두우니 다시 한번 말씀하소서" 하였다. 인순왕후가 두번 세번 분명하게 말하여 여러 재상들이 같이 듣게 한 후에야 동고가 한림 윤탁연으로 하여금 붓으로 쓰게 하였다.

탁연이 제삼第三이란 삼三자를 삼參으로 썼다. 동고가 이것을 보고 "이 사람이 누구의 아들인고" 하였다. 이는 그 노숙한 것을 칭찬한 것이었다.

明宗丁卯 上不豫 東皐以首相直宿 聖候漸向平復 他大臣皆出 公獨留曰 玉體違和久矣 不可輕易離去 至六月二十八日夜半 上疾大漸 公入侍寢殿簾外 請問後嗣 仁順王后親傳 以德興君第三子 諱嗣位爲敎 入直諸宰 隨至塔上者亦多 公曰 小臣重聽 更爲下敎 仁順再三明言 諸宰參聽然後 公使翰林尹卓然 書傳敎 尹於第三之三字 具書參字 公曰 是誰之子歟 盖稱其老熟也　　　　　『記言』*

① 大漸 : 漸은 劇의 뜻으로 쓰이었다. 『列子, 力命』에서 '七日大漸'이라 한 것과 같은 뜻 ; ② 第三子諱 : 돌아가신 윗사람의 이름을 諱字라 한다. 그러나 여기서는 第三子의 이름을 쓰는 대신 '아무개'의 뜻으로 쓴 것에 지나지 않는다. ; ③ 重聽 : 귀가 멀어 여러번 반복하여야 들림. 귀가 먹음.

* 記言 : 조선 숙종 때의 문신 許穆의 전집. 일명 『眉叟記言』. 92卷 25冊.

도움글

明宗(朝鮮)의 病勢가 위독해지자 영의정인 李浚慶이 入直하였다가 後嗣 문제를 여쭈었다. 그 자리에서 仁順王后(明宗妃)가 德興君(中宗 第七男, 昌嬪安氏所生) 第三子 아무개(諱)로 하라고 하였다. 王位 繼承의 중대한 사안이므로 일부러 여러 入直 臣僚들이 다 들을 수 있게 하기 위하여 이준경은 "臣이 귀가 어두우니 다시 말씀하소서" 한 것이다. 인순왕후가 두 번 세 번 말한 뒤에 尹卓然으로 하여금 이를 받아 쓰게 했다. 尹은 '第三'의 '三'을 漢字 '參'으로 적어 주위를 경탄케 했다 한다. 老熟의 극치를 보인 것이다. 明宗에게는 一男 順懷世子가 있었으나 13세의 어린 나이로 父王보다 먼저 死去했다. 때문에, 後嗣로 결정된 德興君 第三子가 곧 宣祖이며 이후 朝鮮王朝의 大統은 모두 宣祖의 血孫으로 이어진다.

방계傍系로 들어와 대통大統을 이으셨는데

성종 때에 임사홍을 내쫓았는데 뒤에 그가 인척의 세력을 빙자하여 다시 등용될 기미가 있었다.

대사헌 이측이 동료들을 거느리고 합문 밖에 엎드려 강력히 간하기를 "전하께서 방계傍系로 들어와 대통大統을 이으셨는데 어찌 종묘宗廟 사직社稷의 중함을 생각지 않으십니까?" 하였다. 임금이 성내어 묻기를 "무슨 말이냐?"고 하니 이측이 대답하기를 "부자가 계승하는 것은 원래 떳떳한 일이지만 백성을 위하여 임금을 선택하는 데는 큰 성인이 아니면 안되는 것입니다. 신은 전하께서 요순堯舜을 따르도록 기대하였더니 지금 간하는 말을 듣지 않으시니 실로 마음이 아프옵니다" 하였다. 듣는 자가 땀이 나고 목이 움츠러졌다.

成宗朝 任士洪 方坐廢 藉戚里之勢 頗有進用之漸 大司憲李則 率同列 伏閤力爭曰 殿下以旁支繼統
何不念宗社之重 上怒問曰 謂何 則對曰 父子相繼 固常事 若爲生靈擇主 非大聖不可 臣期殿下遠冀堯
舜 而今不從諫臣 實痛心 聞者汗縮　　　　　　　　　　　　　　　　　　　　　　　『燃藜室記述』*

　　*燃藜室記述：前出.

德宗(追尊, 世祖의 長子, 이름은 暲)에게는 두 아들이 있었지만 長子인 月山大君이 王位에 오르지 아니하고 次子인 成宗이 王位를 이어받았다. 그러므로 長子 承繼의 常道를 깨뜨리고 大統을 이었으므로, 그 막중함을 일깨운 것이다. 德宗은 世子로 冊封된 지 2년(20세)만에 죽었으므로 둘째 아들 睿宗이 世祖의 뒤를 이어 王位에 올랐다. 그러나 예종은 卽位 1년 만에 승하하였으며 예종의 아들 齊安大君은 당시 4세의 어린 아이였으므로 王位는 형 德宗의 아들 중에서 이어받게 되었고 德宗의 第二男 成宗이 그 자리에 올랐던 것이다. 成宗이 卽位하자(成宗 2년) 그의 아버지 暲을 德宗으로 追尊하였다.

오늘 배울 것 가르쳐 주고 떠나마

제봉 고경명이 금산에서 왜적과 싸우다가 죽은 뒤에 그 아들 종후가 복수의병장이 되었다.

모친에게 울면서 하직하고 나왔다가 다시 들어가 동생을 불러 말하기를 "네가 오늘 읽을 글을 내가 미처 가르쳐주지 않았구나" 하고 그날 읽을 글을 다 가르친 뒤에 출병하였다.

高霽峰敬命 死節於錦山 其次子從厚 爲復讎義兵將 泣辭於母 而出已而 更入招其弟曰 汝今日 日課之書 吾忘敎之矣 遂盡敎之 而後去

『霽峰集』*

* 霽峰集 : 조선 선조 때의 의병장 高敬命의 시문집. 6卷 6冊. 저자의 號가 霽峰 또는 苔軒이기 때문에 『苔軒集』이라고도 함.

도움글

高敬命은 임진왜란이 일어나자 의병을 일으켜 두 아들 從厚·因厚와 함께 왜병과 싸우다가 錦山 전투에서 아들 因厚와 함께 전사했다. 從厚는 아버지와 동생이 전사하자 일단 귀가하였다가 이듬해 다시 의병을 일으켜 스스로 復讎義兵將이라 하여 여러 곳에서 倭兵과 싸웠으며 晉州城에 들어가 항쟁하다가 성이 함락당하자 김천일金千鎰·崔慶會와 함께 南江에 투신 자살했다. 세칭 三壯士가 이들이다. 이 글은 그가 출병할 때 집에 남아 있는 동생에게 글을 가르친 사실을 말한 것으로 보인다.

광해군은 자기 어머니를 가두기도 한다는데,
어린 종놈은 어머니께 효도할 줄 안다?

광해군 때에 권협은 서호西湖에서 살던 사람이다. 하루는 대북大北 일파의 사람들이 강에서 뱃놀이를 하다가 그가 울타리 밖을 지나는 것을 보고 같이 놀기를 청하였다.

협이 가서 상에 차려 놓은 맛난 음식을 손으로 집어다가 자기가 데리고 간 어린 종에게 주면서 말하기를 "이놈이 나이는 어려도 제 어머니에게 효도할 줄 알기 때문에 내가 좋아합니다" 하였다. 이때가 바로 인목대비가 서궁西宮에 유폐되어 있을 때였다.

光海朝 權鞈居西湖 有大北一隊 船遊江上 過其籬外 請與同遊 鞈往赴焉 手攫坐客盤中之饌 以給童奴 曰 此漢年幼 知孝養其母 以是愛之 時大妃幽閉西宮 　　　　『國朝人物志』*

  *國朝人物志 : 前出.

신종호申從濩의 바른말과 성종의 깨달음,
"군자의 허물은 일식·월식과 같은데 어찌 이를 숨기리오"

성종 때에 응방鷹坊에서 매를 한 마리 길렀더니 임금이 경연에 나왔을 때 신종호가 아뢰기를 "지금 가뭄이 잇달아서 백성이 장차 굶어죽게 되었으니 이것은 바로 전하께서 걱정하고 부지런하실 때입니다. 그런데 지금 응방에서 매를 기르니 이것은 전하께서 오락과 놀이에 마음이 있으신 것으로서 아마 하늘을 공경하여 근심하고 부지런히 하는 실지가 아닌가 합니다"라고 하였다. 임금이 말하기를 "군자의 허물은 일식·월식과 같다는데 내가 어찌 허물을 숨기리오" 하고 곧 매를 놓아주고 다시는 기르지 않았다.

成宗朝 鷹坊 嘗畜一海東靑 上御經筵 申從濩曰 今旱乾相仍 民將餓死 此正殿下憂勤之時 今內鷹坊畜養海東靑 是殿下未能無心於玩好也 恐非敬天憂勤之實 上曰 君子之過 如日月之食 予何隱其過失 卽命放之 終不復畜
『燃藜室記述』*

    * 燃藜室記述 : 前出.

처가 병이 났다 하여 관직을 갈아줄 수는 없다

성종 때에 명숙공주가 임금에게 청하기를 "홍상의 숙부 칭이 장흥부사로 임명되었는데 그의 처에게 병이 있어 부임하기가 어렵습니다. 관직을 갈아주소서" 하니 임금이 그 청을 들어주어 중앙의 관직에 자리를 주었다.

대사간 손비장 등이 상소문을 올려 "사사로운 일로 법을 무너뜨릴 수 없으니 홍칭을 일정한 기한 동안 벼슬에 쓰지 마소서" 하였다. 임금이 친필로 답하기를 "내가 그대들의 뜻을 매우 정당하게 여기는 바이다. 나의 이 일은 사私요, 공公이 아니니 어찌 부끄럽지 않겠느냐. 허물을 들었으니 고치기 또한 어렵지 않다. 너희들이 능히 그 직책을 다하니 매우 가상히 여긴다"고 하였다.

明淑公主請於上曰 洪常叔父偁 爲長興府使 其妻病 難於赴任 願遞本職 上命叙京職 大司諫孫比長等 上箚以爲不可私偁而毁法 請準期不叙 御札答曰 予觀所言 深以爲正 予之此事私也非公 寧不愧哉 聞過卽改 亦不難矣 爾等能盡乃職 予甚嘉之　　　　　　　　　『國朝謨烈』*

＊國朝謨烈：『燃藜室記述』에서 인용한 것을 그대로 옮긴 것임.

배고픈 것 10년만 참았더라면

광해군 때에 윤인은 이이첨의 심복心腹으로서 궁중을 통해서 조정 안팎으로 해독을 끼치고 다니며 폐모론廢母論을 주장하였다.

계해년에 인조가 반정했을 때에 윤인이 참형을 당하였는데 참형 받을 때 사람들에게 말하기를 "배고프고 추운 것을 10년만 참았더라면 어찌 오늘같은 일이 있었으리오" 하였다.

光海朝 尹訒李爾瞻之心腹也 交通宮掖 作弊中外 而主張廢母之論 癸亥反正 伏誅 訒臨刑 謂人曰 忍飢寒十年 豈有今日事　　　　　　　　　　　　　　　　『國朝人物志』*

＊國朝人物志：前出.

도움글

윤인尹訒은 젊은 시절 가난한 선비로 살아 왔으나, 광해군이 왕위에 오르면서 이이첨 등의 사주로 변절하기 시작하여 鄭造 등과 함께 仁穆大妃를 弑害하려 하다가 실패하였다. 이들은 후일 다시 廢母論을 제기하여 인목대비를 西宮에 幽閉케 하는데 가담함으로써 綱常罪를 범하는 데까지 이르렀다. 그러나 윤인 등은 仁祖反正으로 大北 일당과 함께 誅殺당했다.

제4부

임금이 덕을 닦아야 신하는 목숨을 바쳐 충성을 한다

현종이 일찍이 경연에서 탕왕과 무왕의 혁명을 강론할 때에 경연관 권시가 말하기를 "신하된 자로서는 마땅히 목숨을 다하여 충성하기로 마음을 가질 것이나, 임금으로서는 마땅히 내가 덕을 닦지 않으면 천하에 어찌 또 탕과 무왕 같은 이가 나오지 않겠는가 하는 생각을 마음속에 지닌 후에야 나라를 편안히 보전할 수 있습니다" 하였다. 임금이 말하기를 "그 말이 매우 옳다"고 하였다.

顯廟 嘗於經筵 講湯武革命事 筵臣權諰進曰 臣子則當以盡忠死節爲心 而人君則當以我不修德 天下豈無湯武之意存諸胸中然後 可以安保邦國矣 上曰 言甚切實　　　　　　　　　『公私見聞錄』*

＊公私見聞錄 : 前出.

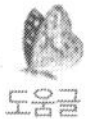

湯王과 武王은 각각 暴政을 行하는 天子를 武力을 사용하여 帝位에서 逐出(夏의 桀과 殷의 紂한 君王이다. 신하로서 임금을 放逐한 이른바 '以臣伐君', 즉 放伐의 역사를 이룩한 전형을 보이었다. 비록 경연(임금 앞에서 경서 등을 강의하던 자리)에서 행한 것이기는 하지만 易姓革命論은 제왕된 자로 하여금 가장 긴장케 하는 發論이다.

광해군은 상_賞이 후_厚하여 나라를 잃는 데까지 이르렀다

인조가 반정한 뒤에 자신의 장인이 되는 서평 한준겸에게 편지를 보내어 궁중에서 마땅히 먼저 하여야 할 일을 물으니 한준겸이 대답하기를 "광해 때에 은혜와 상이 지나쳐서 나라를 잃는 지경에까지 이르렀습니다. 지금은 마땅히 모두 그때의 일과는 반대로 하여 종실이나 외척 측근자로 하여금 모두 분수와 한도를 알게 하고 내려주는 물건도 규정을 정하여 요행을 바라는 길을 트지 않아야 합니다. 그 후에야 은혜를 너무 많이 내리는 폐단이 생기지 아니하고 국가가 오랫동안 편안할 것입니다"고 하였다.

　인조가 옳게 여겨서 전에 내려준 것에 대하여 중도를 취하려 힘썼으니 이것은 모두 한준겸의 한 마디 말의 도움이었다.

2仁祖改紀 後貽書國舅韓西平浚謙 問宮間所當先者 公對曰 光海時恩賞過濫 以致失國 今宜一反其事 使宗戚貴近 皆知分限 至於賜與之物 亦皆定式 無開僥倖之路然後 可無恩渴致慢之弊 而國家亦得久安矣 仁祖大王以爲然 凡所施與務得其中 此皆韓公一言之助云　　　　『公私見聞錄』*

　＊公私見聞錄: 前出.

신하의 말은 너무 잘 들어도 탈

내가 효종 때에 보니 임금이 신하들을 접견하는 날에는 환관들이 서로 말하기를 "오늘은 경연관들이 우리들의 허물을 임금에게 아뢰는 일이 없을는지" 하고 걱정하였다. 신하들이 물러가고 무사하다는 말을 들은 후에야 비로소 안심하였고 궁녀들도 또한 그러하였다.

환관과 궁녀들이 조정 신하를 겁내는 것은 조정 신하들이 바른 말하는 것을 두려워함이 아니라 임금께서 조정 신하들의 말을 너무 잘 받아들이는 것을 두려워함이었다.

余於孝廟朝每見 上引接臣僚之日 則宦官皆有憂色 相謂曰 今日筵臣得無以吾輩罪過陳達乎 及朝臣退出 聞無其事然後 始乃平心 宮女亦然 近習之畏朝臣 非畏朝臣之敢言 乃畏上之能虛受其言也

『公私見聞錄』*

①近習 : 君主의 옆에 가까이 있는 자. 近臣. 여기서는 환관과 궁녀들을 가리킨 것임.

＊公私見聞錄 : 前出.

정인홍鄭仁弘을 무서워한 것은 방종한 자들뿐이었다

정인홍이 사헌부 장령으로 있을 때에는 관리들이 모두 숙연하였고 시장에서 장사하는 사람들도 감히 매매가 금지된 물품은 내놓지 못하였다.

한 무사武士가 시골에서 올라와서 사람들에게 이르기를 "장령 정인홍은 그 얼굴이 어떻게 생겼는지, 그 위풍이 멀리 외방外方에까지 퍼져서 병사·수사·수령들이 두려워하여 조심하지 않는 자가 없으니 그는 참으로 대장부다"라고 하였다.

이이가 듣고 웃으며 말하기를 "정인홍(자, 덕원)이 사헌부에 있게 되어 사람들 중에는 꺼리고 미워하는 이가 많은데 이 무사가 감히 칭찬을 하다니 그가 바로 대장부다" 하였다. 인홍이 부모를 뵙기 위하여 잠깐 고향으로 돌아가게 되니 성안에 있는 방종한 자들이 모두 이제는 잠시나마 어깨를 펴게 되었다고 기뻐하였다.

鄭仁弘爲司憲府掌令 百僚振肅 至於市中商賈 皆不敢以禁物 見於外 有一武夫 自鄕入京 謂人曰 鄭仁弘掌令 其狀如何 其威稜振遠播外方 如兵水使守令輩 莫不恐懼戒愼 眞丈夫也 李珥聞之 笑曰 德遠作憲官 人多忌嫉 而此武夫 乃敢稱譽 渠是丈夫也 仁弘以覲親歸鄕 城中放縱者 皆喜乃敢息肩云

『石潭日記』*

* 石潭日記 : 조선 선조 때의 학자 李珥가 經筵의 記事 및 당시의 時事를 기록하여 평론한 책 3卷.

목을 벤 금주령

세조가 온양 온천에 갔을 때에 금주령을 엄하게 다스렸다. 가만히 환관을 시
켜 살펴보니 관찰사 김진지가 홍윤성의 처소에 가서 술을 마시고 있었다. 곧 명령
하여 진지의 목을 베어서 돌렸다. 조종조祖宗朝에서 명령을 내리면 행하여지고 금
하면 그치게 하는 것이 이와 같았다.

光廟幸溫陽溫泉 嚴酒禁 密遣中使察之 觀察使金震知 就洪仁山允成飮 卽命斬震知以徇 祖宗朝 令行
禁止如此
『涪溪紀聞』*

① 令行禁止 : 명령을 하면 그대로 행해지고 못하게 금하면 곧바로 중지되는 것.
＊涪溪紀聞 : 前出.

세종은, 늠름한 선비들의 기상을 보고 자기 병이 낫는 것 같다고 했다

세종께서 일찍이 병환이 들었는데 내시들이 무당의 말에 끌리어 성균관 앞에서 기도를 드리고 있었다. 이 꼴을 본 유생들이 무당을 내쫓았더니 내시가 화가 나서 그것을 임금께 아뢰었다.

세종께서 병석에서 일어나 말하기를 "내 항상 선비를 양성하지 못한 것을 걱정해 왔는데 지금 선비들의 늠름한 모습이 이와 같으니 내가 무슨 걱정이 있겠는가. 그 말을 들으니 내 병이 한결 낫는 것 같구나" 하였다. 판서 유진동이 뒷날 이 이야기를 명종께 아뢰고 말하기를 "임금의 사기 배양은 마땅히 이와 같아야 합니다"고 하였다.

世宗嘗寢疾 內人等惑於巫女之言 祈禱於成均館前 儒生逐出巫女 中使怒啓聞其由 世宗扶疾起坐曰 予常恐不養士 今士氣如此 予何憂焉 聞此言 予病似愈矣 柳判書辰同 以此言啓明宗曰 人主培養士氣 當若是矣

『東閣雜記』*

① 扶疾 : 扶病. 병든 몸을 지탱하는 것. 예 : 以杖扶病. 지팡이로 병든 몸을 지탱함.

* 東閣雜記 : 조선 선조 때의 문신 李延馨이 우리 나라 古代로부터 조선 선조 때까지의 史實을 서적 또는 견문에 의하여 연대순으로 기록한 책. 『大東野乘』에 들어 있음 2卷.

광해군도 그 생모生母는 높이려 했다

광해군이 그 어머니를 추존할 때에 대관들이 여러 날 뜰에 서서 다투었다. 오성 이항복이 대사간 송순에게 이르기를 "옛적에 송나라 인종이 자기 생모인 이신비를 추존할 때에 범중엄의 무리가 간관이 되었어도 다투지 않았는데 오늘날의 대관들은 중엄보다 훨씬 훌륭하구나"라고 하였다.

오성의 뜻은 자식이 귀히 되면 부모를 높이려 하는 것은 인정으로서 당연한 것인데 국가의 안위安危와 치난治亂에 관계된 것이 아니면 군이 다투어서 서로 버티어 상하의 화기를 잃을 필요가 없다는 뜻이었다.

光海追尊所生母 臺諫廷爭累日 李鰲城恒福謂大司諫宋諄曰 宋仁宗追尊李宸妃 范仲淹等爲諫官不爭 今日臺諫賢于仲淹遠矣 蓋鰲城之意 子貴而欲尊父母 人情之所必至 非關於國家安危治亂 則不宜固爭相持 以失上下和氣而云矣　　　　　　　　　　　　　　『荷潭跋寂錄』*

① 賢于仲淹遠 : 宋 范仲淹보다 뛰어난 것이 더 멀다. 遠은 뛰어남의 정도를 비교한 말. 더 훌륭하다는 뜻.

* 荷潭跋寂錄 : 조선 광해군 때의 문신 金時讓이 저술한 逸話·閑談集.『大東野乘』『稗林』에 들어 있음

너희들이 이런 말만 가지고 다투면, 오랑캐 니탕개를 어찌 잡을 수 있겠느냐

정희적이 경연에서 말하기를 "이이가 처음에 중이었기 때문에 선비들의 공론이 그가 과거 보는 것을 허락치 않았는데 심의겸이 주선하여 풀어주었으니 뒤에 이이가 출세한 것이 심의겸의 힘이다"라고 하였다. 홍적이 또 말하기를 "옛적에 상앙이 환관 경감을 통하여 진나라 임금을 뵈었는데 조양이 이를 한심하게 여겼습니다. 지금 이이가 심의겸을 통해서 출세한 것이 그와 무엇이 다르겠습니까?" 하였다.

임금이 말하기를 "너희 말대로 한다면 이이는 나라를 그르치는 소인이고 나는 경망한 임금이 된다. 너희들이 이런 일만 가지고 다투면 북쪽 오랑캐 니탕개를 어찌 잡을 수 있겠느냐?" 하였다.

鄭熙績 言於經筵曰 李珥始爲僧 時議停擧 沈義謙解之 而厥後發身 皆沈義謙之力也 洪迪言 商鞅因景監見秦王 趙良寒心 李珥因義謙見 抑又何異 上曰 李珥不過爲誤國小人 我不過爲輕妄主 汝等爭此事 能執尼湯介乎 『癸甲日記』*

＊癸甲日記 : 조선 선조 때의 문신 禹性傳이 당시의 『經筵日記』를 발췌한 책. 『大東野乘』『稗林』에 들어 있음.

옹주의 청탁이 도리어 화근

인조 정묘년에 청나라 군사가 평안도를 함락시켰을 때다. 평안감사 윤훤이 그 것을 지키지 못하고 도망한 죄를 군법으로 다스릴 것을 대간이 청하였으나 임금이 오랫동안 허락하지 않으므로 대간이 정지하였다.

마침 정혜옹주가 어떤 일로 대궐에 들어갔는데 옹주는 윤훤의 조카인 신지의 아내로서 인조의 고모였다. 시삼촌의 목숨을 살려달라고 빌었더니 임금이 말하기 를 "조정의 일은 마땅히 공론에 부치는 것이지 내가 어찌 맘대로 하겠습니까? 고모 가 대궐에 들어간 뒤에 윤훤의 죽음이 용서된다면 사람들은 내가 개인적으로 한 일이라 생각할 것입니다" 하였다. 그리고 대간의 청을 들어주었다.

그것은 옹주의 말이 도리어 화근이 된 것이다. 장대비가 일찍이 여러 공주에게 말하여 이것을 경계삼게 하였다.

仁祖丁卯 淸兵陷關西 臺諫請正監司尹暄失守之律 上不允者久 臺啓將寢 適貞惠翁主 因事入闕 翁主 乃暄之猶子新之之內 而仁祖之姑也 爲乞其命 上曰 朝廷之事 當付公論 予何敢低仰 姑氏詣闕之後 若貰暄死 則人必以予爲私 翌日 遂允臺啓 盖翁主之言 激之也 仁宣張大妃 嘗語諸公主以爲戒

『公私見聞錄』*

① 猶子 : 猶子는 조카, 兄弟의 子, 姪, 甥, 마치 아들과 같음. 義子, 養子 ; ② 新之之內 : 新之는 尹新之, 內는 아내. 貞惠翁主 는 仁嬪金氏(宣祖 後宮) 所生, 仁祖의 아버지인 元宗(追尊, 宣祖 5男, 仁嬪金氏 所生)의 누이(同胎兄弟), 그러므로 仁祖의 姑 母다. 尹暄의 조카인 尹新之에게 시집갔으므로 尹暄은 貞惠公主의 시삼촌이 된다.

＊公私見聞錄 : 前出.

수령의 잘잘못도 임금의 책임

세종 때에 강음현에 사는 조원이 관청에 토지 문제로 소송을 걸었다. 현관이 이를 지체하자 그것을 분하게 여겨서 말하기를 "임금이 밝지 못하여 이런 무리들이 고을 수령이 되었다"고 하였다.

금부와 삼성이 조원을 문초하여 처단하기를 청하니 임금이 불문에 부치라고 명령하기를 "근자에 수재水災·한재旱災가 잇달아 백성이 매우 어렵게 고생하고 있다. 조원이 사는 강음의 수령은 백성의 이런 고생을 생각지 아니하고 손을 접대하느라고 술을 마시면서 소송을 지체시켜 판결해 주지 않은 것이니 조원의 말은 다만 그것을 미워해서 한 말이다"라고 하였다.

江陰縣民曹元 訟田于官 憤縣官滯訟曰 今上不明 乃用此輩爲守令 禁府三省雜治請罪 上命勿問曰 比來水旱 相仍民心艱苦 元之縣守 不念此苦 待賓飮酒 滯訟不決 元之言 但疾此耳　　『國朝寶鑑』*

*國朝寶鑑 : 조선왕조 역대의 事蹟을 적은 編年體의 역사책. 세종 때에 착수하여 고종 때에 완성함.

임금 주변의 간악한 무리가 어진 신하의 앞길을 막다

효종 때에 서정연이 일찍이 태복정으로 있을 때다. 한 환관이 말을 상으로 받는 표를 가지고 태복시에 와서 아랫사람에게 뇌물을 주어 상등말을 얻어내었다. 정연이 그 말을 듣고 아랫사람을 엄중하게 책하고는 병들고 약한 말로 바꾸어주었다.

환관이 이 일에 앙심을 품었다가 그뒤 대궐 안에서 다른 환관에게 말하기를 "예전에 내가 상 받는 표를 가지고 태복시에 가서 말을 타올 적에 태복정으로 있는 서정연이 내가 내시로 있기에 나와 친하려고 특별히 좋은 말을 주어서 큰 이득을 얻었네" 하였다. 거짓으로 가만히 제 동료에게 자랑하는 것처럼 하면서 일부러 약간 소리를 높여서 임금에게 들리게 하였다.

임금이 마침 그 말을 듣고 마음속으로 서정연을 미워하여 그 이름을 베개에 써 붙여 두고 무릇 그의 이름이 관직의 천거에 올랐을 때에는 일체 낙점落點을 하지 않았다. 조정에서는 그 이유를 몰랐다가 오래 된 뒤에 어떤 대신이 정연을 불쌍히 여겨 임금에게 말하였다. "시종侍從의 신하를 부단히 버리시는 것은 어찌된 일입니까?" 하니 임금이 말하기를 "이 사람이 환관과 사귀고자 하여 제 마음대로 상등말을 주었으니 이는 신하의 도리에 어긋나는 일이다" 하였다.

대신이 놀라 물러나와서 그 사실을 추궁하니 그가 교활한 환관에게 중상받은 것을 알고 다시 임금에게 아뢰고자 하였는데 아뢰기도 전에 정연이 죽었다. 아! 소인이 이간질로 사람을 보복하는데 그 교묘하기가 이와 같구나!

孝廟朝 徐挺然 嘗爲太僕正 時有一宦者 以賞馬帖子 賄下輩 圖出駕轎上乘 挺然覺之 重究下輩 改給
病劣馬 宦甚嘿之 後於大內供奉時 與諸竪私語曰 向者 余受帖子馬於太僕正某 爲余爲內侍 欲親厚之
特給 上等好馬 余獲大利矣 佯若密詫於其類 而故稍擧聲 及上聽 上適聞而心惡之 題其名於殿壁 凡有
除擬 一切靳點 外朝莫知也 年久後 大臣之憐徐者 以侍從臣無端廢棄 白之 上曰 此人 欲交宦侍 擅給
御乘 非人臣道也 大臣駭而退 追得其實 審知其爲巧宦所中 欲更白 未及而挺然死 噫 小人之工於逞憾①
如此
『菊圃瑣錄』*

① 逞憾 : 영(정)감. 解恨. 원한을 생각대로 앙갚음함. 逞은 解의 뜻.
* 菊圃瑣錄 : 조선 영조 때의 문신 姜樸이 저술한 逸話·閑談集.

매는 기르기 어려워 공물貢物로는 적당치 않다

어떤 사람이 건의하기를 "중국에 매를 바치고 그 대신 금·은의 공물貢物을 감하게 하소서" 하니 태종이 말하기를 "매는 얻기도 힘들 뿐 아니라 날마다 꿩을 한 마리씩 먹으므로 길들여 기르기도 또한 어렵다. 또 빠져나가 도망하면 응사가 그것을 찾아 잡으려고 촌락에 들어가서 소란을 부려 민폐가 될 것이므로 내가 다 놓아 주었노라" 하였다. 변계량이 말하기를 "전하의 이 말씀은 사책史冊에 써서 만세의 법이 되게 할 만합니다" 하였다.

有建議 以海東靑進獻 減進貢金銀者 太宗曰 海靑得之最難 且日食一雉 調養亦難 或時逸去 則鷹師尋捕 入村落侵擾爲民害 予故悉放下之 卞季良曰 殿下此言 可書史冊 垂法萬世　　　　『謏聞瑣錄』*

    *謏聞瑣錄 : 前出.

매(海東靑)를 기르려면 그 사료(먹이)로 매일 꿩 한 마리씩 먹여야 하므로 매는 기르기 어렵다. 그러므로 중국에 공물로 바치는 金銀 대신에 매를 바치는 것은 더욱 어렵다는 것이다.

세종은, "남에게는 술을 못 마시게 하고 나만 술을 마실 수 있는가" 하며 술을 마시지 않았다

세종이 일찍이 한재를 걱정하여 서울과 지방에 술을 금하였다. 그래서 오랫동안 약술을 드시지 아니하였는데 영의정 이직이 약술을 드시기를 청하니 임금이 말하기를 "남에게는 술을 못하게 하고 나만 혼자 마시는 것이 옳은가?" 하였다. 두 번이나 아뢰어도 허락하지 않았다.

英廟嘗憂旱　禁酒中外　久不進藥酒　領議政李稷請進之　上曰　禁人飮酒　而予獨飮可乎　再啓不許

『東閣雜記』*

    * 東閣雜記 : 前出.

감당 못할 벼슬은 스스로 물러가다

성종이 경연을 파한 뒤에는 반드시 편전에 나와 앉았다. 여섯 승지가 해당 관원을 데리고 각각 소속된 부서의 안건을 가지고 바로 임금 앞에 올리면 임금이 해당 관원 및 승지와 함께 사리事理를 연구하고 반복 토론한다. 만약 옳지 않으면 물러가 다시 의론하게 하고 만약 의견이 잘 되었으면 반드시 묻기를 "이것은 당상 관의 뜻이냐? 해당 관원의 뜻이냐?"고 하였다. 만약 해당 관원의 의견에서 나온 것이면 반드시 칭찬하고 그 성명을 책에 써두어 후일 관직을 임명할 자료로 삼았다.

수령·첨사·만호가 관직에 임명되어 하직하고 갈 때에도 일일이 불러서 먼저 그 출신 내력을 묻고, 다음은 백성을 다스리고 군대를 기르고 적을 방어할 계책을 물었다. 잘 대답하는 자는 가상히 여겨 장려하여 승진도 시키고, 대답이 잘못된 자는 그 자리에서 내쫓아 버려 그를 천거한 사람까지 죄를 주었다. 성종이 생존해 있을 때에는 하루도 이와 같이 하지 않는 때가 없었고, 비록 시종하는 신하가 사명을 받들고 지방에 나갈 때에도 이와 같이 하였다. 그리하여 외관外官에 부임하려던 자도 자신이 그 책임을 감당하지 못할 줄 알면 병을 핑계로 임금을 뵙지 않았다.

成廟於筵罷 必御便殿 六承旨各持所屬各司公事 率該員 親詣上前呈進 上必與該員及承旨 尋繹事理 反覆商確 如其不可 則令退而更議 如得其可 則必問曰 此乃堂上之意耶 該員之意耶 如出該員 則亟稱善 而籍記其姓名 以備他日調選之地 至於守令僉使萬戶之拜辭也 亦必一一引見 先問其出身根脚 次問其族派交友 次問其莅官撫軍治民禦敵之方 善者則極其嘉獎 又從而超遷之 其不善者 則遽令出之 並與擧主而罪之 終上之世 未嘗不一日不如是 雖侍從奉使者 亦如之 以此外官當赴任者 自知其不勝任 則輒稱病 不敢拜謝

『寄齋雜記』*

① 商確 : 헤아려 결정하다. 商은 度(헤아림), 確은 定의 뜻 ; ② 擧主 : 천거한 사람.
* 寄齋雜記 : 前出.

조경趙絅과 이명준李命俊은 인조仁祖 임금이 스스로 허물을 인정할 때까지
추궁했지만, 이는 인조가 직언直言을 장려했기 때문이다

내가 어렸을 때에 어른들이 모인 자리에서 그들의 하는 말을 들어보니 용주 조
경과 잠와 이명준이 인조 때에 임금 앞에서 임금의 과실을 심히 말하기를 "전하께
서는 궁중에서 아무 때에 아무 일이 있었으며, 아무 날에 아무 물건을 만들었다 하
니 그렇습니까?" 하고 추궁하였다. 임금이 혹 모호하게 대답하면 두세 번 다시 아
뢰어 인조가 직접 자신의 말로 허물을 인정한 뒤에야 비로소 물러났다.

　　두 사람이 다 진실로 곧은 말을 하는 자이기도 하였지만 인조가 곧은 말을 또한
장려하였던 것이다.

余於幼時 侍長者之會 聽其所言 則曰趙龍洲絅李潛窩命俊 在仁廟朝 入侍 榻前 極言上過失曰 殿下於
宮中 某時有某事 某日作某物 然乎 上或游辭以對 再三更陳 仁祖必下敎 服過然後 始乃退伏 兩人固
是敢言者 而仁祖崇獎直言
　　　　　　　　　　　　　　　　　　　　　　　　　　　　　　『公私見聞錄』*

　　　*公私見聞錄：前出.

제5부

김종서金宗瑞를 아끼느라 기를 눌러 꺾었다

임금께서, 어진 인재人材는 구하지 아니하고 꽃을 구하다니

인조 병술년에 이시백에게 나라에서 집 한 채를 내려 주었다. 그 집 뜰 위에 전부터 한 포기 조그마한 꽃이 있었다. 이름을 금사낙양홍이라 하였는데, 이는 중국에서 전해온 것이다. 하루는 갑자기 어떤 사람이 일꾼을 거느리고 왔다. 이시백이 그 연유를 물으니 대궐의 하인이 임금의 명령을 받아 그 꽃을 캐 옮기려 한다는 것이었다.

이시백이 스스로 꽃 사이에 들어가 그 뿌리까지 파 꺾어 버리고는 눈물을 흘리며 말하기를 "오늘날 나라의 정세가 아침에 어떨지 저녁에 어떨지 알지 못하는데 임금께서 어진 인재는 구하지 아니하고 꽃을 구하고 있는 것은 웬일인가. 나는 차마 꽃을 가지고 임금에게 아첨하여 나라 망하는 것을 볼 수 없으니 모름지기 이 뜻을 아뢰어라" 하였다. 이때부터 임금이 이시백을 더욱 극진히 대접하였다.

仁祖丙戌 時白賜第 堦上舊有一朶名花 名曰 金絲洛陽紅 傳來自中華 忽有人率役夫來 公問其由 乃掖庭人 承命欲採移其花 公自往花間 並取其根 碎之 垂涕而言曰 今日國勢 莫保朝夕 主上之不求賢 而求此花何也 吾不忍以花媚君 而見國之亡 須以此意啓達 上待公益厚　　　　　『海東續小學』*

  ＊海東續小學：前出.

유관柳寬은 정승의 몸으로, 집이 새어 우산을 받쳐들고 비를 막으면서
우산도 없는 다른집 걱정을 했다

문정공 유관은 공정하고 청렴하여 비록 벼슬이 수상에 이르렀어도 초가집 한
칸과 베옷과 짚신으로 담박하게 살았다. 퇴근 후 여가에 제자 가르치기를 부지런
히 하니 배우러 오는 자가 많이 모여들었다. 그에게 와서 인사하는 이가 있으면 머
리만 끄덕일 뿐 이름은 묻지 않았다. 그의 집은 동대문 밖에 있었다.

이때 금륜사에 사국史局을 개설하였는데 절은 성안에 있었다. 유관이 사국의 감
수관을 겸임하였는데 가마나 말을 타지 않고 항상 연모軟帽와 지팡이를 짚고 다녔
으며 어떤 때는 소년과 동자들을 이끌고 시를 읊으면서 다니니 사람들이 그 깊은
도량을 칭송하였다.

한번은 장마가 한 달이나 계속되어 집에 빗물이 줄줄 새었다. 유관이 손에 우산
을 받쳐 들고 비를 막으면서 아내를 돌아보고 말하기를 "우산이 없는 집에서는 어
찌 견디겠소?" 하였다. 아내가 말하기를 "우산이 없는 집에는 반드시 다른 준비가
있겠지요"라고 하였다. 유관이 빙그레 웃었다.

柳文貞公寬 公廉方正 雖位極人臣 茅屋一間 布衣芒鞋淡如也 公退之暇 敎誨不倦 摳衣者坌集 由來謁
頟之而已 不問姓名 公之第 在興仁門外 是時 開史局于金輪寺 寺在城內 公領修史 常以軟帽杖履而行
不煩輿馬 或携童冠 嘯咏往還 人服其雅量 嘗霖雨經月 屋漏如麻 公手傘庇雨 顧夫人曰 無傘之家 何
以能堪 夫人曰 無傘者 必有備 公笑　　　　　　　　　　　　　　　　　　　　　『筆苑雜記』*

① 如麻 : 비가 주룩주룩 많이 오는 것을 뜻함. 麻는 密生하기 때문에 如麻는 密集 또는 多의 뜻을 形容한 것. '蓬首亂如麻'에서
처럼 '亂雜', '亂麻'의 뜻으로 쓰이는 경우가 일반적이다.

＊筆苑雜記 : 前出.

목사牧使 윤석보尹碩輔는 임신 8개월의 아내에게도 말을 타지 못하게 했다.

윤석보가 일찍이 풍기군수가 되었을 때에 남종, 여종 한 사람씩만을 데리고 가고 처자식은 풍덕 초가집에 머물게 하여 굶주리고 추워서 살아가기 힘들었다.

아내 박씨가 집에서 대대로 전해내려 오는 비단옷을 팔아서 약간의 토지를 샀더니 석보가 이 소리를 듣고는 급히 편지를 보내었다. 그 밭을 돌려주도록 하면서 말하기를 "옛사람들은 한자 한치의 땅이라도 더 넓혀서 그 임금을 저버리지는 않았는데 지금 나는 사대부의 신분으로서 임금의 녹을 먹고 있는데 집안사람으로 하여금 토지를 사게 하는 것이 옳겠는가? 백성과 사고 팔아서 나의 허물을 무겁게 하지 마시오" 하니 박씨가 부득이 그 토지를 도로 물렸다.

뒤에 성주목사가 되었을 때에 박씨가 임신 8개월이었는데도 가마를 타지 못하게 하고 말을 타고 가게 하였다. 박씨의 동생 중간이 상주목사로 있을 때 성주에 갔다가 그 살림살이가 매우 궁한 것을 보고 소금 몇 말을 보냈다. 석보가 이를 곧 돌려주고는 앞으로 더럽혀질 것같이 하였다.

尹碩輔 嘗守豊基郡 只率一奴一婢 妻子留豊德村廬 苦於飢寒 無以自賴 妻朴氏 賣其家傳錦衣 換置一畝田 公聞之 走書亟令還其田曰 古人有不廣尺寸之地 以負其君子 今我從大夫之後 食人祿 而使置田宅可乎 其母與民賣買 重我罪戾 朴氏 不得已 還其田 後爲星州牧 朴氏 有孕已八朔 使騎馬以行 不敢轎 朴氏弟仲幹 牧尙州 來見衛供甚貧 饋鹽數斗 公卽還之 如將浼焉　　　　　　　『燃藜室記述』*

*燃藜室記述 : 前出.

장필무張弼武 양산군수梁山郡守는 "내가 믿는 것은 다만 두어 칸 초가집 뿐입니다"

장필무가 양상군수로 있을 때다. 그는 병사·수사의 두 영營 사이에 있으면서 법에 규정된 이외의 청구에 대하여서는 일체 응하지 않아 병영·수영에서 다 그를 미워하였다.

하루는 병사와 수사가 군수 처소에 와서 똑같이 묻기를 "영문營門의 명령을 거절하고 시행하지 않으니 무엇을 믿고 감히 그같이 하는 것이오?" 하니 장필무가 말하기를 "나는 믿는 바가 없고 다만 초가 두어 칸이 있으니 오직 그것을 믿을 뿐입니다"라고 하였다. 병사와 수사가 서로 쳐다보고 안색이 변했다.

張弼武 守梁山郡 介於兵水兩營之間 法外徵求 一切不從 兩營皆啣之 一日 兵水使會於郡舍 同聲問曰 營門之令 拒而不行 何恃而敢如是乎 公曰 吾無所恃 只有草屋數間 惟恃此耳 兩人相視失色

『燃藜室記述』*

*燃藜室記述 : 前出.

정승 최윤덕崔潤德은 수리한 전통箭筒의 쇠를 다시 뜯어내게 했다

정승 최윤덕이 일찍이 태안군수로 있을 때다. 차고 있던 전통箭筒에 장식한 철이 다 닳아서 공인工人이 관가의 철을 가지고 이를 수리하였더니 곧 명령하여 수리한 철을 다시 뜯어내게 하였다. 그 청렴하고 꿋꿋함이 이와 같았다.

崔相潤德 守泰安郡 所佩矢服粧鐵壞 工以官鐵補之 卽命還解所補鐵 其淸介類此 『崔潤德行狀』*

① 矢服 : 화살을 담아두는 기구. 소의 가죽으로 만들며, 누울 때는 배게로 하기도 했다. 여기서 '服'은 화살 담는 기구 '복'이다.
* 崔潤德行狀 : 조선 세종 때에 四郡을 개척한 무장 崔潤德의 행적을 기록한 글.

유영경柳永慶이 이준경李浚慶을 흉내내고자 하나 누가 믿어 주겠는가

동고 이준경이 영상이 되어 도당都堂에서 홍문록 권점圈點을 행할 때다. 붓을 들어 그 아들 덕열의 이름을 지우면서 말하기를 "내 아들이 옥당에 합당치 않은 것은 내가 잘 알고 있다"고 하니 사람들은 모두 그가 사사로움이 없어 대신의 체통을 얻었다고 감복하였다.

그 뒤에 유영경이 영상으로 있으면서 도당의 홍문록 권점을 할 때 역시 그 아들 업의 이름을 지웠다. 그때 업은 이미 이조에 들어가 좌랑이 되어 있었다. 사람들이 이르기를 "이조좌랑은 청직淸職 현관顯官으로서는 옥당보다 낮고 권력도 중한 것이다. 유가 이미 그 아들이 이조에 들어가는 것을 허락하였으면서 홍문록에서 지웠으니 소인이 저의 부정不正을 겉으로 꾸미려는 사실이 다 드러나고 만 것이다. 비록 동고를 흉내내고자 하나 누가 믿어 주겠는가" 하였다.

근래에 도당에서 홍문록 권점을 할 때에 정승들의 자손에 대하여는 여기저기에서 정승에게 압력을 가하여 감히 권점을 주지 않을 수 없으므로 모두 득점을 하여 사사로움이 크게 행해지고 있다. 조정이 더욱 혼탁하게 되었으니 오늘날의 일로서 본다면 유영경이 그 아들 업의 이름을 지워버린 것은 또한 그럴듯한 일이기도 하다.

東皐李公浚慶 爲領相 當都堂弘文錄圈點時 以筆抹其子德悅名 曰吾子之不合玉堂 吾知之詳也 人皆
服其無私得大臣體 其後 柳永慶以領相 爲都堂弘文錄圈點時 亦抹去其子悏之名 時悏已入東銓 爲佐
郎 公論以爲銓郎淸顯 優於玉堂 而權重 旣許其入銓 而獨抹於堂錄 小人厭然情狀 敗露無餘 雖欲效顰
東皐 人誰許之 近來堂錄時 相臣子孫 則東西壁 壓於相臣 不敢不圈 故皆以准點得選 而私意大行 朝
廷益殽 以今觀之 永慶之抹去悏名 其亦差强人意也 　　　　　　　　　　　　　　　　『荷潭破寂錄』*

① 都堂弘文錄 : 都堂은 의정부. 弘文錄은 홍문관의 校理·修撰(수찬) 등을 선임하는 기록. 도당에서 홍문록에 오른 후보자의
이름 위에 圈點(권점 : 둥근 점)을 행하는 것을 都堂弘文錄圈點이라 한다. ; ② 悏 : 두려울 업 ; ③ 厭然 : 염연. 不善한 일을
감춤 ; ④ 朝廷益殽 : 조정이 더욱 어지러워짐. '殽'는 어지러울 효. 肴(마른안주 효)와 通用된다.
* 荷潭破寂錄 : 前出.

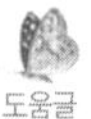
도움글

이 일은 같은 시대에 있었던 것이 아니다. 이준경은, 명종이 후사가 없이 죽었을 때 仁順
王后의 교지를 받들어 宣祖를 迎立한 明宗 때의 재상으로, 유영경보다 51年長이다. 특
히 그는 죽을 때 朋黨의 조짐이 보인다고 하였다가 三司의 탄핵을 받기도 했는데, 그 뒤
과연 東西 黨論이 시작되었고 東人은 다시 南·北으로, 北人은 大北과 小北으로 分黨되
었으며 유영경은 이때 小北의 영수領袖가 되었다가 여기서 그치지 아니하고 또 동조자를
이끌고 濁小北으로 派黨을 만들기도 하여 이준경이 우려했던 그 朋黨의 '조짐'이 현실로
나타나는 데까지 이르렀다. 都堂에서 圈點을 행할 때, 상피相避(후보자 가운데 아들이나 조카
와 같은 친족이 있을 때에는 스스로 권점을 행하지 않고 기피하는 것)한 경우에도 두 사람 사이에는
현저한 차이를 보이었다.

연경燕京으로 가는 것은 마마疫疾와 같다. 병 없고 부모 없는 네가 가라

춘성공이 이조판서로 있을 때 남노성이 이조좌랑으로 관직을 천거하는 붓을 잡고 있었다. 그때 세자시강원의 필선弼善 자리가 비었는데 그 후임에 임명되면 (세자가 인질로 잡혀가 있는) 심양으로 가게 되어 유력한 집에서는 이를 회피하고 있었다.

처음 한 사람을 천거하니 좌랑이 말하기를 "이 사람은 나이 드신 부모님이 있으므로 여기에 임명하여서는 안됩니다" 하였다. 두 번째로 다시 한 사람을 추천하니 좌랑이 말하기를 "이 사람은 병이 있으므로 달리 하소서" 하였다.

춘성공이 말하기를 "이렇게 임명할 만한 사람이 모자라니 장차 어떻게 할 것인가. 심양으로 가는 길은 마마[疫疾]와 같아서 사람마다 처음 한번은 면하지 못하는 것이다. 좌랑은 늙으신 부모님도 없고 병도 없으니 그러면 좌랑의 이름을 첫머리에 써라" 하였다. 좌랑이 감히 한 마디도 못하고 제 이름을 쓰고 나왔다.

春城公判銓時 南老星 以佐郎秉筆 時弼善有闕 且當出代差遺瀋中 時輩有力者之所厭避也 初擬一人 佐郎曰 此人有老親不可擬 再擬一人 佐郎曰 此人有病 請改之 公曰 如是擬望之人乏少 將若之何 北行比如疫疾 人人一度 初不可免 佐郎旣無老親 又無病 且以佐郎名首擬 佐郎不敢發一言 書其名而出

『東平尉見聞錄』*

① **春城公**：春城君 南以雄(1575~1648) ; ② **判銓**：銓曹(전조). 즉 吏曹의 判書 ; ③ **弼善**：世子侍講院의 正四品 벼슬. 세자에게 經書와 史籍을 강론하였음.

* **東平尉見聞錄**：東平尉公私見聞錄. 효종의 부마인 東平尉 鄭載崙이 公私間의 見聞을 적은 책. 寫本 7冊

민지재閔止齋는, 아무리 가까운 사이라도 조금도 용서하지 않았지만 뒷일은 반드시 자기가 책임졌다

민지재는 강직하여 법을 굳게 지켰다. 형조판서로 있을 때 누이의 집인 참봉 홍우조의 집에 들른 적이 있었다. 지재는 본시 술을 즐기는데 누이가 내온 술의 맛이 매우 좋았다. 그러나 안주는 다만 김치뿐이었다. 지재가 술을 마시고는 좋아서 말하기를 "너의 가난한 집에서 이런 맛좋은 술이 어디서 났느냐?" 하였다.

그런데 전날이 홍 참봉의 생일이었기 때문에 술을 담궜고, 또한 송아지도 한 마리를 잡았던 것이다. 그러나 지재가 법 지키는 것이 겁이나 감히 고기를 내놓지 못하고 다만 술로 대접한 것인데 서운하여 대답하기를 "어제는 시아버님의 생신이어서 술을 조금 만들었습니다" 하였다. 지재가 다시 요구하기를 "남은 술이 있을 터이니 어서 내놓아라" 하였다. 누이가 술을 계속하여 내오니 지재가 더욱 기뻐하며 "참으로 유주무효有酒無肴로구나" 하였다.

누이가 이 말을 듣고 고기를 드리고 싶은 생각이 나서 한참 머뭇거리다가 청하기를 "한 가지 일이 있는데 나무라지 않으시겠습니까?" 하니 말하기를 "어서 말이나 해 봐라" 하였다. 누이가 다시 염려가 되어 또 머뭇거렸다. 그가 반쯤 취하여 웃으며 말하기를 "무슨 일이 있기에 이같이 걱정하느냐? 비녀라도 잡혀서 안주를 사오너라" 하였다. 누이가 비로소 그 사실을 알리면서 "시아버지가 본래 오빠의 성질이 강직한 것을 알기 때문에 처음에 감히 고기를 내놓지 못하게 하였습니다" 하였다. 지재가 말하기를 "빨리 불고기를 만들어 오너라" 하였다. 누이가 크게 기뻐하며 구워 올리니 지재가 다시 술과 고기로 실컷 마시고 먹었다. 그가 일어나 올 적에 누이가 옷을 붙들고 다시 말하기를 "너무 염두에 두지 마세요" 하니 지재가 웃을 뿐이었다.

문 밖에 나오자 데리고 간 아전에게 "이 집은 법을 어겼으니 종을 잡아 가두어라" 하니 누이가 무안하여 밥도 먹지 않고 울었으며 홍은 크게 노하였다. 하나뿐인 종이 갇혔는데도 28냥의 벌금을 준비할 수 없어 그냥 있었는데, 그 벌금은 지재가 자기의 밭뙈기 중에서 대신 냈다. 홍의 아버지가 묻기를 "지재가 법을 엄하게 지키는 것은 가상한 일이나 어찌하여 먹고 나서 도로 금하는가?" 하였다.

지재가 말하기를 "형제의 정으로 여동생이 이미 권하는데 어찌 먹지 않을 수 있으며, 그 사실이 이미 내 귀에 들어온 이상 어찌 또한 사사로운 정을 쓸 수 있겠습니까? 만약 사실대로 말하지 아니하였더라면 내가 소 한 마리를 모두 내오더라도 먹기만 하였을 뿐이지 어찌 법으로 다스리겠습니까?" 하였다. 지재는 이와 같은 일이 매우 많았다. 비록 아무리 가까운 사이라도 조금도 용서하지 않으면서도 뒷일은 반드시 자기가 책임을 졌다. 이로 인하여 사람들이 또한 몰인정하다고 책하지는 않았다.

閔止齋剛直守法 爲刑判時 往妹氏洪參奉禹肇家 止齋素嗜酒 妹氏進酒味極淸烈 然酒肴只一沈菜 止齋飮而悅之曰 以汝貧家 如此旨酒 何以得之 盖昨是洪參奉之晬日 果釀酒 又椎小犢 而憚公守法 不敢出肉 只以酒進之 心裡悵然 答曰 昨日尊舅晬辰 故有小釀 止齋復索之曰 必有餘瀝 須出之 妹氏繼進之 公尤喜曰 眞所謂有酒無肴 妹氏見此思肉 十分咨且仰請曰 有一事可勿咎否 公曰第言之 妹氏復慮之 又咨且 公半醉笑語曰 有何事 而如是多心 佳肴須典釵連辦 妹氏始告其由曰 尊堂素知兄性剛 故初不敢出肉矣 公曰催燒以來 妹氏大喜 燒進之 止齋復而酒與肉爛漫飮喫 妹氏當其起去 牽衣更告曰 願勿察察 止齋笑之而已 及出門 命吏曰 此家犯屠 捉囚奴子 妹氏無顔廢食涕泣 洪大怒之 單奴見囚 廿八兩贖錢無以備納 止齋以其丘 價代之 洪之大人問曰 兄不撓法可尙 然何食而反禁 止齋曰 至愛之情 妹旣勸之 何可不食 而旣入我耳 亦豈可拘私耶 若不言其由 雖全牛 我可只啖而已 何論之 有公之如此事甚多 雖至親 少不饒貸 必自擔當 以此亦不以非情責之　　　　　『二旬錄』*

① 閔止齋 : 趾齋 閔鎭長인 듯함. ; ② 饒貸 : 여기서 饒와 貸는 각각 寬容·饒恕, 赦免·寬恕의 뜻으로 쓰이었다.
* 二旬錄 : 前出.

최명길崔鳴吉의 너그러움

인조 때에 북도北道에 있던 무관 수령이 정승 최명길에게 모피를 선사하였다.

명길이 그걸 가지고 온 사람을 불러 도로 주면서 꾸짖기를 "돌아가서 너의 원에게 말하라. 이것은 어지러운 조정에 아직도 남아 있는 풍속이라 내가 들어가 위에 아뢰어 죄를 주도록 청하려 하였으나 지금은 우선 용서하니 뒤에는 이와 같이 하지 말라 하여라"고 하였다.

仁廟朝 有一北邊武宰 餉貂皮於崔相鳴吉 鳴吉召其人 還付責之曰 歸語爾守 此是昏朝餘風 吾欲入啓請罪 而今姑寬之 後勿如是

『牧民心書』*

＊牧民心書 : 조선 정조 때의 학자 丁若鏞이 역대 지방장관의 事績을 수록하여 지방장관이 治民에 관한 도리를 논한 책. 48卷 16冊.

어린아이 초상에 부의를 보내는 것은 그 애비에게 아첨하거나
그 애비를 시험하는 것이다.

현종 때에 우의정 김수항이 임금에게 아뢰기를 "사대부의 크고 작은 상사喪事에 친구간에 부의를 보내는 규례가 있으나 10세 전의 어린 아이 죽음에 어찌 부의가 있겠습니까? 신이 지난 겨울에 어린 자식의 초상을 당하였는데 충청병사 박진한이 면포 한 통을 부의로 보내왔습니다. 신이 대신의 자리에 있으니 이것은 아첨하는 것이 아니면 반드시 신을 시험하는 것입니다. 비록 곧 돌려보내기는 하였으나 결코 그대로 둘 수 없으니 유사有司로 하여금 법에 의하여 죄를 정하는 것이 어떠합니까?" 하였다. 임금이 그 말을 좇았다.

顯廟甲寅 右議政金壽恒啓曰 士大夫大小喪 紀例有親知致賻之規 而十歲前殤喪 豈有此事 臣於去冬
遭幼子之喪 忠淸兵使朴振翰 以棉布一同致賻 臣忝在大臣之位 若非媚悅 必是探試 雖卽退送 決不可
置之 令有司考律勘罪何如 上曰 依爲之   『牧民心書』*

   ① 一同 : 한 통. 광목이나 옥양목 따위를 셀 때, 필(疋)과 같은 뜻으로 쓰는 '통'을 漢字로 表記할 때엔 '同'으로 썼음. ; ② 忝在
   大臣之位 : 忝(욕될 첨)은 겸사로 쓴 것. 욕되게 대신의 자리에 있음.
   ＊牧民心書 : 前出.

참판_{參判} 유의_{柳誼}는 "관_官에 있는 동안에는 개인 편지는 뜯어보지 않는다" 하여 공적인 일은 공문_{公文}으로 하게 했다

참판 유의가 홍주목사로 있을 때 내가 금정 찰방_{察訪}으로 있으면서 편지로 공사_{公事}를 의논하였으나 회답이 오지 않았다. 뒤에 화가 나서 찾아가 만나 보고 "어찌 회답이 없었는가?" 하였더니 유의가 말하기를 "내가 관_官에 있는 동안에는 본시 개인 편지를 떼어 보지 않는다" 하고 심부름하는 아이로 하여금 서간을 담은 상자를 가지고 와서 전부 쏟아 보였다.

상자에 가득 찬 서간은 아직 떼어 보지 않은 것이었는데 그것은 모두 조정의 높은 사람들의 서간이었다. 내가 말하기를 "저것은 개인 편지니까 그렇다손 치더라도 내가 말하는 것은 공적인 것인데 어찌 뜯어 보지 않았는가?" 하니 유의가 말하기를 "만약 공사에 관계된 것이라면 어찌 공문으로 하지 않았는가?" 하였다.

내가 말하기를 "마침 비밀에 속하는 일이기 때문이었소" 하니 유의가 "만약 비밀에 관한 일이라면 어찌 비밀 공문이라고 하지 않았는가?" 하였다. 내가 대답할 말이 없었다. 그가 사사로운 청탁을 거절함이 이와 같았다.

柳參判誼 牧洪州時 余在金井驛 書議公事 不答 後入州相見曰 何不答書 柳公曰 我在官 素不發書
逐令侍童 瀉下書籠 一籠之書 都不開坼 皆朝貴書也 余曰 彼固然矣 我所言者公事 胡亦不發 柳公曰
若係公事 胡不公移 余曰 適是秘事 柳公曰 若係秘事 胡不秘移 余無以應 其絶去私囑 如此

『牧民心書』*

① 公移 : 移文. 관아(官衙) 사이에서 왕래하는 공문서의 총칭. 또는 공문서를 보냄 ; ② 發書 : 書信을 발송함. 여기서는 편지를 뜯어 봄.

＊牧民心書 : 前出.

거짓으로 보낸 위문 편지는 의리에 어긋나

처사 정하령은 안동 사람이다. 그 선조先祖 모某는 한강의 문인이었다고 한다. 그가 일찍이 서울에 왔을 때에 우리 형제가 가서 만난 일이 있었다. 그 뒤에 우리 형제가 친상親喪을 당하였을 때에 그 아들이 마침 서울에 와 있었으나 우리는 미처 부고를 보내지 못하였는데 (그 아들이 부고를 받은 것처럼 하여) 서식에 의하여 위문하는 편지를 (그 아버지 이름으로) 보내왔다.

정처사가 그것을 듣고 따로 우리에게 편지를 부쳐 보내기를 "우리 아이가 다만 정리상情理上 위문편지를 보내지 않아서는 안되는 것만 알고 의리상義理上 거짓으로 하여서는 안되는 것은 몰랐으니 이것은 제 맘대로 억측한 것이네. 부고를 보내지 않았으니 듣지 못한 것이 당연하고, 부음訃音을 듣지 못했으니 위문하지 못한 것이 그럴 수밖에 없는 사정이다. 겉으로 예를 꾸미는 것은 진정한 도리가 아니니 지나간 일은 말하고 싶지 않지마는 솔직하게 말하지 않으면 의리가 나타나지 않으므로 사실대로 알려 바로잡는 바이오" 하였다.

어떤 이는 말하기를 "그가 아들의 허물을 숨겨주지 않았다고 하면 이것이 마음에 걸리기는 하지마는 그는 행실을 돈독히 하는 선비다. 영남의 아름다운 풍속을 또한 가히 볼 수 있다. 서울은 비록 왕화王化의 근본이 되는 곳이라 하나 어찌 일찍이 이런 말을 들어 보았던가" 하였다.

鄭處士遐齡 安東人 其先祖某 卽寒岡門人云 嘗至京 瀷兄弟造焉 後瀷酷罰罪苦 鄭之子 適在京 未及
通問 而亦依式寫來 鄭聞之 別治書來云 迷兒徒知情分之不可廢缺 而不知義分之不可虛假 此以其心
臆之也 無伻不聞 固也 不聞闕慰 勢也 飾邊幅之禮 非用情之道 逐事不欲說 不直則義不見 玆以實告
而因質焉 或以爲不爲子隱 則是懼矣 此亦篤行之士也 嶺南美俗亦可見 京輩雖曰 王化所根 曷嘗聞此
等言語耶　　　　　　　　　　　　　　　　　　　　　　　　　　　　　　　　　　　　　　　『星湖僿說』*

① 寒岡 : 鄭逑(구)의 호 : ② 瀷 : 星湖僿說의 저자인 李瀷이 자신에 관한 일을 말할 때 겸사로 자기 이름을 그대로 쓴 것임 :
③ 逐事 : 지나간 일. 逐는 往의 뜻. 수식어로 쓰인 것임. '일을 완수하다'의 뜻이 아님 : ④ 質焉 : 質은 質正의 뜻. 시비를 바
로잡음.
* 星湖僿說 : 前出.

감사 정언각鄭彦愨의 등쌀에 떠나가는 수령

황강 이희안이 고령현감이 되었을 때 경상감사 정언각은 간사한 사람이어서 그 어진 것을 질투하여 매우 못살게 했다. 이희안이 벼슬을 버리고 가니 언각이 아뢰어 죄 주기를 청하였다.

호조판서 조사수가 또한 경연에서 아뢰기를 "수령이 행정을 옳게 하지 못하여 관청의 창고가 비고는 어떻게 할 계책이 없어 갑자기 벼슬을 버리고 가는 것은 죄가 됩니다. 지금 흉년이 들어 백성이 곤란한데 중앙과 지방에서 법을 잘 지키지 않으니 청컨대 언각의 아뢴 대로 하소서" 하였다.

장령 유중영이 말하기를 "무릇 수령으로서 재물을 탐하고 백성을 학대하는 자는 벼슬을 버리지 못하는 법입니다. 벼슬을 버리고 가는 자는 반드시 재물을 탐하고 백성을 학대하는 데까지 이르지는 않았을 것입니다. 더욱이 조정에서 선비를 대접하는 데 있어 마땅히 예절을 숭상하여 염치를 길러야 할 것이니, 법을 가지고 압박하여서는 아니될 것입니다. 지금 희안이 유일遺逸로 천거되어 나왔는데 한번 벼슬을 버리고 갔다고 하여 중한 죄로 다스리면 조정의 선비 대접하는 체통을 손상하는 것입니다" 하였다.

李黃江希顔 拜高靈縣監 監司鄭彦愨邪人也 嫉其賢 臨之甚威 公棄官去 彦愨啓請治罪 戶判趙士秀 亦啓於經席曰 守令不能治 官吏庫藏蕩竭 至不能爲計 輒棄官去 罪莫大焉 今年凶民困 中外玩法 請如 彦愨啓 掌令柳仲郢進曰 凡守令 貪黷虐民者 必不能棄官 必不至貪黷虐民也 且朝廷待士 當崇禮節以 養廉恥 要不可束縛 今希顔以遺逸起 一棄官而遞 繩以重律 恐傷朝廷待士之體　　　『西厓集』*

＊西厓集 : 조선 선조 때의 문신 柳成龍의 시문집. 24卷 12冊.

한 나라의 정승은 그 나라의 모범

정홍순이 10년 동안 호조판서로 있으면서 국가의 재물에 대해서는 비록 미세한 것이라도 반드시 친히 살피어 국고가 충실하였다. 그 뒤 정승이 되었을 때 그 집을 수리하는데 공인工人과 임금賃金 문제로 다투고 있었다. 그 아들이 민망히 여겨 말하기를 "몸소 정승자리에 계시면서 천한 공인과 돈을 다투는 것은 체면을 잃는 것이 아닙니까?" 하였다.

정홍순이 말하기를 "그렇지 않다. 한 나라의 정승은 한 나라의 모범이 되는 것이다. 내가 그 돈을 많이 주면 반드시 나라의 전례가 되어 백성들이 곤란을 당할 것이다" 하였다.

鄭弘淳爲戶判十年 國財雖錙銖之細 必自親鑑 國庫充溢 及爲相 修理其家 與工爭賃 子弟憫之曰 大人身居相位 與賤工爭錢 無失禮面乎 公曰 不然 以國之相 爲一國之儀表 吾多與其賃 必爲國例 使小民受困也

『大東奇聞』*

*大東奇聞 : 前出.

아비의 죄에 자식이 증거를 댈 수 있겠는가

단산부원군 이무가 죄로 옥에 갇혔을 때에 옥관獄官이 그 아들 공유도 함께 국문하였다. 공유가 곤장을 거의 90대나 맞았으나 끝내 실토하지 않았다.

임금이 듣고 말하기를 "이것은 국문하는 자가 잘못이다. 자식이 아버지를 위해서는 죄를 숨겨주어야 하는 것인데 죽을지언정 어찌 감히 아비의 죄에 증거를 대겠느냐?" 하고 곧 놓아주라고 명령하였다.

丹山府院君李茂 以罪繫獄 獄官幷鞫其子公柔 公柔受杖幾九十 終不服 上聞之曰 是問之者過也 子爲
父隱 寧至於死 安敢證成父罪乎 卽命釋之 『國朝寶鑑』*

① 丹山府院君 : 1398년(조선 태조 7년), 이무(李茂)는 1차 왕자의 난 때 李芳遠을 도와 定社功臣 1등으로 丹山府院君에 봉해졌다. 본관이 丹陽이므로 丹山府院君을 받게 되었음.

* 國朝寶鑑 : 前出.

정승은 구하거나 청할 수 없는 벼슬

숙종 때에 정승을 새로 임명하게 되었는데 여성제가 자못 운동을 한다는 소문이 있었다. 신분애가 여성제에게 말하기를 "정승자리를 운동하여 얻으면 매우 좋을 것이다" 하니 여가 말하기를 "정승자리를 어찌 운동하여 얻겠는가?" 하였다. 신이 말하기를 "이 일은 김문곡에게 달렸으니 내가 그대를 위하여 힘을 쓰겠네" 하고 자못 친절한 뜻을 보였다.

여성제가 처음에는 농담으로 알았다가 그가 다정하게 대하는 것을 보고 도로 믿었다. 신분애가 말하기를 "내가 지금 문곡을 찾아가 보려고 하니 자네도 같이 가세" 하고는 동행하여 가서 문곡과 인사를 하였다. 분애가 말하기를 "곧 정승을 새로 임명하는데 소인에게 옛 친구가 있어서 감히 이렇게 청합니다" 하니 문곡이 웃으며 말하기를 "정승자리를 어찌 청할 수 있는가?" 하였다. 분애가 성제를 돌아보고 이름을 부르며 말하기를 "대감의 얘기를 들었는가? 정승은 구하거나 청할 수 없다는 뜻을 이미 말하였다" 하였다. 그리하여 그때에는 여성제가 정승이 되지 못하였다.

肅廟有卜相之命 呂相聖齊頗云云 申汾涯往見曰 圖得甚好 呂曰 卜相豈圖得 申曰 方今事 惟在金文谷 吾當爲君宣力 頗示情意 呂初以戲謔知之 見其多情 還復信之 申曰 吾方欲往見金公 君須偕往 仍與同去寒暄 汾涯問曰 方今枚卜 小人有故友 敢此仰請耳 文谷笑曰 議政豈何請乎 汾涯顧呂公 直呼其姓名曰 汝其聽大監分付耶 政丞則不可以求請之意 已有所敎矣 以此其時 呂公果不得卜相 『二旬錄』*

① 金文谷：文谷 金壽恒 ; ② 寒暄：寒溫. 時候. 일기의 춥고 더움. 寒暄問(절후의 문안)의 略稱 ; ③ 枚卜：일일이 占卜하는 것(점쳐보다).

＊二旬錄：前出.

외국 사신과 만날 때엔 반드시 통역을 불러야

일찍이 외국 사신이 정승들이 모여 앉는 자리에 왔는데 고흥 유청신이 사신과 한 마디 말을 하였다. 충정 홍자번이 통역을 불러서 꾸짖기를 "너는 어디에 있었길래 재상으로 하여금 외국 사신과 직접 말하게 하였느냐?"고 하니 고흥은 부끄러워 식은 땀을 흘렸다.

그 후 고흥이 수상이 되어 외국 사신과 접촉할 때에는 비록 술자리에서 웃고 말할 때라도 반드시 통역을 불렀기 때문에 여러 재상들이 손과 주인의 뜻을 분명히 알아서 대접할 수 있었다. 그것은 홍충정의 말에 스스로 뉘우친 것이다.

嘗有使者至合坐所 柳高興淸臣 與之一言 洪子藩忠正 喚舌人責曰 汝安在 而使宰相自言耶 高興媿赧
流汗 及高興爲首相 其與賓客接也 杯酒談笑亦使譯者居其間 故諸公曉然 知客主之意 而有以待之 其
自艾於忠正之言乎　　　　　　　　　　　　　　　　　　　　　　　　　　　　　『櫟翁稗說』*

　①舌人 : 象胥, 譯官.
　* 櫟翁稗說 : 前出.

황희黃喜 정승은, 김종서金宗瑞를 아끼느라 일부러 기를 눌러 꺾었다

황희가 수상이 되었을 때 김종서가 병조판서로 있었다. 늘 한 가지 일이라도 잘못되고 실수하는 일이 있을 때에는 황희가 김종서를 반드시 눌러 꺾어서 꾸짖었다. 또는 그 종을 매로 때리거나 구사丘史를 잡아 가두었다. 동료 대신들이 모두 심하다고 여겼고 종서도 매우 곤란하게 되었다.

하루는 맹사성이 묻기를 "김종서는 당대의 인물인데 수상께서 어찌 심하게 허물을 잡으십니까?" 하니 황희가 말하기를 "이것은 바로 내가 종서를 잘되게 하기 위함이다. 종서가 성질이 거만하고 기운이 날래어 일을 하는 것이 과감하니 그가 후일 이 자리에 앉았을 때 스스로 신중하지 않으면 반드시 일을 그르칠 것이므로, 우리가 꺾고 깨우쳐서 뜻을 다스리고 정중하게 하여야 그가 이 뒤에 일을 처리함에 있어 경솔하지 않을 것이다. 결코 내가 모욕을 주자는 뜻이 아니오" 하니 맹사성이 감복하였다. 뒤에 황희가 나이 들어 은퇴할 때에 종서를 천거하여 자기를 대신하게 하였다.

黃喜爲首相 時金宗瑞爲兵曹判書 每有一事錯失 則公窘折呵責 或笞奴 或囚丘史 同列皆以宗瑞亦甚困焉 一日 孟思誠問曰 金某一代名卿 公何拑撫之甚耶 公曰 此乃吾玉成宗瑞也 宗瑞性亢氣銳 作事果敢 他日居吾輩之位 不自愼重 則債事必矣 摧折警勵 俾其飭志持重 庶不臨事輕發 非敢相厄 思誠乃復 後公老退 擧宗瑞自代

『識小錄』*

① 窘折 : 핍박하여 기를 꺾다 ; ② 玉成 : 美德이 있는 훌륭한 사람으로 만들다. 玉처럼 훌륭한 사람으로 갈고 닦아 만들다.
: ③ 庶不臨事輕發 : 庶는 '거의', '아마도'의 뜻. 아마도 일을 처리할 때 경솔하게 하지 않을 것이다.

* 識小錄 : 前出.

전례가 없는 일은 후환이 두렵다

선조 경오년에 크게 흉년이 들었는데 경기·경상·충청 삼도가 더욱 심하였다. 임금이 정승 홍섬에게 묻기를 "어사를 파견하여 백성에게 폐가 되는 것을 살피고 굶주린 자들을 구제하려는데 어떤 사람이 적당한가?" 하였다. 섬이 나와서 권철과 함께 아뢰기를 "어사의 임명은 마땅히 전하의 생각에 달린 것이요, 신하가 관여할 바가 아닙니다" 하였다.

임금이 굳이 물으니 삼정승이 같이 의논하여 아뢰기를 "정승이 어사를 추천한 것은 전례前例가 없는 일이오니 후에 폐단이 있을까 염려됩니다" 하였다.

宣祖庚午大饑 京畿慶尙忠淸三道尤甚 上問洪暹曰 欲遣御史 問弊賑飢誰可者 暹出與權轍啓曰 御史之命 當簡在聖心 非臣等所預 上固問之 三公乃同議啓曰 三公之薦御史 無前規 恐有後弊

『石潭日記』*

① 當簡在聖心 : '簡'은 選擇·選用의 뜻. 마땅히 가려서 쓰는 것은 임금의 마음에 있음.
* 石潭日記 : 前出.

조정의 일이 사흘을 못가 또 바뀐다고?

서애 유성룡이 도체찰사로 있을 때 여러 고을에 공문을 내릴 일이 있어 역리驛吏에게 문서를 보내게 하였다. 3일 만에 다시 그 글을 거두어 고치려고 역리를 불렀더니 역리가 며칠 전에 내린 문서를 여태 보내지 않고 그냥 가지고 왔다.

　서애가 꾸짖어 말하기를 "네가 그 문서를 받은 지 3일이 되도록 고을로 보내지 않은 것은 어찌 된 일이냐?" 하니 역리가 대답하기를 "속담에 조정공사 3일朝廷公事三日이라 하옵기로 소인 생각에 3일 후에 다시 고칠 줄 알고 여태까지 보내지 않고 있었습니다" 하였다. 서애가 처음에는 죄를 주려고 하였으나 다시 생각하여 말하기를 "네 말이 세상에 모범이 될 만하다. 내가 잘못했다" 하였다.

柳西厓成龍 爲都體察使 有列邑移文事 文旣成屬驛吏 過三日 復收其文 將追改之 驛吏持文而至 相國 詰之曰 爾何受三日 尚不頒列邑 吏對之曰 俗談朝廷公事三日 小人知三日後復摧之 延至今日矣 相國 欲罪之 仍思之曰 是言可以警世 吾過矣　　　　　　　　　　　『於于野談』*

＊於于野談：前出.

친구이기 때문에 병조판서를 갈아치웠다

홍담이 병조판서가 되었는데 대사헌 조사수가 대간들에게 이르기를 "홍담은 나의 친한 벗이다. 그러나 홍의 재주가 이조판서에는 넉넉하지만 병조판서에는 합당하지 않으니 이를 얘기해서 갈아야겠다" 하고 임금에게 아뢰어 체직시키고는 곧 홍담에게 찾아가 말하기를 "이번 일이 자네 생각에는 어떠한가?"라고 물었다.

홍담이 말하기를 "내가 병조판서가 되는 것이 결코 감당할 만한 일이 아니어서 속으로 걱정이 많았는데 자네가 여론을 주장하고 있으므로 믿고 걱정이 없었다" 하였다. 사람들은 조사수가 사사로움이 없는 것과 홍담이 친구를 아는 것에 감복하였다.

洪公曇 拜兵判 趙大憲士秀 謂臺諫曰 洪是我之心友 然洪之才 優於吏書 而不合於主兵 盍論之 遂啓遞之 卽往見洪曰 玆事於君意何如 洪曰 我忝主兵決非所堪 隱憂多矣 顧君秉國論 故恃而無憂 人皆服趙之不私 而多洪之自知　　　　　　　　　　　　　　　　　　　　　　『涪溪紀聞』*

① 忝主兵 : '忝'은 욕되게하다, 또는 더럽히다의 뜻. '主兵'은 兵曹判書. 병조판서 자리를 욕되게 하다. 병조판서가 된 것을 이렇게 겸손하게 말한 것임.

* 涪溪紀聞 : 前出.

재상宰相 노수신盧守慎은 소송으로 노비를 다투지 않았다

노사신이 어떤 사람에게 노비奴婢 문제로 소송을 하였다. 그 사람이 재상을 상대로 소송을 해 보았자 이기지 못할 것을 알고 노사신에게 노비 문서를 바치며 말하기를 "그 노비는 대감댁의 노비인 것이 분명하니 문서를 바칩니다. 그러나 소인에게는 이 노비 외에 다른 노비가 없으니 이후에는 상인常人이 되겠습니다" 하였다.

노사신이 불쌍히 여겨서 말하기를 "너의 궁함이 이 지경에 이르렀느냐? 나는 다시 너와 다투지 않겠다" 하고 그 문서를 돌려주고는 소송하지 않았다.

盧思愼 與某人 訟奴婢 某度難與宰相爭訟 納文券于公曰 相宅奴婢爲是 故納文券矣 但小人 此奴婢外 更無他奴婢 自此 爲常人矣 公惻然曰 汝之窮 至此乎 吾不復與汝爭之矣 還其文券而斷不復訟焉

『退溪集』*

① 常人 : 항상 德을 지키는 사람. 常民・凡人 등 여러 가지 뜻이 있으나 여기서는 兩班의 상대개념인 '상사람' 즉 '班常'으로 신분을 나눌 때 '常'에 해당함.

＊退溪集 : 조선 명종 때의 학자인 李滉의 시문집. 68卷 31冊.

송강松江 정철鄭澈이 소인小人이라고?

조중봉이 처음에는 수우 최영경·동강 김우옹·이발 등 여러 사람과 사귀었으므로 그들의 말만 듣고 정송강을 소인이라 하였다. 뒤에 중봉이 전라도사가 되었는데 얼마 안되어 송강이 전라관찰사가 되어 오므로 중봉은 그 날로 벼슬을 버리고 가려 하였다. 송강이 굳이 청하여 만나보고 말하기를 "지금 들으니 도사가 나를 소인이라 하여 관직을 버리고 간다 하는데 그게 참말이오?" 하였다. 중봉이 말하기를 "그렇소"라고 하였다.

송강이 말하기를 "그대가 나와 평상시 안면이 없는데 어찌 내가 소인인 줄 아시오. 머물러 있어 같이 일을 해 보고 내가 정말 소인인 것을 안 후에 가도 늦지 않을 것이오" 하였다. 중봉이 듣지 않고 갔다가 우계, 율곡이 권하여 도로 돌아왔다. 이미 같이 있기 오래 되어 교분이 두터워지자 중봉이 말하기를 "처음에 내가 잘못 듣고 자칫 그대를 놓칠 뻔하였소" 하였다.

趙重峯 始與崔守愚永慶金東岡宇顯李潑諸人友善 習聞其說 以鄭松江爲小人 後重峯爲全羅都事 未幾 松江 爲觀察使 重峯 卽日棄官去 松江固請相見曰 今聞公以我爲小人將去 信否 重峯曰然 松江曰 公與我素昧平生 何以知我 留與共事 見其爲眞小人然後去 未晚也 重峯猶不聽而去 牛溪栗谷勸令還任 旣相處日久 交誼甚密曰 始吾誤聞 幾失公矣　　　　　　『白野記聞』*

① 素昧平生 : 과거부터 현재까지 서로 알지 못함. '平生'은 平常, 往年. 여기서는 後者의 뜻. '素昧'는 본래 서로 알지 못함. '昧'는 不相識.

* 白野記聞 : 조선 숙종 때의 문신 趙錫周가 보고 들은 것을 기록한 수필집.

올곧은 정성근鄭誠謹은 대마도주對馬島主가 보낸 선물을 되돌려주었다

정성근의 성질이 굳세고 뜻이 강하여 흔들리거나 굽히지 않았다. 일찍이 대마도에 사신으로 갔는데 지나는 길에 매림사란 절이 매우 맑고 깨끗하였다. 여러 사람들이 청하기를 "배 안에 오래 있어 답답하니 그 절에 한번 가보지 않으렵니까?" 하였다. 정성근이 말하기를 "너희들은 가라. 나까지 갈 필요는 없다. 나는 이미 앉아서 상상해 보았다. 선방禪房을 깨끗하게 쓸고 중당中堂에는 향로에 향을 피우고 뜰에는 밀감·귤 및 담복화 등 과일 나무를 죽 심었을 것이니 이런 정도에 지나지 않을 것이다. 우리나라 사찰과 무엇이 다르겠느냐. 나는 갈 필요가 없다"라고 하였다.

도주島主 집에 이르자 도주가 대문 밖에 나와서 영접하기를 싫어하였다. 정성근은 대문 밖에서 걸상에 앉아 통역으로 하여금 두번 세번 독촉하여 도주가 나와서 임금의 외교문서를 공경히 영접하도록 하여 의식을 갖추어 행하였다. 도주가 연회를 베푸는데 선물로 주는 것이 고작 그림부채·패검·후추·단향에 지나지 않았다. 일행이 받은 것을 다 거두어 한 그릇에 봉해 두었다가 돌아올 때에 그것을 접대하던 왜인에게 주어서 도주에게 도로 보냈다.

그 뒤에 도주가 특별히 사람을 보내어 그 물건을 가지고 와서 사신으로 갔던 일행에게 나누어주기를 청하였다. 임금이 그 청하는 대로 허락하였더니 정성근이 아뢰기를 "신이 거기에 있을 때는 받지 않았다가 여기에 이르러 받는다면 전후에 마음이 다른 것이 되니 진실로 원하지 않습니다" 하였다. 임금이 억지로 받게 하지 못하고 왜인에게 도로 주어 보냈다.

鄭誠謹 性勁直 志不撓屈 嘗奉使對馬島 所經有梅林寺 頗淨潔 共請舟中久鬱 盍往一見殊方之寺 公曰 渠輩可往 不須我往 我已坐想 淨掃禪房 中堂置爐焚香 階庭列植橙橘籧蔔等果樹 不過如是耳 與我國 寺刹何異 我不須往 及至島主家 島主憚於出門祗命 公踞胡床于門外 令譯 再三督令 祗命如儀訖 及設 宴慰 島主之展敬贄獻 不過畫扇佩刀握椒瓣香耳 盡收一行所得 合封一器 臨發船回還 援賓倭 而送于 島主處 其後 島主特送人以其物來 請分與之 上准其請 公啓曰 臣在彼不受 到此而受 前後異心 誠不 願也 上不能强 還援而送　　　　　　　　　　　　　　　　　　　　　　　　　　『海東名臣錄』*

① **奉使對馬島** : 鄭誠謹(?~1504 : 연산군10)이 1487년(성종 18) 대마도에 宣慰使로 갔을 때의 일. 宣慰使는 임금의 命을 받아 이웃나라 사신을 영접·위로하는 임시 벼슬. 여기서는 對馬島主를 慰撫하기 위하여 사신으로 간 것으로 보임.

* **海東名臣錄** : 前出.

선조宣祖 초에는 정치가 맑고 밝았다

계미년 만주에서 니탕개의 난이 일어났을 때 서자庶子들로 하여금 곡식을 모집하여 국경에 군량으로 바치면 벼슬길을 터주기로 하였다. 김공양은 인빈의 동생인데 목면을 가지고 국경에 가서 곡식을 사들였다. 관찰사 이양원이 아뢰기를 "곡식을 모집하는 것은 오로지 곡식을 국경으로 옮기기 위하여 하는 일인데 지금 공양은 오히려 국경의 곡식을 사들이고 있으니 곡식을 모집한 본래 의도와 서로 어긋납니다" 하니 임금이 곧 공양의 벼슬을 박탈하였다. 그때 인빈은 한창 총애를 받고 있었으나 말리지는 못하였다.

선조초 정치의 맑고 밝음이 이와 같았다. 지금은 관찰사 된 자가 스스로 곡식을 사들여서 이익을 취하는 일이 많아 군량이 모자라고 있다. 세상이 많이 변한 것을 또한 볼 수 있겠다.

癸未尼胡之變 募庶孽入粟塞上 許通仕路 金公諒貴人之弟也 以木棉貿粟于塞下 觀察使李陽元以爲募粟之策 專爲移粟而發 今公諒貿塞上之粟 與募粟本意相左 上卽命削之 是貴人方專寵 而不得爭 宣廟初 政之淸明如此 今則爲觀察者 多自爲貿穀 取贏之計 軍糧日耗 亦可以觀世變矣

『涪溪紀聞』*

* 涪溪紀聞 : 前出.

이정암李廷馣은, 싸움에 이기고서도 功을 자랑하지 않았다

임진년 8월에 이조참의 이정암이 연안을 지나는데 이정암이 전에 연안부사를 지낸 일이 있으므로 그곳의 호걸들이, 무리 백여 명을 모아서 그를 영접하였다. 이정암이 성에 들어가서 5백여 명을 모집하여 각기 능력에 따라 부서를 나누었다. 28일에 왜장倭將 장정이 해주를 함락시키고 군사 3천 명으로 강음의 적과 함께 몰려오니 사람들이 놀라 성밖으로 나가 진을 치자고 하였다.

이정암이 말하기를 "나는 이미 군민과 생사를 같이하기로 약속하였으니 백성을 어려움 속에 빠뜨리고 나만 사는 것은 차마 할 수 없다. 겁이 나는 자는 마음대로 나가거라. 붙들지 않겠다"라고 하니 온 군사가 사수하기를 원하였다. 적이 달려들어 세 겹으로 포위하고 민가를 헐어서 참호를 메우고 북을 치며 개미처럼 성에 달라붙었다. 이정암은 쌓아놓은 마른 풀 위에 앉아서 그 아들 준에게 말하기를 "성이 함락되면 스스로 불을 질러 타 죽을 것이다" 하였다. 듣는 자가 감동하여 울며 일제히 죽기로 싸워서 이와 같이 하기를 4일만에, 죽고 부상한 적병이 반이 넘어 이날 밤에 송장을 모아 불사르고 다음날 아침에 포위를 풀고 나갔다.

조정에서 이정암이 포위를 당하였다고 듣고 모든 사람들이 걱정하고 위태롭게 여겼는데 승전한 보고가 이르렀다. 그러나 글에는 다만 이렇게 적혀 있을 뿐이었다. "적이 아무 날 성을 포위하였다가 아무 날 그 포위를 풀고 갔습니다" 하고 한마디도 장황한 말이 없었다. 말하는 이들이 이르기를 "적을 패배시키기는 쉽지만 공功을 자랑하지 않는 것은 더욱 어렵다"라고 하였다.

八月 吏曹參議李廷馣 過至延安 以公前爲延安府使 故府中豪傑 聚徒百餘迎公 公入城 募得五百餘人
隨才部分 二十八日 賊酋長政 攻陷海州 以兵三千 與江陰之賊 悉銳而來 城中色駭 有欲出陣計者 公
曰 我旣與兵民約同死生 陷民自濟 所不忍也 怖甚者 任自出 不汝拘也 一軍咸願死守 賊進圍三匝 撤
廬舍 塡濠塹 隊鼓士陵城 蟻附之 公乃坐積薪 戒其子濬曰 城陷 可自焚 聞者感泣 一齊致死 如是者四
日 賊死傷過半 是夜 聚屍焚之 翌朝 乃解圍去 朝廷 聞公被圍 上下憂危 及捷至 只言賊以某日圍城解
去 一無張皇語 議者言 却賊易 不伐功尤難　　　　　　　　　　　　　　　　　　　　　　『海東名臣錄』*

① 陷民自濟：陷民而自濟와 같다. 백성을 어려움에 빠뜨리고 자기 혼자만 살아 남음 ; ② 不伐：자랑하지 않음. "孟之反 不伐
奔而殿"(『論語』「雍也」)의 '不伐'과 같은 뜻.
＊海東名臣錄：前出.

판서를 사양하였더니 정승을

완성 이헌국이 두 번이나 이조판서에 임명되었으나 모두 사양하고 받지 않았다.

정승을 낼 때에 임금이 특별히 이헌국을 발탁하면서 말하기를 "내가 이조판서를 사양하고 받지 않는 사람을 보지 못하였는데 이 사람은 두 번이나 사양하였으니 정승을 시킬 만하다"라고 하였다.

李完城憲國 連除吏曹判書 皆固辭不拜 及命相 特擢公曰 予未見辭吏判者 此人再辭之 其可相也

『巴人識小錄』*

① 可相 : '相'은 동사로 '정승(재상)을 시키다'의 뜻. 그러므로 '可相은 정승을 시킬 만함.

＊巴人識小錄 : 再引用 書目.

이덕형李德馨은 대제학大提學에 낙천落薦되었지만 기쁜 마음으로 승복하였다

이덕형이 나이 31세에 대제학의 물망에 올랐는데 모여서 천거할 때에 덕형에게 권점圈點 하나가 부족하여 온 좌중이 깜짝 놀랐다.

김귀영이 웃으며 말하기를 "이것은 내가 한 것이다. 나이 어리고 위치가 낮으면서 모든 연장자보다 먼저 대제학에 이르니 재주와 덕이 노숙해지기를 조금 기다림이 어떠할고" 하였다. 덕형이 듣고 기뻐하여 이에 복종하였다.

李德馨年三十一　主文方其會薦　獨於德馨少一圈　滿座愕然　金貴榮笑曰　此老夫所爲也　年少位卑　行先諸老　稍待才德老熟如何　德馨聞之　欣然心腹　　　　　　　　　　『白沙集』*

  * 白沙集 : 조선 선조 때의 문신 李恒福의 시문집. 30卷 15冊.

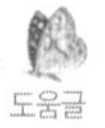
도움글

이덕형은 다음 해에 결국 대제학을 겸임하게 되었으며, 38세의 젊은 나이에 우의정에 올랐다.

유성룡柳成龍은 임금 앞에서 총 쏘는 흉내를 냈다

선조 때에 조정에서 훈련도감을 창설하여 조총을 만들어 쓸 방법을 강구하는데 영의정 유성룡이 경연에서 임금 앞에서 조총 쏘는 모습을 시험 삼아 흉내내었다.

응교 박동현이 아뢰기를 "오늘날 성상께서는 국가의 중흥을 바라지 마십시오. 성룡이 수상으로서 경연에서 친히 총 쏘는 형상을 하였으니 대신의 체통이 이같아서야 어찌 중흥하기를 바라겠습니까?" 하였다. 임금이 동현을 한참 쳐다보고 대답이 없었다. 파하고 나와서 서애가 사람들에게 말하기를 "박동현의 말이 참으로 옳았다. 옛 사람이 이르기를 나라에 강직한 말을 하는 자가 있으면 나라를 잃지 않는다 하였으니 이만하면 어지 중흥하지 못하겠는가" 하였다. 사람들은 두 사람이 다 그렇게 하기 어려운 일을 하였다고 말하였다.

宣祖時 朝廷創設訓練都監 欲行鳥銃法 領相柳成龍 於上前親作試放狀 應敎朴東賢卽進曰 今日 聖上 無望國家之中興也 成龍以首相 親作放砲狀於經席 安有大臣體貌如是 而能中興乎 上瞪視不答 及罷 西厓出語人曰 今日朴東賢言 誠是矣 古人言國有爭臣 不失其國 此豈不足以中興乎 時以爲兩難

『朝野記聞』*

＊朝野記聞 : 再引用 書目.

충무공忠武公은, 외로운 조카들을 내 자식보다 먼저 돌보아 주었다

이충무공이 통제사로 있을 때에 한 사람이 죄가 있어 벌을 받게 되었다. 옆에 모시고 있던 자제子弟가 말하기를 "이 사람은 죄가 무거우니 가볍게 다룰 수 없습니다" 하였다. 충무공이 천천히 말하기를 "형벌에는 그 스스로 법이 있는데 남의 말만 가지고 가볍게 혹은 무겁게 하지 못한다"라고 하였다.

충무공이 건원보 권관으로 있을 때다. 전라도 무변으로 북도에 와서 수자리에 사는 사람이 있었는데 부모의 부고를 받고 급히 집으로 돌아가려 해도 기력이 없어 떠나지 못하였다. 충무공이 듣고 말하기를 "내가 그 사람과 비록 안면이 없지만 상사喪事에 부조하는 것이 어찌 안면이 있고 없는 것과 상관이 있겠느냐?" 하며 좋은 말 한 필을 보내었다.

충무공이 수군水軍에 있는 십 년 동안 한번도 가정일을 돌보지 않아 아들딸의 혼인 시기도 놓친 적이 있었다. 두 형이 그보다 먼저 죽었는데 충무공이 여러 조카들을 어루만져 기르면서, 얻은 것이 있으면 반드시 조카들에게 먼저 주고 아들에게는 뒤에 주었다.

李忠武公 爲統制日 人有罪當刑 子弟侍側者日 此人罪重 不可輕也 公徐日刑罰自有其律 不可以人言 輕重也 在乾原日 湖南武弁 戍北道 聞親喪欲奔 而無力不得發 公聞之日 吾於彼雖無素分 然匍匐之救 豈間於知不知乎 卽以良馬一匹護送 公在舟師十年 一不顧念家事 子女嫁娶頗有過時者 公之二兄 先公亡 公撫育諸孤 凡有得物 必先諸孤 而後己子　　　　　　　　　『忠武公全書』*

① 乾原日 : 乾原保 權管으로 있을 때. 乾原保 權管은, 충무공이 1583년에 補任된 벼슬 이름. 건원보는 北邊에 있는 鎭의 이름. 權管은 邊境의 작은 鎭에 둔 從九品의 무관직.

＊忠武公全書 : 前出.

충신은 임금의 신임을 기다리지 않는다

한 장로長老가 말하기를 "정사공신靖社功臣 중에 지혜롭고 문학이 있는 사람이 많았지만 인조가 믿고 중하게 여기는 이는 완평 이원익뿐이었다. 연양 이시백 같은 이도 그 충성되고 진실됨이 두드러졌지만 범상한 공신으로만 보아왔다. 그런데 병술년 이산 토적의 변이 일어났을 때 연양이 전투를 감독할 것을 자청하여 대궐에서 바로 관청으로 가서 그 날로 출발하고 끝내 집에는 들르지 않았다.

임금이 뒤에 그 일을 알고 가상히 여겨 여러 신하를 대할 때마다 칭찬하였다. 연양과 같이 국가에 힘을 다하고 부지런하고 근신하면서도 임금에게 인정받는 것이 이같이 늦었거늘 하물며 그보다 못한 자에 있어서랴. 다만 공적만 가지고 임금의 신임을 얻으려고 하는 자에게 경계가 될 만하다"고 하였다.

有一長老 言靖社功臣中 多英豪文學之人 而仁祖之倚重 終不如完平李公 至於李延陽時白 則其忠樸尤著稱 而猶以凡常功臣視之 及丙戌尼山土賊之變 延陽自請督戰 自闕下直赴官廳 卽日啓行 終不入其家 上後知其事 始乃嘉褒於引對群臣之時 以延陽盡瘁勤愼 受知之晼如此則 況其不及者哉 世之欲但以功業 深結主知者 可爲戒矣　　　　　　　　　　　　『公私見聞錄』*

＊公私見聞錄：前出.

당대의 난신亂臣, 후세의 충신忠臣

인종 때에 경영관 한주가 아뢰기를 "세조께서 박팽년 같은 이를 마음으로는 비록 가상히 여겼으나 위태롭고 의심이 생길 때가 있어 그들에게 죄를 주지 않을 수 없었습니다. 일찍이 말하기를 '당대의 난신亂臣이요, 후세의 충신忠臣이다' 하였으니 이것은 그들의 이름이 후세에 사라져 없어질까 염려되어 이런 의미 깊은 말을 남겨 자손들을 깨우친 것입니다"라고 하였다.

성종 때에 김종직이 아뢰기를 "성삼문은 충신입니다" 하니 성종이 안색이 변하였다. 종직이 천천히 말하기를 "불행히 변고가 생긴다면 신은 마땅히 성삼문이 되겠습니다"라고 하니 성종이 그제야 안색이 풀어졌다.

仁宗朝 經筵官韓澍啓曰 世祖於朴彭年等 心雖嘉之 而危疑之際 不得不加罪 故嘗下敎曰 當代之亂臣 後世之忠臣 恐其泯沒於後世 故爲此徽言 以曉子孫也 成廟朝 金宗直啓曰 成三問忠臣 成廟色變 宗直 徐曰 不幸有變故 則臣當爲成三問 成廟色乃定　　　　　　　　　　　　　　　『楓岩輯語』*

* 楓岩輯語 : 前出.

최석崔碩의 팔마비八馬碑

고려 때 최석이 순천부사로 있을 때에 청렴하고 근신하기로 이름이 났었다. 순천에서는 전례에 따라 부사가 갈려서 돌아갈 적에는 반드시 말 여덟 마리를 선사하면서 마음대로 선택하게 하였다. 최석이 임기가 차서 돌아갈 때에 고을 사람들이 말을 바치면서 좋은 것을 택하라 하니 석이 웃으며 말하기를 "말이 서울까지 갈 수만 있다면 족하지 선택은 무엇하러 하겠는가?" 하고 집에 돌아와서는 그 말을 돌려보냈다.

고을 사람들이 받지 않자 석이 말하기를 "내가 너희 고을에 부사로 있을 때에 암말이 새끼를 낳았는데 내가 지금 데리고 있으니 이것은 나의 욕심이다" 하고 그 망아지까지 돌려보냈다. 그 뒤로부터는 말을 바치는 폐단이 없어졌다. 고을 사람들이 그 덕을 칭송하는 비석을 세워서 팔마비八馬碑라고 이름하였다.

崔碩 知昇平府 以廉謙稱 府故事 邑倅替還 必贈八馬 惟所擇 碩秩滿還 邑人進馬 請擇良 碩笑曰 馬能至京足矣 何擇爲 至家歸其馬 邑人不受 碩曰 吾守汝邑 吾有牝馬生駒 今帶以來 是我之貪也 並其駒還之 自是贈馬之弊遂絶 邑人頌德立石 號八馬碑　　　　　　　　　　『輿地勝覽』*

① 知昇平府 : '知'는 '맡다'의 뜻. 知慶尙道事(慶尙道知事)의 '知'의 쓰임과 같다. 昇平은 順天의 옛 이름.
* 輿地勝覽 : 前出.

이귀李貴와 장유張維와 이시백李時白의 사림

갑자년 이괄의 반란에 인조가 연평부원군 이귀에게 임진강을 지키는 책임을 맡겼다. 이귀가 도착해 보니 군사는 이미 무너졌고 적은 임진강을 건넜다. 군사가 패하였다는 보고가 서울에 들어오자 옥당장관玉堂長官인 계곡 장유가 사간司諫 오숙과 함께 임금 앞에 들어가서 군법軍法을 시행하기를 청하였다. 임금은 연평의 잘못이 아닌 줄을 알고 있었으므로 허락하지 않았다.

계곡은 연평의 아들 시백과 동문同門의 벗으로 그 정이 형제와 같았지마는 사사로움에 끌려 마음을 움직이지 않았다. 연평이 아들 연양에게 경계하기를 "군사 기밀을 실수한 것은 군법에 따라 마땅히 베어야 하는 것이니 장유가 법을 시행하기를 청한 것은 그의 직책이다. 너희들은 부디 원수로 삼지 말라" 하고 항상 불러다가 상면시키니 연양 형제도 감히 어기지 못하여 왕래하기를 평일과 같이 하였다.

甲子賊适之反 仁祖使延平府院君李貴 往援江灘把守之任 公至則 守卒已潰 賊渡臨津 官軍敗報至京 谿谷張公 時長玉堂 與司諫吳翽 入對請行軍律 上知非失誤 終不允 谿谷與延平之子延陽時白 爲同門友 情若兄弟 而不以私有所低仰 延平戒延陽曰 我失誤軍機 法當誅 張某之請以按律 其職也 汝輩愼勿仇之 常招使相面 延陽兄弟不敢違 往來如平日云 　　　　　『公私見聞錄』*

＊公私見聞錄：前出.

백련사 중僧의 농담

백련사에 있는 중 가운데 농담을 잘하는 자가 있었는데 항상 글 한 구절을 외
기를 "일산日傘 그늘 속에 큰 도적 많고 목탁소리 속에 참중 적다" 하였다.

白蓮寺僧 有善諧者 誦一聯曰 日傘陰中多大盜 木鐸聲裡少眞僧　　　　　『寒岩瑣話』*

　　*寒岩瑣話：再引用 書目.

이충무공_{李忠武公}의 겸양_{謙讓}

충무공 이순신이 훈련원에 벼슬할 적 일이다. 충무공에게 좋은 전통_{箭筒}이 있다는 소리를 듣고 정승 유전이 활쏘기 시험을 할 때 그를 불러 전통을 요구하였다. 충무공이 엎드려 말하기를 "전통을 바치기는 어렵지 않지만 대감이 그것을 받는 것을 사람들이 어떻다고 말하겠으며, 소인이 그것을 바치는 것을 어떻다고 말하겠습니까? 전통 하나 때문에 대감과 소인이 함께 더럽고 욕된 이름을 얻는다면 깊이 미안한 일이 되지 않겠습니까?" 하였다. 유 정승이 말하기를 "그대의 말이 옳다"라고 하였다.

李忠武公舜臣 仕訓練院 柳相㙉 聞公有好箭筒 因公試射 招公索之 公俯伏曰 箭筒則不難進納 而人謂大監之受 何如也 小人之納 又何如也 以一箭筒 而大監與小人 俱受汚辱之名 則深有未安 柳相曰 君言是也

『忠武公全書』*

＊忠武公全書：前出.

사필史筆이 두렵다

이기가 정승이 되어 선비들을 모함하여 많이 죽이니 어떤 이가 말하기를 "사
필史筆이 두렵다" 하였다. 이기가 답하기를 "『동국통감東國通鑑』을 어떤 사람이 보던
가?" 하였다.

李芑爲相 構殺士林 人或諷之曰 史筆可畏 答曰 東國通鑑 誰人看得乎　　　　　『芝峰類說』*

① 東國通鑑 : 선왕조 成宗의 명을 받아 徐居正 등이, 신라 시조 赫居世로부터 고려 恭讓王에 이르기까지 1,400년간의 사실을
기록한 역사책. 56권 26책.

* 芝峰類說 : 조선 선조 때의 문신 李晬光이 古書·古聞에서 뽑아 엮은 奇事逸聞集. 20권 10책.

남명南冥 조식曺植은, "학자들이 성리性理에 대하여 높은 이론을 펴고 있지만 자기에게는 이득利得이 없는 것"이라고

남명 선생이 말하기를 "대도시의 시장을 돌아다녀 보면 금은金銀 보물이 없는 것이 없다. 그러나 종일 거리를 오르내리면서 그 값을 물어보았자 그것은 결코 자기 집에서 쓸 수 있는 물건이 되지 못한다. 도리어 내 집에 있는 한 필의 베를 가지고 가서 한 마리 생선을 사오는 것만 못하다. 오늘날 학자가 성리性理에 대하여 높은 이론을 펴고 있지만 자기에게는 아무런 이득도 없는 것이니 이것과 무엇이 다르겠느냐?" 하였다.

南冥先生曰 遨遊於通都大市中 金銀寶玩 靡所不有 盡日上下街衢 而談其價 終非自家家裡物 却不如 用吾一匹布 買取一尾魚來也 今之學者 高談性理 而無得於己 何以異此　　　　　『南冥別集』*

*南冥別集: 前出.

조목趙穆에게 보복 당한 유성룡柳成龍

참판 조목은 퇴계의 문인이었다. 고집이 세고 재주가 없어 관직에 있을 때 일을 잘하지 못하였고 또 청렴하지 못하다는 비방이 있었다. 일찍이 합천군수에 임명되었을 때 편지로 서애에게 자기의 거취去就를 물었더니 서애가 답하기를 "사람의 거취는, 음식을 먹을 때 음식의 차고 더운 것은 사람 자신이 잘 알 수 있는 것과 같다" 하였다. 조목이 노하여 서로 사이가 나빠졌다.

서애가 서울에서 쫓겨 내려올 때에 그는 편지를 보내어 마중하기를 "한난寒暖 두 글자는 도로 보내오" 하였다. 이산해와 가까워지려고 매우 애를 썼는데 그것은 서애를 배척하기 위함이었다. 마침내 산해의 힘을 입어서 도산서원에 배향配享되었다.

趙參判穆 退溪門人也 性執無才 居官不治 又有簠簋之誚 嘗拜陜川郡守 問去就於西厓 西厓答曰 人之去就 如食之寒煖 人自知之 月川怒 遂成隙 及西厓之放歸也 以書迎之曰 寒煖二字還送 附會李山海甚力 盖爲斥西厓也 卒賴其力 配享陶山書院　　　　　　　　　　　『涪溪紀聞』*

＊涪溪紀聞 : 前出.

趙穆과 柳成龍은 退溪의 門下에서 同門 修學한 처지다. 조목은 유성룡보다 18년 年長으로, 젊은 시절부터 퇴계 옆에서 선생님을 극진히 모셨으나, 유성룡은 선배 동문인 조목을 탐탁하게 여기지 않고 下視하다가, 만년에 失勢하여 고향으로 還歸하게 되었을 때, 조목으로부터 지난날의 '冷待'를 되받게 된다. 조목은 83세의 장수를 누렸으며 도산서원에 배향되었다.

승지承旨는 왕명王命의 출납만 맡아야

이세영이 평소 몸 가지기를 맑고 검소하게 하여 세속의 변화에 신경을 쓰지 않았다. 국법에 도승지는 이조의 인사행정에 참여하게 되어 있으므로 청탁하는 이가 많았는데, 이세영이 도승지가 되었을 때에는 홀로 침묵을 지키고 말이 없었다.

이조의 당상관들이 자기들 마음대로 하는 것이 미안하여 말하기를 "영감은 어찌 한 말씀도 하지 않으십니까?" 하였다. 이세영이 말하기를 "임금의 옥새를 받들어 임금의 명령을 출납하는 것이 승지의 직책입니다. 어진 인물을 승진시키고 그렇지 못한 인물을 내치어 각기 그 재질에 맞게 하는 것은 맡은 이가 따로 있습니다" 하니 동료 대신들이 부끄러워 사과하였다.

그후 안윤덕이 이세영을 계승하여 도승지가 되었는데 한 달 남짓 되는 사이에 그 친척과 친구들을 다 벼슬시켰다. 당시 사람들이 더욱 이세영의 개결함을 중히 여겼다.

李世英律身淸儉 不隨世類低仰 國法 都承旨 與政批 故多所關請 世英爲承旨 獨拱默不言 政曹堂上 嫌其自擅 告令公何不一有所言 公曰 奉寶璽 出納王命 承旨之任 若其進退賢否 各當其才 有司在焉 同列媿謝 及安潤德繼公爲承旨 不旬月 官其姻婭舊殆盡 時人 尤重公之介焉　　　　『陰厓日記』*

① 官其姻婭舊 : 그 친척과 故舊(친구)를 벼슬시키다. '官'은 동사로 쓰였음.

* 陰厓日記 : 조선 중종 때의 문신 李耔가 『經筵日記』에서 발췌한 책. 『大東野乘』 『稗林』에 들어 있음.

양의 바탕에 호랑이 가죽을 쓴 자

퇴계가 서울에 들어와 있을 때에 사대부들이 아침저녁으로 그 집을 찾아와서 다투어 만났으므로 퇴계가 일일이 접견하느라고 조금도 쉴 틈이 없었다. 늦게야 정승 이원길에게 가 보았더니 이 정승이 말하기를 "그대가 서울에 들어온 지 이미 오래되었는데 어찌하여 일찍이 와보지 않았는가?" 하였다.

퇴계가 대답하기를 "손님 접대하느라고 틈이 없었습니다" 하니 이 정승이 얼굴을 찡그리며 "과거 기묘사화에 선비들의 풍습이 이와 같았다. 그 사이에 또 양의 바탕에 호랑이 가죽을 쓴 자도 있어 마침내 화禍의 장본이 되었으니 조정암 같은 이 외에는 취하지 아니한다"라고 하였다.

退溪入來時 鄕士大夫 朝夕候其門 爭相見謁 退溪一皆接見 少無閑歇 最後 往見李相原吉 李相曰 公之入城已久 何不早爲相見耶 退溪答以接遇無間之事 李顰蹙曰 往在己卯 士習如此 其間 亦有羊質虎皮 終有媒禍之端 如趙靜庵外 吾不取也云　　　　　　　　　　　　　　　『月汀漫筆』*

　　*月汀漫筆: 조선 선조 때의 문신 尹根壽가 저술한 逸話·閑談集.『大東野乘』『稗林』에 들어 있음.

제6부

소 타고 가는 맹孟 정승

소 타고 가는 맹고불孟古佛

맹 정승이 부모를 뵈오러 고향인 온양에 왕래할 때에는 관가에 들르지 않고 항상 따르는 하인도 간단히 하였으며 어떤 때에는 소를 타고 다니기도 하였다. 양성·진위 두 고을의 원이 정승이 내려온다는 말을 듣고 장호원에 와서 기다리고 있다가 소를 타고 지나가는 사람을 보고 하인을 시켜 꾸짖으니 맹 정승이 말하기를 "너의 원에게 가서 온양의 맹고불孟古佛이라고 말하여라"고 하였다.

그 하인이 돌아가서 두 원에게 고하니 원이 놀라서 달려 나오다가 언덕 밑 깊은 못에 인통印筒을 빠뜨렸다. 뒤에 사람들이 그 못을 인침연印沈淵이라 하였다.

孟政丞觀省 溫陽往來之時 不入官家 常簡僕從 時或騎牛 陽城振威兩倅 聞公下來 候于長好院 騎牛過去之人 使下人呵禁 公曰 汝以溫陽孟古佛言之 其人 歸告兩倅 驚惶走出 墜印於岸下深淵 後人名曰 印沈淵

『燃藜室記述』*

　　＊燃藜室記述：前出.

강물은 흘러도 바윗돌은 구르지 않아

조남명이 임금에게 상소하기를 "조선은 아전들이 나라를 망친다"고 하였는데 참으로 통절한 말이라 하겠다. 오늘날에 이르러서는 아전들의 해독이 더욱 심하여 상관은 아침에 갈리고 저녁에 갈려서 앉은 자리가 따뜻할 틈이 없는데, 이서의 무리는 젊어서부터 늙을 때까지 사무를 그대로 맡고 있었다.

조종하고 신축하는 것이 오로지 그들의 손에 있어서 문서를 협잡하고 재물을 도적질하는 데서 그치는 것이 아니었다. 속담에 "강물은 흘러도 바윗돌은 구르지 않는다"고 한 것이 이 것을 두고 한 말이다.

曹南冥上疏云 朝鮮以吏胥亡國 可謂痛切 至于今日 吏胥之害 滋甚 爲官者 朝更暮遞 席不暇暖 而吏胥輩 從少至老 任事自若 操縱伸縮 專在其手 非止竊簿書 盜財物而已 俗謂江流石不轉以此

『芝峰類說』*

① 江流石不轉 : 杜甫의 五言絶句 「八陣圖」의 轉句. 그 詩는 다음과 같다. "功蓋三分國 名成八陣圖 江流石不轉 遺恨失呑吳"가 그것이다. 八陣圖는 諸葛亮의 陣法. '江流石不轉'의 '不'은 未定辭. 音은 '부', 平聲(尤韻)이다.

＊芝峰類說 : 前出.

동춘당同春堂 송준길宋浚吉은, 빌려간 책을 읽지 않고 반납하면 도로 주어 읽게 했다

동춘당 송 선생은 책을 남에게 빌려 주었다가 그 사람이 돌려올 때에 책종이에 털이 나지 않았으면 반드시 그 읽지 않은 것을 나무라면서 다시 주므로 그 사람이 읽지 않을 수가 없었다.

同春堂宋先生 書籍借人 人或還之 而紙不生毛 則必責其不讀 更與之 其人不得不讀之

『士小節』*

* 士小節 : 조선 정조 때의 학자 李德懋가 지은 修身·齊家에 관한 교훈서. 8卷 2冊.

차라리 판서를 갈아치워라

기재가 비록 문장에는 능하나 실무에는 재주가 없었다. 일찍이 형조판서로 있을 때에 사건이 밀렸는데도 능히 판결하지 못하여, 구류된 사람들이 감옥에 가득하여 감옥이 그들을 다 수용할 수 없었다.

기재가 옥사를 더 짓기를 청하니 중종이 말하기를 "판서를 바꾸면 될 것이지 어찌 감옥을 다시 짓겠느냐?" 하고 허자를 대신 판서에 임명하였더니 허자가 곧 판결을 끝내어 옥이 다 비었다.

企齋(申光漢)雖能文章 而無實才 賞判刑部 訴訟塡委 不能決 囚繫滿獄 獄不能容 公請加構獄舍 中廟曰 不若易判書 何必改構 遂以許磁代之 許裁決立盡 囹圄遂空　　　　　　　『涪溪紀聞』*

① 立盡 : 선 채로 (당장) 끝냄.
* 涪溪紀聞 : 前出.

박순朴淳은 대제학의 자리도 퇴계에게 양보했다

선조 때에 퇴계 선생이 예문관 제학에 제수되었는데 그때에 대제학 사암 박순
이 임금에게 아뢰기를 "신이 대제학이 되어 있는데 이황이 제학이 되어 나이 높은
큰 선비는 도리어 작은 벼슬에 있고, 후진後進 초학初學의 선비가 높은 자리에 있는
것은 인재를 쓰는 것이 거꾸로 된 것이니 청컨대 신의 관직을 갈아서 이황에게 주
도록 하소서" 하였다. 임금이 명하여 대신에게 의론하니 모두 박순의 말을 옳다고
하여 박순과 이황을 서로 바꾸게 하였다.

　아름답도다! 사암의 어진 것이 세속에 모범이 될 만한데 어찌하여 지금 세상에
는 이욕을 방자하게 행하여 그것을 본받는 이가 없는고. 슬픈 일이다.

宣祖朝 退溪先生拜藝文官提學 時朴淳啓曰 臣爲主文 而李某爲提學 高年碩儒反居小任 而後進初學
之士 乃處重地 用人顚倒 請遞其任 以授之 上命議于大臣 皆以淳言爲然 於是 命與淳相換 美哉 思庵
之賢 足以範俗 奈今之利欲肆行 無人觀效何 噫　　　　　　　　　　　　　　　　　『星湖僿說』*

　　① 主文 : 선조 때 대제학(大提學)의 다른 이름.
　　* 星湖僿說 : 前出.

남의 말 믿은 것이 유죄有罪

풍문을 듣고 일을 논하다가 그릇된 것 중 내가 직접 경험한 것이 두 번 있었다. 계유년에 내가 헌납으로 있을 때에 찬성 이계맹이 평안감사로 있었다. 그때에 가뭄으로 흉년이 들었다. 그를 헐뜯는 사람이 나에게 말하기를 "이계맹이 따로 덕암 위에다 큰 누각을 짓는데 규모가 굉장하고 사람을 많이 써서 백성이 매우 괴로워하고 원망한다"고 하였다.

내가 듣고 혹시 사실과 틀리지는 않을까 하여 또 서도에서 오는 사람에게 물으니 대개가 같았다. 맨처음 내게 말해 준 사람이 미더운 사람이라 그 하나의 말만으로도 믿을 만한데 뒤에 들은 것이 서로 같으니 이것은 의심할 여지가 없다 생각하였다. 사간원 동료에게 의론하여 탄핵하여 아뢰기를 "평양은 놀고 구경할 곳이 많기로 우리나라에서 으뜸이니 따로 누각을 짓는 일이 급한 것은 아니니 그의 허물을 제고하기를 청합니다"고 하였더니 곧 허락하고 또 그를 체직시켰다.

뒤에 다시 들으니 그는 다만 놀고 있는 관속官屬을 시켜서 두어칸 작은 정자를 지어 열흘도 못되어 마쳤다고 하니 이같이 전해 듣는 말이 황당하였다. 이계맹은 마음이 너그럽고 후진後進을 마음껏 사랑하여 때때로 누가 훼방하여도 마음에 두지 않았다. 오히려 겁내지않고 말하는 선비를 가상히 여기고 장려하였다.

얼마 후에 이계맹이 참찬이 되었을 때에 내가 검상이 되어 그의 집에 가 뵈었는데 나는 전에 일을 잘못한 것이 아직도 마음에 걸려 부끄러운 낯으로 사죄하였더니 이계맹이 술을 내면서 흉금을 털어 놓고 크게 웃으며 말하기를 "들으니 나를 탄핵하기를 주장한 사람이 너라고 하는데 그것은 잘못 들은 것이었다. 내가 어찌 마음에 두겠느냐. 내가 일찍부터 네 형제의 뜻과 절조를 가상히 여겨온 터이니 더욱 힘써 게을리 하지 말라" 하고 더욱 선진先進들 사이에 칭찬해 주었다. 한번 탄핵을 당하고는 앙심을 품고 원망하고 분하게 여겨 중상하려고 생각하는 자와 비교하면 기상이 같지 않았다.

風聞論事之誤 余所親歷者二 癸酉年 余爲獻納 貳相繼孟爲平安監司 時因旱年飢 毁之者語余曰 李公別構大樓于德岩上 制宏役鉅 民甚怨苦 余聞之 恐不實 又聞於西來人 則大槩略同 余意前之語余者信人 其言 一人猶足取信 後聞相同 此必然而無疑 議於院僚 駁啓 平壤 遊觀之所 最多甲於我國 不須別構樓觀 且年飢民困 尤非急務 請推之 卽允下 又命遞之 後更聞之 則只役遊手官屬 架數椽小亭 未旬日而畢云 其傳聞之 誤如是 李公胸次豁然 待後進顚倒 雖毁駁交加 略無纖芥之嫌 猶嘉獎敢之士 未久公爲參贊 余以檢詳 往謁公第 余以往者做事錯誤 心猶未愜 逡巡謝罪 公置酒 開懷大笑語余曰 聞主張論我者爾也 此則聞之誤也 寧存形跡 余嘗嘉歎爾昆季之志節 益勵無惰 稱譽於先進間 其視一遭論劾 怏怏怨憤 輒思中傷者 氣像不侔矣

『思齋摭言』*

①制宏：制度 즉 規模가 큼 ; ②顚倒：매우 사랑함을 形容한 것임 ; ③敢之士：勇敢한 선비.
*思齋摭言：前出.

사람만 보아도 사색 당파를 알아보다

청주 화양동에는 환장암煥章菴이 있는데 구곡 산천의 경치가 좋을 뿐만 아니라 만동묘萬東廟를 바라보며 읍궁암泣弓岩을 지나게 된다. 내가 환장암에 이르러서 늙은 중과 담화를 하다가 "대사가 이 깊은 산중에 살면서 세상 일도 아십니까?" 하니 늙은 중이 말하기를 "여기에 거처한 지가 30여 년이 되었는데 산수가 빼어나 유람하러 오는 사람을 많이 겪어서 자연히 사색 당파를 알게 됩니다. 이것이 세상 일을 아는 것이 아닙니까?"고 하였다.

내가 말하기를 "사색 당파를 대사가 어찌 알아서 구별하십니까?" 하니 대답하기를 "그 모양과 행동을 보면 쉽게 알 수 있습니다. 처음 마을 입구에 들어올 때 산천을 두루 돌아보며 좋다 좋다 하고 마을에 들어와서는 반드시 암자의 중을 부르고, 서원書院을 지날 때에는 눈을 부릅뜨고 손을 휘저으며 활발하게 걷고 또 기침하고 함부로 침 뱉으며, 만동묘를 지날 때 공경하고 근신한 뜻이 없는 자는 남인南人이요, 마을에 들어올 때 산수를 자세히 보지 않고 서원과 만동묘에 이르러서는 바쁘게 지나가고, 암자에서는 반드시 중들의 허물을 자세히 살펴서 잔소리하며 성가시게 구는 것은 소론少論이요, 마을에 들어와서 산수를 보고 서원과 만동묘를 지날 때에 비록 존경하는 뜻은 없으나 너무 거만하지 않고, 바쁘게 지나가는 것도 소론처럼 심하지 않은 자는 소북少北이요, 마을에 들어올 적에 좌우로 산천을 이리저리 돌아보며 냇가에 앉거나 바위에 기대었다가, 서원에 이르러서는 조심스럽게 뜰에서 절하고 서적을 자세히 살피고 감탄하기를 마지않으며, 만동묘에 이르러서는 처마만 쳐다 보아도 이미 깊은 감회가 생기고 전殿 안을 살펴 뜰에서 거닐다가 몸을

굽혀서 지나가고, 암자에서는 중들의 생활을 자세히 묻고 밤에는 늙은 중을 불러
담화하면서 산중의 고적古蹟을 묻는 자는 노론老論입니다"고 하였다.

淸州華陽洞 有煥章菴 九曲山川非但勝致 望滿東廟 又過泣弓岩 余到煥章菴 與老釋談話 余曰 居此深
山 亦知有世情乎 老釋曰 居此已三十餘年 以山水之絶勝 閱入甚多 自然知四色目 是非世情乎 余曰
色目 汝何以知之 對曰 觀其貌樣 可易知矣 初入洞口 環顧山川曰 好哉好哉 入洞 必呼菴僧 及到書院
擡眼揮手而決步 又咳唾狼藉 過廟全無敬謹意者 是南人也 入洞 不爲細看 到書院與廟 必忽忽過去
及到菴子 必細察僧徒之有過 屑屑不赦者 是少論也 入洞 只看山水 過書院與廟 雖無尊敬之意 亦不作
太褻慢 其忽忽過去 又不如少論之甚者 是小北也 入洞 不暇左右酬應 或坐溪或倚岩 到書院 敬謹拜庭
細閱書籍 嗟歎不已 及到廟 瞻望簷楹 已生怵惕之懷 奉審殿內 周徨殿階 鞠躬過庭 到菴 細問僧徒生
涯 入夜招老釋 娓娓問山中古蹟者 是老論也 　　　　　　　　　　　　　　　　　　　　　　　『二旬錄』*

　　① 怵惕(출척) : 두려워하다, 敬畏하다. 여기서는 後者의 뜻.
　　* 二旬錄 : 前出.

박은朴訔은 보복할 기회가 왔지만, 보복하지 않은 사나이다운 사나이

계림 윤유량이 어떤 일로 박은을 위협하였더니 박은이 굴하지 않고 말하기를 "나도 그대의 나이에 이르면 그 같은 직위에 오를 텐데 어찌 압박하기를 이같이 하시오"라고 말하였다.

그 뒤 태조 정축년에 윤유량이 항복한 왜인倭人과 결탁하여 나라를 배반하려고 음모하였다고 하여 조정에서 사헌부로 하여금 다스리게 하였다. 박은이 일찍이 윤유량에게 욕을 당한 일이 있었으므로 반드시 그의 죄를 적발해낼 것이라고 집정執政이 생각하여 박은을 사헌부 시사侍史로 임명하였다. 박은이 사헌부에 들어가 앉으니 윤유량이 머리를 우러러 박은을 보고는 머리를 숙이고 눈물을 흘렸다. 그것은 박은이 옛날의 원한을 보복할 것이라고 생각했기 때문이다.

그러나 아전이 문서를 가지고 박은에게 나아가니 그가 붓을 던지며 큰 소리로 말하기를 "죄 없는 사람을 죽음에 빠뜨리는 것은 난 못한다" 하고 서명을 하지 않으니 윤유량이 죽지 않았다. 이것이 집정의 뜻에 거슬렸다.

鷄林尹柳亮 嘗以事脅公 公不爲屈曰 到公年 我亦如公 何相逼如是 太祖丁丑 朝廷 以亮潛結降倭謀背國 令司憲府治之 執政 以公嘗爲亮所辱 必能發摘 拜公司憲侍史 上臺 亮仰視公 輒俯首垂涕 意公必念舊怨也 吏執案詣公 公投筆大言曰 非辜陷入死 吾不爲也 遂不署 亮得不死 以此忤執政意

『朴氏家乘』*

① 脅公 : 이 글이, 朴氏家乘의 박은 설명부분에서 뽑은 것이기 때문에 '公'이라 한 것이다. 그러므로 여기의 '公'은 朴訔이다. ; ② 執政 : 政治를 집행하는 사람. 宰相 등을 이름 ; ③ 上臺 : '臺'는 霜臺, 憲臺 등으로 불리는 司憲府를 지칭하는 것으로, 당시 박은이 司憲侍史(掌令)에 임명되었으므로 上臺는 司憲府의 任所에 오르는 것을 말함.

* 朴氏家乘 : 『燃藜室記述』에 인용되어 있는 것을 그대로 옮긴 것임.

백인걸白仁傑이 을사사화乙巳士禍 때 죽음을 면免할 수 있었던 이유

참찬 백인걸이 늦게 과거에 오른 뒤에 정언으로 있다가 창평현령이 되었을 때다. 그가 노모를 위해서 날마다 연회를 베풀어 고을을 잘못 다스린다는 중상이 있었으므로 감사 최보한이 파면시켰다. 최보한이 전에 백인걸에게 탄핵당한 일이 있었으므로 일종의 보복이라고 사람들이 말하였다.

인종초에 최가 국상國喪 중에 기생을 끼고 놀다가 파면되었는데 명종이 즉위하자 사면령을 내렸다. 최가 다시 벼슬을 하게 되자 대간들이 탄핵하려 하였다. 백이 이때에 사간원의 헌납으로 있으면서 옳지 않다고 말하기를 "최보한이 기생을 끼고 놀았다는 것은 풍문으로 들은 것이니 그것이 참인지 아닌지 알지 못하는 터이다. 옛말에 군자는 너무 심한 일을 하지 않는다고 하였는데 어찌 다시 태평 세상에 남의 앞길을 막을 것인가" 하여 최가 탄핵당하지 않았다.

백인걸이 사사로운 감정을 가질까 하여 처음에는 최보한이 매우 겁을 내었는데 백인걸이 조금도 개의치 않으니 매우 고맙게 생각하였다. 그뒤 을사년에 밀계密啓 사건이 일어났을 때 대간 중에서 반대를 한 사람이 많이 죽었는데 백인걸은 제일 먼저 그물에 걸렸다가 죽음을 면한 것이 최의 힘이었다.

白參贊仁傑 晚登第 以正言 拜昌平令 爲老母日設宴 遂得不治誚 監司崔輔漢黜之 崔曾被劾於白 人多
言其報復 仁廟初 崔以國恤 挾妓 坐廢 明廟卽阼 大赦 崔復叙 臺諫將論之 白時爲獻納 不可曰 崔之挾
妓 出於風聞 難知其眞 君子勿爲已甚 何可復錮人於盛世 崔遂免 崔深懼白之逞舊憾 而白垣然不以爲
意 崔甚德之 密啓禍起 臺諫異議者多死 白首罹于網而得免者 崔之力也　　　　　『涪溪紀聞』*

① 不治誚 : 잘 못 다스린다는 꾸지람 ; ② 坐廢 : 죄를 지어 罷職을 당함. '坐'는 罪에 연좌될 좌. 獲罪 ; ③ 密啓 : 임금에게 비밀
리에 아뢰는 글. 또는 임금에게 비밀리에 아뢰는 것. 여기서는 後者일 것으로 보인다. 이 密啓는 明宗 卽位年(1545, 乙巳)에
있었던 것이므로, 어린 나이(12세)에 王位에 오른 明宗을 대신하여 母后 文定王后가 攝政을 시작할 때, 外戚들이 乙巳의 禍를
일으키기 위한 事前 계획을 아뢴 것이다. 乙巳士禍 때 많은 文臣들이 죽음을 당하였지만, 白仁傑은 이때 파직을 당한 것으로
그쳤다. 崔輔漢이 尹元衡 등의 小尹에 가담하여 乙巳士禍를 일으키는 데 참가했기 때문에 崔의 힘으로 白을 죽음에서 免하게
했다.
* 涪溪紀聞 : 前出.

어디 갔다가 공신功臣이 되지 못하였소

임진왜란이 지난 뒤에 국가에 일이 많아 정승이 자주 교체되어서 전임자가 10 여 인이나 되었다. 갑진년에 훈공을 녹錄할 때 조정에서 녹권錄券을 받은 사람이 반이나 되었다.

연릉 이호민이 한음에게 들렀을 때 한음이 농담하기를 "그대는 어디 갔다가 벼슬이 정승에 이르지 못하였소?" 하니 연릉이 말하기를 "그대는 어디 갔다가 공신功臣이 되지 못하였소?" 하였다. 그것은 한음이 공신이 아닌 때문이다. 당시 사람들이 서로 전하며 웃었다.

壬辰經亂 國家多事 大臣數遞 原任至十餘人 甲辰錄勳 朝著賜券者太半 李延陵好閔 嘗詣李漢陰 漢陰 戲曰 公何往而仕不至政丞 延陵曰 公何往而不得爲功臣 盖漢陰非功臣也 一時傳笑之

『涪溪紀聞』*

*涪溪紀聞 : 前出.

임진왜란 때 王을 호종扈從한 공신은 무려 86인이다. 그러나 漢陰 李德馨은 王을 扈從하여 定州에 이르렀을 때 請援使가 되어 明에 援兵을 요청, 지원군 교섭에 성공했다. 그러나 그는 扈聖功臣이 되지 못했다.

李好閔은 이덕형보다 8年 선배이지만, 禮曹判書를 마지막으로 知命(50세)의 나이에 조정 정치에서 물러났다. 선조 때의 相臣은 무려 34인으로 英祖(45명), 숙종(38명) 다음으로 많다. 20년 동안 中央官職에만 있었지만 끝내 相臣의 자리에 오르지 못했고 반면에 扈聖功臣에 錄勳되었다. 그러므로 이러한 농담을 주고 받을 수 있었다. 宣祖가 압록강을 건너 만주 땅으로 피난하려 할 때 이를 만류한 것도 이덕형과 이호민이다. 이호민은 질수耋壽(80세)를 누려(실제로는 83세까지 살았다) 이덕형의 죽음에 輓詞를 쓰기도 했다.

구치관具致寬의 사람 쓰는 법, "천도天道도 10년이면 돌아오는데 어찌 사람을 오래도록 억울하게 할 수 있는가"

구치관이 성질이 엄하고 공정하여 그가 이조판서로 있을 때에 청탁이 통하지 않았다. 전에 이조판서가 관직을 제수할 때에는 친히 관안官案을 쥐고서 자기 마음대로 하고, 참판 이하는 손을 소매 속에 넣고 옆에서 보기만 하였다. 그것을 치관이 분하게 여겨 폐단을 바로 잡으려 하여 무릇 인물을 진퇴시킬 때에는 널리 뭇사람의 의론을 채택하고 비록 소관小官 말직末職이라도 홀로 천거하지 않았다. 혹 청탁이 있으면 승진이 될 것도 시키지 않았다.

참의 서거정이 정방政房에서 마침 취하여 졸고 있었는데 구치관이 소리를 지르기를 "참의는 구치관이 관직을 천거하는데 제 생각대로만 함부로 한다고 하여 같이 참여하지 않는 것인가? 다른 날 사람을 잘못 쓴 실수가 드러나면 집에 있었기 때문에 알지 못하였다고 참의는 말할 터인가"고 하였다.

한번은 사람을 사헌부의 관직에 천거하는데 다른 이가 반대하기를 "그 사람은 익살스러운 사람이니 안 된다"고 하였다. 구치관이 대답하기를 "그렇다면 한무제는 어찌하여 동방삭을 취하였는가?" 하고 마침내 천거하였다.

또 10년 동안이나 승진하지 못한 선비 한 사람을 수령에 천거하니 반대하는 이가 "이 사람은 경솔합니다"고 하였다. 구치관은 말하기를 "천도天道도 10년이면 돌아오는데 어찌 사람을 이다지 오래도록 억울하게 할 수 있는가" 하고 드디어 천거하였더니 과연 고을을 잘 다스렸다. 그의 사람 쓰는 것이 한결같이 공정함이 이와 같았다.

具忠烈公致寬 性方嚴公正 嘗判吏曹 關節不行 前此 長詮曹者 例於除授之際 親執官案 恣行胸臆 亞
官以下袞手傍觀 公嘗慎之 思欲矯其弊 凡進退人物 博採群議 雖小官卑職 不嘗獨薦 又有或干請者
當遷不敍 時居正爲參議 一日在政房 適醉睡 公厲聲曰 參議謂政寬 注擬人物恣行胸臆 不欲與聞耶
他日 有用人之失 參議其日在家 不知耶 嘗擬一文士知名者 爲臺官 駁者曰 此子滑稽不可 公曰 若然
則漢武帝何取於東方朔耶 竟擬臺官 又一文士 調外郡 敎官十年不遷 公欲擬縣職 駁者曰 此子迂闊不
可 公曰 天道十年必復 安可使人久屈如是 遂爲縣職 果有治効 公之用捨 一出至公如此

『筆苑雜記』*

① **關節** : 일반적으로는 뼈와 뼈가 相接하는 곳. 그러나 여기서는 要人에게 뇌물을 주어 일을 부탁하는 것. 唐代에, 試驗官이
사사로이 아는 선비의 答案紙에 기호를 붙여 識別하기 便하게 한 것에서 유래한 것임 ; ② **亞官** : 座首의 별칭. 여기서는 亞卿,
곧 參判의 뜻.

＊**筆苑雜記** : 前出.

정갑손鄭甲孫은 아들의 합격을 취소하고 "아들은 아버지가 안다" 하였다

정절공 정갑손은 성질이 맑고 정직하고 엄하여 자식들이라도 감히 사사로이 청하지 못하였다. 일찍이 함길도 감사가 되었을 때에 잠깐 부름을 받고 서울에 왔다가 돌아오는 길에 함길도 향시鄕試 방榜을 보았더니 그의 아들 오가 합격되었다.

정갑손이 화를 내어 시관試官을 꾸짖으며 말하기를 "늙은 자가 감히 여우처럼 나에게 아첨을 하는가. 우리 아이가 학업이 정하지 못한데 어찌 요행으로 임금을 속일 것인가" 하고 드디어 아들을 빼어버리고 시관을 내쫓았다.

鄭貞節公甲孫 性淸直嚴峻 子弟不敢干以私 嘗爲咸吉道監司 被召如京及還 道見解榜 子烏亦中馬 公奮髥 怒罵試官曰 老奴敢狐媚我乎 吾兒爲業未精 豈可倖僥欺君耶 遂鉤去之 竟出試官

『筆苑雜記』*

＊筆苑雜記：前出.

백사_{白沙} 이항복_{李恒福}과 우복_{愚伏} 정경세_{鄭經世}와의 사이

이것이 마음의 벗이다

백사가 북도로 귀양갈 때에 어떤 사람이 묻기를 "지금 나라 일이 이와 같고 또 북방에 오랑캐의 걱정이 있는데 대감의 집안 일은 누구에게 부탁하고 가십니까?" 하였다. 백사가 처량한 기색을 지으며 답하기를 "나에게 두 벗이 있는데 한 사람은 이미 죽었고 한 사람은 먼 데 있어 작별하지 못하고 간다" 하였다. 그것은 한음과 우복을 말한 것이었다.

백사가 죽기 전에 서자_{庶子} 기남에게 말하기를 "정경세가 만약 이조판서가 되면 반드시 너의 궁한 것을 돌보아 줄 것이니 네가 가서 내 아들인 것을 알려라" 하였다. 인조 때에 정경세가 과연 이조판서가 되었는데 기남을 만나서 백사의 아들인 줄 알고는 놀라고 슬퍼하여 그 궁하게 사는 것을 듣고 곧 상당한 관직을 내렸다. 세상에서는 백사와 우복이 마음의 벗인 줄 알지 못하였다.

白沙北謫時 或問曰 卽今國事如此 又有北憂 大監家事托誰而去耶 公悽然答曰 吾有二友 一則已死 一則在遠未及相別云 蓋謂漢陰與愚伏也 公未歿時 語其側子箕男曰 鄭經世若爲吏判 則必濟汝窮 汝往見使知吾之子也 仁祖朝 鄭公果爲吏判 逢箕男 問知爲沙相之子 撫然驚悲 聞其窮居 則除相當職 世不知白沙之於愚伏 是心交也　　　　　　　　　『西郭雜錄』*

① 白沙 : 李恒福의 호 ; ② 漢陰 : 李德馨의 호 ; ③ 愚伏 : 鄭經世의 호 ; ④ 沙相 : 白沙相公. 李恒福 宰相 ; ⑤ 除相當職 : '除'는 除授. 除舊授新의 뜻. 상당한 자리에 임명함.

* 西郭雜錄 : 前出.

송순宋純이 "나는 이제 살아서 남대문으로 나가오"

삼재 송순이 이조참판이 되었을 때에 찬성 허자와 함께 어진 사람을 추천하다가 권력 잡은 사람의 비위를 거슬려 외방外方으로 귀양나간지 5년이나 되었다. 이로부터 그는 항상 벼슬을 버리고 돌아갈 뜻이 있었다.

그 서숙庶叔이 송순과 친근하게 지냈는데 늘 말하기를 "남도南道에서 올라와 재상이 된 사람 중에 나는 그들이 서소문으로 나가는 것은 보았지만 남대문으로 나가는 것은 보지 못하였다"고 하였다. 그것은 서울에 와서 벼슬하는 자가 죽기 전에는 돌아가지 않기 때문이다.

송순이 그 말 듣기를 싫어하더니 뒤에 개성유수로 있다가 사임하고 돌아갈 때에 서숙이 한강에 나와서 전송하니 송순이 잔을 들고 말하기를 "나는 이제 남대문으로 나가게 되었소" 하였다.

宋三宰純 爲吏曹參判 與許贊成磁 協心薦賢 忤於時貴 竄于外 凡五年 自是常有棄官 歸來之志 其庶叔與公昵者 每曰 外居宰相 吾見出西小門者 未見有從南大門而出者 盖仕官于京者 至死不去故云 然公每嫌其言 其自開城納節 而歸也 庶叔者 送之江滸 公臨觴語之曰 吾乃今得出南大門矣

『識小錄』*

① 納節 : 벼슬아치가 朝廷에서 받은 정절(旌節; 使者가 들고 나가는 儀仗. 旗)을 返還하는 것. 辭職을 뜻함.

* 識小錄 : 前出.

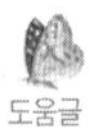

남대문으로 나간다는 것은, 살아서 남대문으로 나감을 말한다. 시체는 남대문으로 나갈 수 없기 때문이다. 시체가 나갈 수 있는 문은 이른바 시구문屍口門이라는 西小門과 光熙門으로 제한되어 왔다. 그러므로 南道 등에서 서울에 올라와 宰相이 된 자는 대개 죽어서 시체로 돌아가기 때문에 남대문으로 나가지 못한다. 송순은 살아서 돌아갈 수 있게 되었으므로 "남대문으로 나가오"라고 한 것이다.

평생 공부가 허사

인조 때에 남한산성이 포위되었을 때에 계곡 장유가 사사로이 나에게 말하기를 "성이 만약 불리하게 된다면 칼을 가지고 자살하기는 매우 어려우니 어찌하여야 잘 죽을 수 있겠습니까?" 하였다. 내가 대답하기를 "칼을 빼어 제 목을 찌르는 것은 장사壯士나 할 일이지 선비가 할 수 있는 일이 아니오. 우리는 중신重臣이니 오직 임금을 옆에서 모시고 섰다가, 만약 난병亂兵에게 죽지 않고 적이 잡아서 항복 받으려 할 때에는 굴하지 아니할 뿐입니다. 내가 비록 내 손으로 목을 찌르지 않더라도 적이 칼질을 하지 않겠소? 잘 죽는 도리는 이 같을 것이오"라고 하였다.

강화가 함락되었다는 소문을 듣자 장유는 눈물을 흘리면서 자기의 목을 칼로 찌르지 못하고 나에게 이르기를 "우리가 평상시 학문의 힘 때문에 얻은 것이 많다고 스스로 믿었는데 오늘에 이르러서는 조금도 힘이 되지 못하니 평생 공부가 모두 허사이오" 하였다.

南漢圍城中 谿谷私曰 城若不幸 手刃自死甚難 何以則可得善死 答曰 拔釰自刎 固是壯士事 非儒生所能爲也 吾輩重臣 唯當衛立君父之側 若不死於亂兵 而執之 欲屈 則但不屈而已 我雖不爲自刎 賊獨不加刃乎 善死之道 不過如是矣 及聞江都之敗 谿谷涕泣區區 不能自刎 謂吾曰 吾輩平日 自謂學力有得 至于今日 少無所賴 一生工夫 摠是虛事云　　　　　　　　『澤堂家錄』*

① 나 : 『澤堂家錄』의 저자인 이식(李植)을 말함.
* 澤堂家錄 : 前出.

하늘의 해가 부끄러워

광해군 때 인목대비를 폐하자는 얘기가 돌아 내가 심 정승 집에 들렀다가 묻기를 "이번 의론에 참여하지 않으면 죄를 어느 정도나 받을 것 같습니까?" 하니 그가 답하기를 "어찌 문외출송門外黜送보다 더 하겠나. 나는 이미 체직이 되었소" 하였다. 그 의론이 드러난 뒤에 들어 보니 심 정승도 참여하였다.

훗날 다시 들렀더니 방안에 있다가 문을 닫고 접대하면서 말하기를 "어제 정청庭請에 참여하고 돌아와서 오늘은 하늘의 해가 보기 부끄러워 감히 방에서 나가지 못하오" 하였다. 당시에 사람들이 너무 겁을 내어 그 의론에 참여하지 않으면 생사生死에 관계될 것이라고 생각하여 부득이 참여하는 사람이 많았다. 그러나 심 정승 같은 사람은 세상 일을 많이 겪어서 일을 추측하는데 익숙하므로 미리 그 죄가 문외출송에 불과할 줄을 알면서도 결국은 참여하였으니 문외출송의 작은 죄를 겁내어 일생의 대절大節을 상실한 것이다.

지금도 그의 얼굴과 말하던 모습이 생각난다. 세속의 사대부들은 일생에 오로지 벼슬로 재미가 무궁하니 문외출송이란 벌은 나 같은 사람들로서 볼 때는 아무것도 아닌 것 같으나 그로서는 한번 문외출송을 당하면 반드시 그 손실이 많아서 매우 답답한 데가 있기 때문에 쉽사리 결단을 못한 것이었다.

大論將發之時 過拜沈相問曰 不參此論 則其罪當至何等 答曰 豈過於門外黜送耶 我則預爲遞職 旣發
之後 聞 沈亦參 後過見 在房內 閉戶相接曰 昨參庭請而歸 今日 羞見白日 不敢出房耳 其時人 皆過慮
若不參其論 則以死生可憂云 故不得已出參者多 至如沈相 則閱世已多 料事甚熟 預知其不過門黜 而
終不得不參 一生大節 畏門黜小罪 而失之 其時顔面與所言 至今思之矣 世俗士大夫 一生專爲仕官
滋味無窮 門黜之罰 使我之人見之 雖似甚輕 彼則一番門黜 必多其所損所失 有大段悶處 故不能忍決
矣　　　　　　　　　　　　　　　　　　　　　　　　　　　　　　　　　　　『澤堂家錄』*

① 大論 : 光海君 때에 있었던 廢母論(仁穆大妃를 廢하자는 論議) ; ② 門外黜送 : 城門 밖에 나가 살도록 내쫓음 ; ③ 庭請 :
世子 또는 議政이 百官을 거느리고 宮庭에 이르러 大事를 啓禀(계품)하여 전교를 기다림 ; ④ 沈相 : 정승 沈喜壽(호 一松)를
가리킨 듯함.
* 澤堂家錄 : 前出.

청풍군수가 욕을 당했네

연봉蓮峯 이기설李基卨이 어릴 때부터 지극한 효심이 있었고 학식이 남보다 뛰어나 덕망과 명성이 있었다. 선조 병신년에 청풍군수가 되었는데 그때 왜적의 침입이 있었다. 찬획사 이시발이 군사를 이끌고 방어하다가 헛놀라 패하고는 수령들에게 죄를 뒤집어 씌워 이기설과 제천현감 이유간을 잡아 곤장을 쳤다. 친구들이 편지를 보내어 위로하니 답하기를 "청풍군수가 욕을 당하였네"라 하였다.

듣는 사람들은 모두 이기설이 반드시 벼슬을 버릴 것이라 여겼는데 과연 인印을 던지고 돌아와 다시는 벼슬하지 않았다. 50세도 안 된 나이에 서강에 숨어 살면서 성안에 발을 들여놓지 않아 여러 번 남대南臺로 제수除授되고 조정에 있는 선비들이 다투어 추천하여 당상관에 오르기까지 하였으나 한 번도 부름에 응하지 않았다.

李蓮峯基卨 少有至行 學識過人 負重名 宣祖丙申 爲淸風郡守 時倭寇 贊畫使李公時發 提師扼衝 虛驚自潰 歸罪於守令 並拿公與堤川縣監李惟侃而杖之 相知者 貽書唁之 復之曰 淸風郡守被辱云 聞者以爲此人必棄官 果卽投印而歸 更不仕 年未五十 卽屛迹西江 終不迹城市 屢除南臺 朝紳爭薦 至超堂上 一不膺命

『西郭雜錄』*

① 贊畫使：補佐謀劃의 임무를 띤 使者 ; ② 復之：'復'은 回答의 뜻 ; ③ 果卽：과연 곧.

* 西郭雜錄：前出.

깨끗한 자리엔 고상한 사람이 가야

이교악이 의정부 사인舍人에 임명되었을 때 그 친구 한 사람이 농담하기를
"어찌하여 관직은 맑은데 사람은 고상하지 못하나?" 하니 사람들이 웃었다.

교악이 말하기를 "말은 비록 우연히 농담에서 나온 것이나 고상하지 못하다는
말이 여러 사람이 있는 자리에서 발설되었으니 외람되어 취임할 수 없다" 하고 사
직하였으니 옛사람의 염치가 이와 같았다. 이 관직은 극히 맑은 자리이기 때문에
수 십 년 동안 비워 두는 때도 많았다..

李喬岳除拜舍人 其友一人 戲之曰 何其官淸人鄙 座中笑之 李以爲言雖偶戲 人鄙之說 旣發於稠中
不可冒出 仍辭遞 古人廉隅如此 盖此職是極選 故多有數十年不出之時　　　　　　　　『二旬錄』*

　　① **廉隅** : 사물의 구석(稜角). 염치 구석. 品行이 方正하고 節操가 堅固함의 뜻으로 쓰이기도 한다.
　　＊二旬錄 : 前出.

공정한 서인西人 감사도 있었다

민백상閔百祥은 진원鎭遠의 손자이다. 동래부사로 있다가 경상감사로 승진되었는데 부임 초기에 그의 팔촌형 성주목사 백남百男이 한강서원寒岡書院의 재임을 잡아 가두어 놓고 그 죄를 장황하게 보고하였다.

한강서원은 남인南人의 서원인데 고을에 새로 소론少論을 하는 자가 많아서 연명聯名하여 목사에게 글을 아뢰기를 "정한강이 입암立巖을 비방하여 배척하였고, 지금 서원의 재임 모某의 할아버지 모某가 지은 『잡록』이란 글이 있는데 입암을 욕한 말이 많습니다"고 하였으므로 백남이 위에 죄를 장황하게 보고하여 반드시 중하게 다스리려 한 것이다.

백상이 제사題辭하여 보내기를 "그 사람들을 어찌하여 감사에게 보고하기도 전에 먼저 가두었는가. 곧 풀어 보내고 그들을 고발해서 글을 바친 주모자들을 잡아 가둔 뒤에 다시 보고하라" 하였다. 백남은 감사가 잘못 보고서 제사題辭를 한 것으로 의심하여 또 보고하니 역시 전과 같은 제사를 내렸다. 백남이 직접 가서 말하기를 "선조先祖가 비방을 받고 배척을 당하였는데 우리 형제가 목사로 있고 감사로 따로 있으면서 다스리지 않고서야 어찌 되겠소" 하였다.

백상이 말하기를 "형님은 어찌 이런 말을 하시오. 동인과 서인의 당파가 나누어진 뒤로부터 서로 비방하고 배척하는 것은 괴이하게 여길 것도 없는 것입니다. 선조의 을사년 일은 자신이 곧 뉘우쳤으므로 다행히 죄명을 씻었는데 다른 당파들이 요청하는 것을 어찌 반드시 시끄럽게 다투어 변명할 필요가 있겠소. 이것은 묻혀 있는 불을 다시 끄집어내는 것과 같습니다. 남의 집 사사로운 기록은 원래 적발

할 수 없는 것이요, 또 영남에서 새로 이를 논하는 자는 모두 전일에 남인南人을 하던 집들보다 못한 자들인데 우리 형제가 목사와 감사가 된 기회를 타서 사사로운 감정을 품고 서원을 망치려는 계책이니 이 같은 악독한 무리는 엄하게 단속하여야 고을의 싸움을 그치게 할 수 있습니다" 하고 곧 공문을 보내어 먼저 가두었던 사람들을 석방하고 연명한 글을 바친 주모자를 잡아 들여 엄하게 처벌한 뒤에 풀어주라 하였다. 백상이 도道를 다스리는 데 있어도 선정善政이 많았다 한다.

閔百祥 鎭遠之孫 由萊府登道伯 莅任之初 其三從兄星州牧百男 捉囚寒岡書院齋任 張皇論報 盖寒岡書院 午人之院 鄕多新論者 聯名呈文曰 鄭寒岡 詆斥立巖 今院任某之祖某 有雜錄 多醜詆立巖者云云 百男 論報必欲重究 百祥 題送曰 某等 何爲不報而徑囚耶 卽爲放送 而捉囚呈文狀頭後 報使 百男疑 其誤見 而誤題 又爲稟報 而如前題 百男親往語之曰 先祖受誣辱 而吾兄弟爲牧爲伯 不之治耶 百祥曰 兄何爲發此言耶 自東西分貳之後 互相詆斥無足怪也 先祖乙巳事 特以追悔之 故幸得伸雪 而異己之詆斥 何必呶呶爭卞 是藏火之復起也 人家私錄 固不可摘發 且南中新論者 皆不如舊論之家也 乘我兄弟之爲牧伯 欲快私怨 而傾奪院宇之計也 如許悖亂之輩 嚴加堤坊 可息鄕戰 仍卽發關 放其先囚 捉致狀頭 嚴刑放送 按道 亦多善政云 　　　　　　　　『桐巢漫錄』*

① 齋任 : 성균관·四學 등에 寄宿하며 修業하는 儒生들 중의 임원. 여기서는 書院의 齋任 ; ② 立巖 : 朝鮮 中宗·明宗 연간의 문신 閔齊仁의 호. 立巖은 乙巳士禍 때 官爵이 削奪당하는 억울함을 당하였지만, 힘써 直言으로 다투지 못한 것을 스스로 근심스럽게 생각했으며 淸論의 批判을 받을 것을 걱정했다. 尹任·柳灌·柳仁淑 등의 三大臣에게 極刑으로 罪를 論할 때 立巖은 李彦迪·權橃 등과 함께 入對하였으나 老母가 생존해 있으므로 힘써 救하지 못하여 이를 恨스럽게 생각했다. 그러나 그는 후일 公州로 流謫되어 그곳에서 죽었다.

＊桐巢漫錄 : 前出.

삼촌이 나쁘다고 그 조카까지 쓰지 않는 것은 말이 안 된다

영조 임술년 9월에 임금이 친히 춘당대에서 선비를 시험보아 열 사람을 뽑았다. 다음날 숭문당에서 합하여 고사考查할 때 조명이趙明履가 한 시권試券을 읽으니 임금이 자주 칭찬하기를 "비록 아는 일이긴 해도 어찌 이같이 잘 쓸 수 있는가"고 하였다. 원경하元景夏가 말하기를 "이 글은 끝末端에도 정신이 있습니다" 하였다. 송인명宋寅明이 말하기를 "이 글을 장원壯元으로 함이 옳겠습니다"고 하니 임금이 "그렇게 하라" 하였다. 임금이 승지에게서 시권을 받아 봉한 것을 뜯어 보니 광주에 사는 이익李瀷의 아들 맹휴孟休였다.

서종옥徐宗玉이 말하기를 "이름 있는 선비입니다. 그 아버지가 학문으로 이름이 있습니다"고 하였다. 12일 주강晝講 때 원경하가 말하기를 "이맹휴는 박학한 선비이나 이잠李潛의 조카입니다" 하니 임금이 답하지 않았다. 경하가 또 말하기를 "이잠은 선조先朝 때에 죄가 있어 죽은 사람이라 이것이 애석합니다" 하니 임금이 또 답이 없었다.

17일, 창방唱榜하고 문과文科 열 사람을 선정전에서 면접할 적에 임금이 맹휴에게 이르기를 "네가 지은 글을 보니 실무를 아는 듯하다" 하고 우리 나라의 조세법과 사람 쓰는 방법을 묻고는 당파를 버리고 공정함에 힘쓸 것을 거듭 경계하였다. 18일 주강 때에 임금이 경하에게 이르기를 "그대가 맹휴를 이잠의 조카라고 말하나 그는 글뿐만 아니라 사람됨이 맑고 좋은데 한창 자라는 나무를 어찌 이같이 한단 말인가. 한탄스럽다"고 하였다. 경하가 말하기를 "한창 자라는 나무를 신이 어찌 꺾겠습니까. 다만 위에서 그가 어떤 집안 사람인지 알 길이 없기 때문에 임금께

그것을 알리려고 한 것입니다. 이것이 신하의 직분입니다”고 하였다. 20일 도정都
政에 임금이 말하기를 “맹휴는 시세의 실무를 잘 아니 직접 백성을 다스리는 관직
에 임명하라” 하고 한성주부에 임명하였다.

27일에는 맹휴가 전강殿講에 들어가 참관하였다. 임금이 말하기를 “얼마 전에
경하가 맹휴를 누구의 조카라고 말하기에 내가 경하에게 이르기를 그 삼촌이 비록
나쁘다 해서 그 조카까지 쓰지 못한다는 것은 말이 되지 않는다고 하였지” 하였다.
인명이 말하기를 “경하의 이 말도 진심에서 나온 것입니다. 이런 말을 하지 않고도
만약 그 사람의 앞길을 막으려고 들면 못 막을 것이 없지만, 다만 사정이 적절하지
않아 맹휴는 평범한 사람으로 보기가 어려우므로 이렇게 아뢴 것입니다. 이는 그
를 아끼는 뜻에서 나온 것입니다”고 하였다. 임금이 말하기를 “일전에 이 말을 영
상 김재로에게 하였더니 영상이 말하기를 숙질간에 무슨 관계가 있을까마는 그러
나 아무 일도 없는 자와는 다른 점이 있다고 했다. 이것 또한 시도時道로서 한 말이
다. 이잠이 어찌 역逆인가? 역이 아니다” 하였다. 인명이 말하기를 “우리 왕조로
말하면 심정의 손자 수경守慶이 정승이 되었고 옛적에는 심충의 아들 경이 명신名臣
이 되었습니다”고 하였다.

임금이 말하기를 “이것을 어찌 거기에 견줄 것인가? 근래에 하는 일은 가만히
속으로 다른 뜻을 가지고 있으니 임금의 자리에 있는 사람은 이것을 살피지 않을
수가 없구나” 하고 맹휴를 시켜 주역周易을 강講하게 하고 말하기를 “사람됨이 극히
정묘하다. 오늘날 여러 신하들 중에 그 아버지를 본 자가 있는가? 그 나이 얼마인

가?”고 하였다. 강을 마치자 임금이 말하기를 “잠이 비록 역逆이라 하더라도 내가 죄를 용서하고 맹휴를 쓰고자 하거든 하물며 역이 아님에 있어서랴” 하였다.

英宗壬戌九月 春塘臺親策士 命取十人 翌日 崇文堂合考時 趙明履讀一券 上亟稱之曰 雖所知之事 何能如是書出乎 元景夏曰 末端猶有精神 宋寅明曰 壯元可乎 上曰唯 承旨進券 上親坼封 廣州居李瀷 子孟休也 徐宗玉曰 名下士也 其父以學問著稱 十二日晝講時 景夏進曰 李孟休博學之士 但是李潛之 姪云 上不答 又曰 李潛 是先祖罪死之人 是爲可惜 又無發落 上十七日唱榜 命文科十人宣政殿引見 上謂孟休曰 觀汝對策 似識時務 仍問我國租稅法及用人之道 申戒以務公去黨之義 十八日晝講 上謂 景夏曰 卿謂孟休爲李潛之姪爲言 其人不但文也 爲人精緊 方長之木 卿何如是 爲卿慨然 景夏曰 方長 之木 臣豈遏絕 但自上無由知某家人 欲君父知之者 是臣子之職也 甘日都政 上曰 孟休必識時務 宜除 親民之官 除漢城主薄 甘七日殿講 孟休入參 上曰 頃日景夏以孟休爲誰人之姪 予謂景夏 其叔雖非 其姪不可用乎 寅明曰 景夏此言 亦出眞心 不爲此言 但塞其人 亦何妨 而但事勢不便 自難與平人同 故以此上達 蓋出慨惜之意也 上曰 頃以此言 言於領相金在魯 領相曰 叔姪之間 有何關係 而自與無故 者有異云 此亦以時道言也 李潛豈逆耶 非逆也 寅明曰 以我朝言之 則沈貞之孫守慶 爲相 古則 沈充 之子勁 爲名臣 上曰 此則何可比倫於彼耶 近來事 暗用他意 在上者不可不察也 上仍命孟休進講周易 敎曰 爲人極精明 今日諸臣 有見其父者乎 其年幾何 講罷 上曰 潛雖是逆 予欲蕩滌而用之 況非逆乎

『桐巢漫錄』*

① 發落 : 落着하다. 처치하다. 끝내다 ; ② 名下士 : 명예가 있는 자. 名下無虛士(이름보다 못한 헛된 선비는 없음), 名不虛傳 (이름은 헛되이 전하지 않음)과 같음 ; ③ 唱榜 : 放榜. 과거에 급제한 자에게 증서를 주는 일. 大科에는 紅牌, 小科에는 白牌 를 줌 ; ④ 都政 : 都目政事. 해마다 음력 6월과 12월에 관리의 성적을 평가하여 黜陟(출척)을 행하는 일.

* 桐巢漫錄 : 前出.

관마_{官馬}는 사행_{私行}에 쓰지 못해

응교 최보_{崔溥}는 나주 사람이고 정자 송흠_{宋欽}은 영광 사람이다. 둘 다 홍문관에 벼슬하다가 함께 휴가를 받아서 고향으로 내려 갔는데 두 집의 거리가 15리였다.

하루는 정자가 응교를 방문하여 이야기를 하다가 응교가 묻기를 "자네 무슨 말을 타고 왔나?" 하였다. "역마_{驛馬}를 타고 왔습니다" 하니 응교가 말하기를 "나라에서 역마를 주는 것은 자네의 집까지고 자네 집에서 내 집에 오는 것은 개인일인데 어찌 역마를 탈 수 있는가?" 하고 조정에 돌아온 뒤에 이 일을 아뢰어 벼슬을 갈았다. 정자가 응교에게 가서 사과하니 응교가 말하기를 "자네는 나이 젊으니 뒤에는 조심하는 것이 옳다"고 하였다.

崔應敎溥 羅州人也 宋正字欽 靈光人也 同時在玉堂 俱受由下鄕 相距十五里 一日 正字訪應敎於家 語間應敎曰 君騎何馬來耶 正字曰 馹也 應敎曰 國之所給 止于君家 自君家至吾居 乃私行也 何至乘馹 歸朝 應敎啓此意 罷之 正字來辭於應敎則 曰若君年少輩 後當操心可也 　　　　　『海東野言』*

① 受由 : 말미를 받다.
* 海東野言 : 조선 선조 때의 문인 許筠이 저술한 野史. 『大東野乘』에 들어 있음.

민제인閔齊仁의 탄식

참판 김난상金鸞祥은 을사乙巳의 명사名士였다. 그가 정언으로 집에 있을 때 대사헌 민제인閔齊仁도 한 동네에서 살았는데 나이가 김난상보다 훨씬 많았다. 착한 선비들이 죽임을 당한 뒤에 민제인은 나이 젊은 청론淸論의 선비들로부터 배척을 받는 줄을 자신도 알고서 항상 마음이 불안하였다.

하루는 출근길에 김난상의 집을 들러서 먼저 명함을 들여 보냈더니 조금 있다가 한 어린 종이 도로 명함을 가지고 와서 말하기를 “주인께서 지금 머리를 빗고 계시니 우선 안으로 들어오십시오” 하였다. 민제인이 매우 부끄럽고 분개하여 집에 돌아와서 탄식하기를 “내가 남에게 이끌려 한번 죽음을 참지 못한 탓으로 이웃집 소년에게 욕을 당하게 되었으니 누구를 탓하리오” 하였다.

민제인의 벼슬이 찬성에 이르렀으나 항상 스스로 분하고 한이 되어 남을 보고 탄식하기를 “처음에는 윤임만 내치려고 한 것인데 사태가 점점 심하여 어찌 이 지경에 이를 줄 알았겠나. 공신이 되어 상을 받으니 부끄럽게 여기오” 하였다. 후에 이 말이 누설되어 훈장과 벼슬을 빼앗겼다.

金參判鸞祥 乙巳名士也 嘗以正言在家 大憲閔齋仁在洞內 年紀絶高 而善類誅殺之後 自知爲年少淸論 所不與 常不安於心 一日 赴任 歷入金公家 先投名啣 俄有一少婢 持而出曰 方梳頭 姑立門內 閔大慙恚 卽命還家 嘆曰 我爲人所挽 不忍一朝之死 終見辱於隣里少年 尙誰咎哉 閔陞二相 常自憤恨 對人嘆曰 當初只欲黜任而己 豈知轉輾至此乎 錄勳論賞 豈不愧哉 語洩 削勳奪其官爵

『寄齋雜記』*

＊寄齋雜記 : 前出.

乙巳士禍는 王室外戚間의 勢力 다툼으로 많은 名流들이 희생된 사건이므로 被禍者 가운데서도 오히려 年少한 淸論의 批判을 받기도 했다. 閔齊仁도 그 가운데 한 사람이다. 처음 尹任·柳灌·柳仁淑 등의 大臣을 論罪할 때, 尹任은 罪를 논할 만하지만 모두 그렇게 되면 士氣가 위축될 우려가 있으므로 그 시기가 적당하지 않음을 주장한 것이 민제인의 立論이다. 그러나 다시 三大臣을 極刑으로 죄를 論할 때, 민제인은 李彦迪·權橃(발 또는 벌) 등과 함께 入對하였으나 老母가 生存해 있으므로 힘써 구하지 못했던 것이다. 그때 죽지 못한 것을 늘 不安해하고 근심스럽게 생각한 것이 그의 탄식이다. 그 후 誣獄事件의 顚末을 기록한 安名世의 史草를 奸凶들이 고치려 하자 민제인 한 사람만 그 不可함을 주장하다가 明宗 3년(1548)에 그는 官勳을 삭탈당하고 公州에 流配되었으며 거기서 죽었다.

사람의 처신에는 각기 그 유類가 있는데

신여철이 훈련대장으로 있을 때 대사간인 한 명사가 방문하였다. 신여철이 그 온다는 말을 듣고 전립을 벗고 관으로 바꿔 쓰고 대하였더니 대사간이 화를 내고 돌아가 다른 사람들에게 이 일을 말하였다.

사람들이 그 말을 퍼뜨리니 신여철이 말하기를 "저들은 내가 관을 쓰고 있던 것만 알지 그가 오는 것을 미리 알고 바꾸어 쓴 것은 모르고 있다. 사람의 처신 중에는 각기 그 유類가 있는 것인데 대사간은 명사 중에서도 최고이니 마땅히 이조참의나 부제학 등과 서로 어울려야 옳았을 것이다. 나는 무장武將이니 전립을 쓴 무리들이나 와서 볼 것이지 사간원의 맑은 직함으로서 무엇 하러 나한테 왔는가. 그가 이미 체통을 잃었는데 내 어찌 공경히 대접하리오. 모름지기 이 말을 그에게 전하라" 하였다. 대사간이 듣고 크게 부끄러워 했다.

申汝哲爲訓將時 有一名宦 以大諫來見 申聞其來 脫笠換着方冠 而待之 大諫慍歸 語人 人傳其言 申曰 彼徒知吾着冠 不知聞其來而換着也 人之處己 各有其類 大諫乃名士之極流 當與吏議副學追隨 吾乃武將 則着戰笠輩亦可來見 栢府淸卿 胡爲乎來哉 人旣失禮 吾何敬待 須以此傳之 大諫聞而大慚

『二旬錄』*

*二旬錄 : 前出.

반정공신反正功臣이 도둑이 되었으니

함릉부원군 이해는 인조의 반정공신이었다. 부귀를 우습게 보고 방일하게 행동하며, 옷을 벗기도 하고 몸을 단정히 가지지 않았다.

내가 젊었을 때 그 사람됨을 이상히 여겨서 선친先親께 물었더니 웃으며 말하기를 "부원군에게 생각이 있어 그런 것이다. 처음에 반정을 의론할 때에는 모든 사람들이 다 나라를 편안케 하고 백성을 위한다는 말을 하므로 그가 기쁘게 참여하였는데 성공을 하고 나자 그 말대로 실천하는 이가 없어, 가산을 몰수당한 집들의 그릇과 의복 등의 물건을 모아 놓고 날마다 분배하기까지 하였다. 이해가 그 자질구레하고 탐욕스럽고 비루한 꼴을 보고는 부끄러워 죽고 싶어서 스스로 폐인으로 몸을 마치어 본래의 뜻을 밝히려 한 것이다. 어찌 그 겉으로 나타난 행동만 가지고 그 인품을 논하겠느냐?" 하였다.

咸陵府院君李公㵳 靖社功臣也 懶睨軒冕 務自放逸 裸程身體 不事檢束餘於少時 異其爲人也 嘗質之先君 先君笑曰 李公故自有意 始議反正之日 諸人皆以安社稷 保民生爲說 姑李公樂聞而與焉 反至勳業已成 多有不能踐其言者 至聚籍沒家器皿衣服之類 日月聚會 親自分之 李公見其瑣屑貪鄙之狀 羞愧 欲死自廢 終身以明素志 豈可執其跡 而論其所存乎　　　　　　『出典未詳』

이원익李元翼은 늙을수록 조심했다

이완평이 한 늙은 재상에게 말하기를 "대감도 마음이 바뀌어 소인으로 변하는 일이 있습니까?" 하니 늙은 재상이 말하기를 "내가 비록 옛 사람에게 미치지는 못하나 항상 옛 사람을 배우려 하는데 어찌 마지막에 가서 소인이 될 염려가 있겠습니까?" 하였다.

완평이 말하기를 "그렇지 아니합니다. 정인홍이 강직하기가 세상에 드물었는데 이름을 얻었을 때 그가 마지막에 폐모론廢母論에 참석할 줄 알았겠습니까? 그러나 나이 늙어 뜻이 쇠하니 친구들이 밖에서 권하고 자손이 안에서 충동질하여 마침내 폐모를 청하는 상소를 올려 90세의 나이에 도시에서 처형되었습니다. 그러므로 나는 항상 심성이 바뀌어 잘 죽지 못할 것을 염려하여 두려워 하고 조심하기를 마지 않습니다"고 하였다.

李完平嘗語一老宰曰 公亦有心性換易 變爲小人之事乎 老宰曰 我雖不及古人 常以古人爲師 豈有終爲小人之慮 完平曰不然 鄭仁弘剛硬世罕有比 當其得名之時 人豈期之於參涉廢母之論乎 其及年老志衰 朋友敎誘於外 子孫慫慂於內 終上請廢之疎 九十之年 伏刑都市 故吾則常恐心性變易 不得令終惕慮不弛

『國朝人物志』*

* 國朝人物志：前出.

도읍_{都邑}을 만들고서도 옮기지 못할까 봐

광해군 때 지관 이의신_{李懿信}이 교하_{交河}로 도읍을 옮길 것을 비밀리에 건의하였다. 임금이 이품_{二品} 이상에게 의견을 물으니 모두 옳지 않다고 하였다. 임금이 내시 이봉정에게 묻기를 "내가 도읍을 옮기려 하나 조정에서 찬성하지 않으니 그래도 할 수 있겠느냐?" 하였다. 봉정이 대답하기를 "임금이 하고자 하면 무슨 일인들 못하겠습니까마는 다만 도읍을 만들어 놓고도 미처 옮기지 못할까 염려됩니다"고 하였다.

임금이 말하기를 "그것은 무슨 말이냐?" 하니 대답하기를 "백성의 뜻을 거슬리고서 일이 잘 되는 것을 보지 못하였으므로 이렇게 아뢰는 것입니다"라고 하였다.

光海時 地官李懿信 密贊遷都交河之議 主收議于二品以上 皆以爲不可 主問內侍李鳳禎曰 予欲遷都 廷議不欲 其可爲乎 對曰 人主欲爲 則何事不可爲 只恐成都 而不及遷耳 主曰 何也 對曰 咈民情 而能成事 未之見也 姑云爾　　　　　　　　　　　　　『苔泉雜記』*

*苔泉雜記 : 조선 선조 때의 문신 閔仁伯이 저술한 逸話・閑談集.

하위지河緯地는 세종世宗이 내린 상은 받았지만
수양대군首陽大君이 주는 상은 받지 않았다

단종 계유년 봄에 『역대병요歷代兵要』가 완성되었다. 처음에 세종이 집현전 학사들로 하여금 『역대병요』를 편찬케 하고 수양대군을 총재관으로 삼았는데 그 책이 이때에 와서 완성된 것이다. 수양대군이 임금에게 말해서 여러 학사들의 벼슬을 승진시켜 그 공로에 보답하였다. 성삼문·유성원 등 그 일에 참여한 이는 모두 상자賞資를 받았다.

하위지河緯地는 그때에 사헌부집의로서 중훈대부의 계급에서 중직대부로 승진되었는데 굳이 사양하고 받지 않았다. 그것은 당시에 임금이 어리고 국가가 불안한데 대군大君이 벼슬과 상을 가지고 조정의 신하들을 농락하는 것은 부당하고 조정의 신하들도 종실宗室의 농락을 받아서는 안된다는 뜻이었다. 여러 번 글을 올려 사양하였으나 임금이 허락하지 않으므로 하루는 면대하여 생각한 바를 다 말하겠다고 청하였다. 이 일에 대해 임금이 대신들에게 물었더니 황보인·김종서 등이 말하기를 "대군大君이 예에 따라 상 주기를 청한 것이지 다른 뜻은 없는 것입니다. 일찍이 세종 때 책을 펴낸 공로로 계급을 승진하는 상을 사양하지 않았습니다. 지금 와서 스스로 뾰죽한 척하는 것으로 인해서 변경할 수 없으니 허락하지 마소서" 하였다.

위지가 또 아뢰기를 "세종 때에는 은혜가 임금에게서 내려왔으므로 받았지만 지금은 은혜가 아래에 있는 대군에게서 나왔으니 받을 수 없습니다. 이 일로 매우 난처하여 더 이상 조정에 있을 수 없습니다" 하므로 부득이 집의의 관직을 고쳐서 집현전 직제학을 삼았다. 얼마 후에 병을 핑계로 고향으로 내려갔다.

癸酉春 歷代兵要成 初世宗 令集賢殿儒臣 撰歷代兵要 而世宗以首陽大君 爲總裁官 其書至是方成
世祖詣闕 請加諸儒資級 以酬其勞 於是 成三問柳誠源等 凡與其事 皆受賞資 河緯地時爲司憲府執義
以中訓階 陞中直 力辭不受 大抵 以爲今主少國疑 宗室 不當以爵賞籠絡朝臣 朝臣亦不當爲宗室所籠
絡 屢啓不允 一日 請面對盡所懷 上命問於大臣 皇甫仁金宗瑞等 以爲大君循例請賞 非有他意 而世宗
朝 緯地亦曾以撰集功 有賞資不辭 今獨如此 不可因一儒臣自衒 有所改易 請勿許面對 緯地又啓曰
世宗朝 恩出於上 姑受 今則恩出於下 故不受 臣勢窮理極 不可立朝 朝廷不得己 改執義爲集賢殿直提
學 未久 病告下鄕　　　　　　　　　　　　　　　　　　　　　　　　　　　　　　　　　　『西厓集』*

① **資級** : 벼슬아치의 품계(品階) ; ② **賞資** : 賞으로 내려주는 品級(官職의 等級).
* **西厓集** : 前出.

싸움질에 익숙한데 어찌 왜적을 막지 못했나

이오성이 해학을 잘 하였는데 어떤 사람이 말하기를 "동서 당파의 싸움이 마침내 왜적을 불러들였으니 심히 통분할 일이다" 하니 오성이 말하기를 "동인과 서인이 서로 싸움질에 익숙한데 조정에서 이 무리들로써 왜 적을 막지 못했을까?" 하였다.

李鰲城善詼諧 或曰 東西之戰 終致倭寇 甚可痛也 鰲城曰 東西之人 相戰熟矣 朝廷 何不以此輩禦賊 乎

『寄齋雜記』*

① 鰲城 : 오성. 鰲城府院君 李恒福. 호는 白沙.

＊ 寄齋雜記 : 前出.

송사연宋祀連이 만든 익필翼弼 형제는?

송익필宋翼弼의 형제가 모두 글을 잘하고 말을 잘하였다. 그 할머니 감정甘丁의 초상初喪에 율곡이 신주神主를 썼다. 그러므로 그들이 사대부들과 사귀면서 기탄이 없었다.

익필이 일찍이 말하기를 "오례의五禮儀는 신숙주가 만든 것이니 나는 취하지 않는다"고 하였다. 한 조관朝官이 비웃기를 "송사연이 만든 익필 형제는 도리어 취할 만한가?" 하였다. 그 사람이 이 말 때문에 한 평생 벼슬이 올라가지 못했다. 당시 익필 형제의 세력이 이 정도였다.

宋翼弼兄弟 皆能文善談論 其祖母甘丁之死 栗谷爲之題主 以是 在士大夫間 放言無忌 翼弼嘗曰 五禮儀 申叔舟所做 吾不取也 有一朝士戲之曰 宋祀連所做翼弼輩 反可取乎 其人 坐此 坎軻終身 其時翼弼輩氣焰 有如此者矣　　　　　　　　　　『桐巢漫錄』*

① 坎軻 : 坎坷(감가)와 같음. 不遇. 뜻을 얻지 못함.
＊ 桐巢漫錄 : 前出.

도움글

宋翼弼 형제(아우는 翰弼)는 미천한 가문 出生이었지만, 당대의 名流인 李珥·成渾 등과 친교가 있어 그 세력이 막강했다. 그래서 失節한 신숙주가 쓴 五禮儀 따위는 보지 않는다고 했다. 그러나 그의 아버지인 송사련은 賤出로서도 벼슬할 기회를 잡으려고 權臣 沈義 등에 의부, 辛巳誣獄을 일으켜 安瑭·安處謙 등 많은 사람에게 화를 입히고 자신은 그 공으로 堂上에까지 올랐다. 뒤에 安處謙 등의 무죄가 밝혀져 송사련은 삭탈관작되었다.

임금 앞에서 바로 말하지 못하고 물러나서 뒷말로 하는 것 또한 "임금을
속이지 말라"는 의리에 어긋난 것이다

판서 윤국형尹國馨이 승지로 있을 때다. 그가 경연에 들어가려는데 칠원漆原 윤탁
연尹卓然이 특진관으로서 빈청에 있었다. 칠원이 그때 형조판서로 있었으므로 빈청
에서 여러 사람에게 왕자가 횡포해져서 뇌물을 받고 형벌을 방해한다고 매우 강력
하게 말하였다. 국형이 임금 앞에 들어가서 그 일을 말하니 임금이 어디서 들었는
가 하고 물으므로 윤탁연에게서 들었다고 대답하였다.

임금이 칠원을 돌아보고 물으니 칠원이 임금의 안색이 좋지 않은 것을 보고 비
위에 거슬릴까 두려워 하여 대답하기를 "신은 알지 못하는 바입니다" 하니 임금이
성내어 윤국형을 상주 목사로 내보냈다. 청천 심수경이 칠원에게 이르기를 "그대
가 왕자의 일을 강력하게 말하는 것을 나도 또한 참여해서 들었는데 어찌 잊었는
가" 하니 칠원이 낯이 붉어 대답하지 못하였다.

칠원이 자기 말을 뒤엎는 것은 족히 말할 것도 없지마는 청천이 임금 앞에서 바
로 말하지 못하고 물러나서 뒷말로 하는 것 또한 임금을 속이지 말라는 의리에 어
긋난 것이다.

尹判書國馨 爲承旨 將詣經筵 尹漆原卓然 亦以特進 同在賓廳 時 王子漸橫 漆原 力爲刑部尙書 極言
王子受賄擾刑獄之事 國馨 入對言之 上問所從聞 以聞於漆原對 上 顧問漆原 漆原 見上色不悅 恐忤
旨 對曰 臣所不知 上怒 黜爲尙州牧 沈廳天守慶 退謂漆原曰 公極言王子事 吾亦預聞 公豈忘之耶
漆原 面赤不能答 漆原之反復 固不可足言 聽天之不能誦言於上 而退有後言 亦失勿欺之義矣

『涪溪紀聞』*

① 以聞於漆原對 : 漆原에게 들은 것으로 대답하다. 漆原에게 들었다고 대답하다. '漆原'은 尹卓然의 本貫이 漆原이므로 家系
辨誣 功臣으로 錄勳될 때 漆原君으로 封해졌다. ; ② 預聞 : 預而聞과 같다. (함께) 참여하여 듣다. 여기서 '預'는 '참예할 예'다.
; ③ 反復 : 뒤집다. 여기서 '復'은 '覆과 같은 뜻.
* 涪溪紀聞 : 前出.

채세영_{蔡世英}은 임금 앞에서 사필_{史筆}을 빼앗았다

중종 기묘년 사화가 일어나던 날 밤에 사관_{史官} 채세영이 그 사실을 듣고 대궐에 들어갔다. 수상 정광필이 자리에 있었으므로 (그 앞에 가서) 사건의 내용을 물으니 모른다고 하였다. 남곤에게 가서 물으니 남곤이 머뭇거렸다. 정광필이 돌아보고 말하기를 "사관은 본 대로만 기록하라"고 하였다.

이때에 김근사가 가승지로 들어와 있다가 범죄 사실을 고쳐 쓰려고 얼른 채세영의 붓을 빼앗으니 채세영이 급히 일어나 붓을 도로 빼앗으며 말하기를 "이것은 사관의 붓이니 다른 사람이 쓰지 못한다" 하고는 임금에게 아뢰기를 "신은 간관이 아니니 월권_{越權}으로 말하는 것은 죄가 됩니다. 그러나 조광조 등이 무슨 큰 죄가 있기에 지금 이렇게 하십니까? 죄명을 듣고자 합니다. 우의정 안당이 지금 밖에 있고 들어오지 못하였으니 그를 불러서 의논하기를 청합니다" 하였다. 좌우에 있던 사람들이 목을 움츠렸다.

유용근이 듣고 장하게 여겨서 말하기를 "알지 못하였느니라, 채세영이 어떻게 생긴 사람인데 이같이 말할 수 있단 말인가" 하였다. 유감과 민기문이 서로 말하기를 "세상의 군자는 오직 채세영 한 사람뿐이다"고 하였다. 그가 길에 다닐 때에 아는 사람들이 모두 그를 가리키며 "저 분이 임금 앞에서 붓을 빼앗은 분이다" 하였다.

己卯士禍作 蔡世英聞變赴闕 首相鄭公光弼在座越 問事所由則 曰不知也 移就南衰問之 衰囁嚅 鄭相
顧曰 史氏第紀所見 時金謹思以假承旨 將改罪案 遽奪公筆 公急起奪還曰 此史筆非他人所得用 因白
上 臣非諫官 出位有罪 此等胡大罪 今乃爾耶 顧聞罪名 右相安瑭在外 不得入 請召議之 左右縮頸
柳庸謹聞而壯之曰 不識蔡某作何狀 乃能爾 柳堪閔起文 相語曰 世無君子者 惟老蔡一人而己 行道上
識者 指之曰 此上前奪筆公也　　　　　　　　　　　　　　　　　　　　　　　　　『海東名臣錄』*

①囁嚅：섭유. 말을 하려다가 다시 머뭇거림 ; ② 第紀所見：'第'는 '다만 제'. 다만 본 바대로 기록하라 ; ③ 假承旨：임시로
임용한 승지.

＊海東名臣錄：前出.

동고_{東皐} 이준경_{李浚慶} 수상은 과연 퇴계_{退溪}와 남명_{南冥}에게도 처세법을 깨우쳐 주었다

이동고가 일찍이 말하기를 "나는 기묘년 여러 사람 중에서 조광조 이외에는 취하지 않는다"고 하였다. 퇴계가 만년에 서울에 들어 왔을 때에 동고를 방문하였더니 동고가 말하기를 "대감이 나를 와 보는 것이 어찌 늦었소" 하니 퇴계가 대답하기를 "진작 오려고 하였으나 손님이 많아서 몸을 뺄 수 없었습니다"고 하였다. 동고가 말하기를 "기묘년에 조정암의 문정_{門庭}에 손이 들끓더니 얼마 안 가서 화를 당하였으니 이것도 또한 좋지 않은 일이었소" 하였다.

남명이 임금의 부름을 받아 조정에 들어 왔을 때에 동고가 여러 번 하인을 보내어 문안하였다. 뒷날에 남명이 비로소 가서 동고를 방문하였더니 동고가 말하기를 "나를 와서 보는 것이 어찌 이다지 늦었나" 하였다. 남명이 말하기를 "네가 마땅히 나를 와서 봐야 하는데도 도리어 내가 와서 보는데 어찌 늦었다고 책망하는가" 하니 동고가 말하기를 "네가 산림에 있을 때라면 내가 마땅히 너를 먼저 방문해야 할 것이지마는 네가 지금 관직 때문에 부름을 받고 조정에 들어왔는데 내가 지금 수상으로 있으니 네가 숙배_{肅拜}한 뒤에는 곧 와서 뵈야 할 것이다. 내가 어찌 대신_{大臣}으로서 몸을 가볍게 하여 먼저 가 보겠는가" 하였다. 동고와 남명이 어릴 적에 친한 벗이었으므로 서로 너라고 부른 것이었다.

퇴계가 왔을 때에는 하인을 보내어 문안하는 것도 없었다. 그리고 퇴계를 가리켜 "들고양이"라 하고 오직 남명만을 자못 취하였으니 이는 그 기상이 유학자_{儒學者}의 구속이 없는 까닭이었다. 동고가 체통을 차려서 스스로 존중함이 이와 같았다.

李東皐嘗云 己卯諸臣 趙光祖外 吾不取云 退溪晚年入朝 就見東皐 則東皐曰 令公何來見之晚耶 退溪
曰 有意來訪久矣 緣客多不能拔來 東皐曰 己卯年間 靜庵門庭 賓客嘈嗒 不久取禍 此亦不好事云云
南冥承召入朝時 東皐累仟人問之 後南冥始往訪 東皐曰 何來見之晚耶 南冥曰 大監當來見我 我反來
見 大監何責其晚耶 東皐曰 汝若在山林之時 吾固當先訪 汝今以官承召入朝 吾方忝在首相 汝肅謝之
後 卽當來謁 吾何以大臣 輕身先往見耶云 盖東皐與南冥 有素 故相爾汝 至於退溪之來 仟問之禮 亦
闕之 嘗目退溪爲山猫 唯南冥頗取之 以其氣象 無儒者拘束故也 東皐亢高自重 如此

『澤堂家錄』*

① 嘈嗒 : 시끄럽게 떠듦. 사람들이 모여서 떠들기 때문에 '들끓음'이라 하기도 한다.
* 澤堂家錄 : 前出.

도움글

퇴계는 官人이고 남명은 山林處士다. 그러므로 수상인 동고는 퇴계가 서울에 왔을 때는
사람을 시켜 문안하는 일도 하지 않았으며 그 대신 남명에게는 平素의 友誼로 사람을 시
켜 문안을 했다. 다만, 남명이 벼슬 문제로 임금의 부름을 받고 서울에 왔으므로 동고가
먼저 직접 남명을 찾아가 만날 수는 없다는 것이다. 동고가 퇴계를 가리켜 "들고양이[山
猫]"라 한 것은, 퇴계가 중앙관직에 임명되어도 한 자리에 오래 있은 적이 없기 때문이다.
혹은 "들오리[野鴨]"라고도 한다. 서울에 왔을 때 찾아오는 사람이 많은 것도 그가 서울에
오래 머물지 않기 때문인지 모른다.

청淸나라 군사를 물리친 것도 따지고 보면 어진 선비의 덕

광해 무오년에 강홍립이 도원수로서 군사를 거느리고 심하에 가서 명나라 군사와 만주 군사를 치다가 패하여 만주사람에게 항복하였다. 인조 정묘년에 만주 군사를 이끌고 와서 옛 임금을 복위시키겠다고 선언하였으니 이것은 계해년 반정反正이 정당한 의리에 틀렸는가를 의심하는 것이었다.

국경에 들어오자 비로소 인조가 덕으로 중흥하여 대비大妃를 복위시켰으며 사계 김장생, 우복 정경세, 여헌 장현광이 조정에 벼슬하는 것을 듣고는 놀라 말하기를 "이 사람들은 반드시 그릇된 도道로서 조정에 벼슬하지는 않을 것이다" 하고 그 뜻이 크게 저상되어 만주 사람에게 권하여 군사를 풀게 하고 자기만 본국으로 돌아갔다. 정묘년에 만주 군사가 오로지 협박으로 강화를 성립시켰으므로 곧 물러간 것이요, 꼭 홍립이 군사를 풀라고 권한 대로 따른 것은 아니라 하더라도 어진 선비의 진퇴가 국가의 경중에 관계됨이 이와 같은 것이다.

光海戊午 姜弘立 以都元帥 領兵赴深河 與明兵合擊建州虜 兵敗降虜 仁祖丁卯 勾虜兵而來 以復舊君
爲辭 盖疑癸亥反正 或失吊伐之義也 及至境土 始知仁祖以聖德中興 奉大妃復位 而金沙溪長生 鄭愚
伏經世 張旅軒顯光 皆彙登朝端 驚曰 此人必不以非道立朝 其意大沮 勸虜解兵 身歸本國 丁卯 虜兵
專爲脅和 和成便退 未必由於弘立之勸令解兵 而賢士之進退 係國家輕重如此　　　『公私見聞錄』*

① 建州 : 州의 이름. 여기서는 滿洲族을 뜻한다. 만주족인 누르하치가 明나라를 멸하고 후에 후금국을 세웠기 때문. 원래 建州 는 청(後金을 改稱한 것)의 조상이 이곳에서 일어났다. ; ② 吊伐 : 弔伐. 백성을 救恤하여 위로함을 '弔'라 하고 죄를 밝혀 토벌함(湯·武의 放伐 같은 것)을 '伐'이라 한다. 『千字文』의 '弔民伐罪'가 이와 같은 것.

* 公私見聞錄 : 前出.

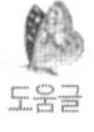

1618년(광해군 10), 明나라가 요동遼東을 침범한 後金(淸의 전신)을 토벌할 때, 명나라의 요청으로 조선에서 援兵을 보내게 됨에 따라 姜弘立이 都元帥가 되어 군사를 이끌고 출정하였다. 그러나 홍립은 明나라 군사의 휘하에 들어가 싸우다가 敗戰하여 휘하 전군을 이끌고 후금 군에 항복했다. 그는 9년 동안 돌아오지 못하고 그곳에 억류되었다가 1627년(인조 5), 후금군을 先導하여 우리나라에 돌아올 때(丁卯胡亂) 처음에는 前王(光海君)을 復位시키겠다고 선언하였으나 이 때 이미 金長生 · 鄭經世 · 張顯光 등 儒賢이 조정에 벼슬하고 있는 것을 보고 후금 사람에게 권하여 군사를 풀게 했다고 한다. 물론 협박으로 강화가 성립되었지만, 어진 선비의 진퇴가 곧 나라의 비중에 크게 관계됨을 알게 한다.

찾아오지 않았다면 벼슬을 얻었을 텐데

청연 이후백이 이조판서가 되었을 때 공정하기에 힘써 청탁을 받지 않았다. 비록 친구라도 자주 찾아가면 좋지 않게 생각하였다.

하루는 일가 되는 사람이 가서 벼슬을 구하는 의사를 표시하니 후백이 안색이 변하고는 수첩을 내어 보이면서 말하기를 "내가 자네 이름을 기록해 두어 장차 관직에 천거하려 하였는데 지금 자네의 청탁대로 한다면 공정한 것이 아니네. 아깝구나, 자네가 만약 말하지 않았더면 벼슬을 얻었을 텐데" 하니 그 사람이 부끄러워 물러갔다.

후백이 관직을 천거할 때에는 반드시 그 사람이 합당한가 아니한가를 두루 물었다. 만약 합당하지 못한 사람을 잘못 임명하였을 때에는 밤새 잠을 이루지 못하고 말하기를 "내가 국사를 그르쳤다"고 하였다.

李靑蓮後白 爲吏判 務崇公道 不受請託 雖親舊 若頻往候之 則深以爲不韙 一日有族人往見 語及求官之意 後白變色 示冊子曰 吾錄子名 將以擬官 今子有求 求而得之 非公道也 惜乎 子若不言 可以得官矣 其人慚而退 後白每擬一官 遍問其人當否 若誤除不合之人 則輒終夜不寢曰 我誤國事

『石潭日記』*

＊石潭日記：前出.

퇴계退溪의 조정調停

을축년 10월에 별과別科를 보인다는 명령이 있었다. 여러 사람들이 (전에 서로 약속한 바를 지켜서 과거를 보지 않을 것인지 아니면 볼 것인지) 그 방법을 논하고 있었다.

선생이 유성룡을 돌아보고 말하기를 "처음에 과거를 보지 않기로 서로 약속한 것이 잘못이다. 그러나 이미 약속을 하였으니 응시하지 않는 것이 옳고, 약속에 참가한 모든 선비가 만약 다 응시하지 않는다면 약속에 참여하지 않은 자 또한 자기들만이 응시할 수도 없는 일이다. 온 나라가 다 응시하지 않는다는 것은 심히 온당치 못한 일이니 과거 기일을 조금 미루거나 (상대의 목표인) 보우가 죽든지 한다면 이러한 일이 없을 것이다"고 하였다.

얼마 뒤에 좌의정 이준경이 과연 임금에게 아뢰어 과거 기일을 뒤로 미루었고 보우가 제주로 귀양 가서 죽었다.

是歲乙丑十月 有別擧之命 諸人方論去就 先生顧性傳曰 始約勿赴擧 誠過矣 然己有約 不赴爲是 入約諸儒 若皆不赴 則其未入約者 亦不可獨赴擧 國皆不赴大擧 此甚未安 或試期稍退 或僧雨死 庶無未安事矣 未幾左相李浚慶 果啓退試期 僧雨謫死濟州　　　　　　　　　　『退溪言行錄』*

*退溪言行錄 : 조선 명종 때의 문신이며 학자인 李滉의 언행을 수록한 책. 조선 숙종 때의 문인 權斗經이 엮음. 6卷 3冊.

학식 높은 종 서고청徐孤靑

고청孤靑 서기徐起는 정승 심열沈悅의 종이었다. 심 정승의 부인이 과부로 있으면서 어떤 일로 고청을 매로 때렸더니 이튿날 높은 사람 행차의 벽제辟除하는 소리가 자주 문 앞에 이르렀다.

부인이 묻기를 "우리 집에 바깥 주인이 없는데 어찌 가마 탄 손과 말 탄 손만 오는가?"하였다. 계집종이 말하기를 "손님들이 고청을 보기 위하여 오는 것입니다"고 하였다.

부인이 고청을 불러 물으니 대답하기를 "전날 일찍이 사대부 댁에 가서 뵈온 적이 있었는데 (어제) 소인이 매를 맞았다는 말을 듣고 찾아오는 것이 아닌가 합니다" 하였다. 부인이 말하기를 "그렇다면 우리 아이에게 글을 가르쳐라" 하였다. 심 정승이 어릴 때에 고청이 이를 가르치는데 매양 고개를 숙이고 엎드려서 가르쳤다. 만년에 학문과 행실이 더욱 높아서 공주 고청봉 밑에서 살았다.

徐孤靑起 沈相悅之奴也 沈相母夫人 寡居 嘗以事命杖之 翌日 喝導聲頻頻到門 夫人問曰 吾家無主人 何爲有車馬之客耶 侍婢曰 客爲見徐奴來矣 夫人招問之 起對曰 昔嘗納拜於士大夫 聞小人之受罪 或賜臨訪矣 夫人曰 然則敎兒讀書 沈相兒時 孤靑敎之 輒俯伏而敎之 晚年學行益高 居公州孤靑峰下

『梅翁聞錄』*

＊梅翁聞錄 : 前出.

퇴계退溪 선생의 한결같은 손님 접대

퇴계 선생은 집에 온 손님에게 대접을 할 때에 반드시 집안 형편에 여유가 있고 없는 것에 맞추어 대접할 뿐, 비록 귀한 손이 오더라도 성찬을 차리지 않았고 자기보다 낮고 나이 적은 사람에게도 소홀히 하지 않았다.

退溪先生對客設食 必稱家有無 雖貴客至 亦不盛饌 卑幼亦不忽焉   『退溪言行錄』*

① 稱家有無 : '稱'은 '저울질하다, 헤아리다'의 뜻. 집안에 여유가 있는지 없는지를 따져서.
＊退溪言行錄 : 前出.

조광조趙光祖는 이상理想과 현실 조정調停에 실패하여 결국 자기 몸도 온전히 보존하지 못했다

회녕성會寧城 밑에 사는 오랑캐 속고내束古乃가 겉으로는 우리에게 복종하는 척하면서 속으로는 다른 마음을 품어서 가만히 깊은 곳에 사는 오랑캐와 통하여 갑산부에 침입해서 사람과 가축을 많이 잡아 갔다. 변장邊將이 그것이 속고내의 소행인 줄을 알고 조정에 보고하여 잡으려 하였더니 깊은 곳으로 도망해 들어가서 이름을 바꾸고 왕래하였다.

무인년에 함경남도 병사가 비밀히 왕에게 보고하기를 "속고내가 갑산 근처에 가만히 들어와 왕래하면서 고기를 잡고 사냥을 하는데, 그들 무리가 매우 많아서 잡기가 어려우니 몰래 군사를 풀어서 덮쳐 잡도록 하소서" 하였다.

삼 정승과 병조와 국경의 사정을 아는 재상들을 불러 함께 의론하게 하니 모두 말하기를 "이것을 징계하지 않으면 성 밑 오랑캐들은 잇달아 반역하여 뒷날에는 공격하기 어려워질 터이니 마땅히 국경의 사정을 아는 중신重臣을 보내어 감사·병사와 함께 조처하여 잡아서 법으로 다스려 뒷놈들을 징계해야 합니다"라고 하였다. 임금이 그러라 하여 먼저 비밀히 도道에 알리고 또 무기를 바로 보내고 이지방李之方을 파견하기로 하여 특별히 임금의 활과 화살을 주니 그 날로 하직하였다. 임금이 선정전에 나와서 그를 불러서 보고 송별하는 잔치를 베풀었는데 삼 정승 및 병조당상과 국경의 사정을 아는 재상들이 좌우에 둘러 앉았고 나도 병방승지兵房承旨로서 들어가 참여하였다.

내시가 아뢰기를 "부제학 조광조가 와서 뵙기를 청합니다" 하니 임금이 곧 허락하였다. 광조가 들어와서 아뢰기를 "이 일은 남을 속이는 것이며 바르지도 못한 것으로서 자못 왕이 오랑캐를 막는 도리가 아니요, 꼭 담구멍을 뚫는 도적의 꾀와 같습니다. 당당한 조정에서 조그마하고 추한 오랑캐 때문에 도적의 꾀를 행하면서 국가를 욕되게 하는 것인 줄 알지 못하니 신은 수치로 생각합니다” 하니 임금이 곧 다시 의론하여 보내지 말도록 하였다.

좌우에서 여러 사람이 아뢰기를 “병가兵家에는 기奇와 정正이 있고 오랑캐를 막는 데는 정상적인 방법과 임시 권도權道가 있어서 시기를 따라 변통하는 것이니 한 가지만 고집하여 논할 수 없습니다. 여러 사람의 의론이 이미 합하였으니 한 사람의 말 때문에 고치지 못합니다” 하였다. 병조판서 유담년이 아뢰기를 “농사일은 마땅히 남자 종에게 물을 것이요, 베 짜는 일은 마땅히 계집 종에게 물을 것입니다. 신이 젊었을 때부터 북방에 출입하여 지금 머리가 희었는데 국경의 일과 오랑캐의 실정은 신이 이미 상세히 알고 있으니 청컨대 소신의 말을 들으십시오. 사정에 어두운 선비들의 이론은 예로부터 이와 같으니 비록 이치에 가까운 듯하나 사세가 다 좇기 어렵습니다. 조정의 계책이 이미 정하여졌으니 가벼이 변경하지 못할 것입니다”고 하였으나 임금이 듣지 않았다. 모든 재상들이 불만을 품고 파하였다.

광조가 삼품의 벼슬에 있으면서 능히 한마디 말로 임금의 뜻을 움직여 조정의 큰 이론을 그르치게 하니 사람들이 다 흘겨 보았다. 무인년에 대간이 소격서를 폐지하기를 청하니 여러 달 동안 허락하지 않았다. 홍문관에서도 또한 날마다 간하였다.

하루는 조광조가 부제학으로서 요원僚員들을 거느리고 승정원에 나아가서 승지에게 이르기를 "이 일에 허락을 받지 못하면 오늘은 물러가지 못할 것이오" 하였다. 해가 저물자 대간은 다 물러갔으나 광조만은 그래도 머물러 나가지 아니하고 밤새도록 간하여 닭이 울어도 그치지 아니하니 임금이 부득이 허락하였다. 승지들은 책상에 기대어 잠이 깊이 들었으며 모두 싫어하고 귀찮게 여겼다. 궁궐 안의 지밀至密한 곳에 내시들이 밤새도록 드나들며 번거롭게 아뢰어 그치지 아니하였으니 임금인들 어찌 듣기 싫어하는 뜻이 없었겠는가.

신하가 임금을 간하는 데는 마땅히 점차로 깨우치게 할 것인데 핍박하기를 이 지경에 이르고도 사고가 없을 것을 보증하는 자는 없을 것이다. 광조가 패한 뒤에 소격서를 다시 세웠다.

會寧城底 野人束古乃 外示向國 內懷異心 潛與深處野人通謀 來犯甲山府 多虜人畜而去 邊將知爲束古乃所爲 馳啓 將治之 而亡入深處 變名往來 戊寅年 南道兵使 密啓 束古乃潛入於甲山近處 往來漁獵 徒衆難捕 請出其不意 發兵掩捕 召三公該曹知邊宰相 同議之 皆曰 此而不懲 城底野人 繼踵相叛 後將難救 宜急遣諭邊重臣 同監司兵使 措置捕獲 置法以懲後來 上允之 先諭密旨于本道 又道送兵甲器械 命遣本之芳 特賜御弓矢 卽日拜辭 上御宣政殿召對 仍賜餞宴 三公及該曹堂上知邊宰相 環侍左右 余亦以兵房承旨入參 內侍啓曰 副提學趙光祖 來請入對 卽允之 光祖進曰 此事譎而不正 殊非王者禦戎之道 正類盜賊穿窬之謀 以堂堂聖朝 爲一幺麽醜虜 行盜賊之謀 而不知辱國 臣竊恥之 上卽命更議 勿遣 左右爭進曰 兵家有奇正 禦戎有經權 臨機制變 不可執一論也 詢謀已同 不可以一人之言遽改也 兵曹判書柳聃年進曰 耕當問奴 織當問婢 臣自少出入北門 白首于茲 邊鄙之事 彼虜之情 臣已備諳 請聽小臣之言 迂儒之論 自古如此 雖似近理 勢難盡從 廟謀已定 不可輕變 上猶不聽 諸宰樞皆懷不平而罷 光祖以三品之官 能以片言動上意 以止朝廷大議 人皆側目 戊寅年 臺諫請革昭格署 累月不允 弘文館亦逐日論啓 一日 趙大憲光祖 以副提學率僚員 詣政院 謂承旨曰 不蒙此允 今日不可退家 日暮臺諫皆退 光祖仍留不出 終夜論啓 至鷄鳴不止 上不得已允之 承旨等 倚案熟睡 皆懷厭苦 大內嚴密之地 中使徹夜出入 煩啓不已 人君亦豈無厭聽之意 人臣諫君 當納約自牖 未有逼迫至此而得保無事者也 光祖敗後 卽命復立　　　　　　　　　　　　　　　　　　　　　　『思齋摭言』*

① 禦戎有經權 : '經'은 '常'의 뜻이다. '經常費'라 할 때의 '經'의 뜻과 같다. '權'은 사물을 저울질할 때와 같이 일의 輕重을 헤아리고 때의 사정을 살펴 임시로 변통하는 것이다. 그러므로 오랑캐를 막는 데에도 정상적인 方法이 있고 임시방편 즉 權道를 행해야 할 때가 있다는 것이다. : ② 納約自牖 : 納牖와 같다. 牖는 室內에 밝은 빛을 통하게 하는 窓으로, 임금을 理解하기 쉽게 함에 비유한 것. 일반적으로, 남이 이해하기 쉬운 곳으로부터 설명하는 것이 좋다는 뜻.

* 思齋摭言 : 前出.